板橋勇仁
Yujin Itabashi

底無き意志の系譜

ショーペンハウアーと
意志の否定の思想

法政大学出版局

底無き意志の系譜◉ショーペンハウアーと意志の否定の思想／目　次

第二部　ショーペンハウアーと底無き意志の系譜

凡例

一　アルトゥール・ショーペンハウアー（Arthur Schopenhauer）の著作『意志と表象としての世界 正編』については、特に断らない限りは第三版（一八五九年発行）をテクストとし、以下を底本として用いる。Arthur Schopenhauer, Die Welt als Wille und Vorstellung, Band 1, in: *Sämtliche Werke*, Band 2, herausgegeben von Arthur Hübscher, F. A. Brockhaus, 1988. 引用および参照に際しては、略号 WI と典拠箇所の頁数とを付記する。たとえば一五頁なら（WI, 15）のように示す。

　なお同書初版（一八一八／一九年発行）および第二版（一八四四年発行）の引用および参照に際しては、各々につき以下を底本として用いる。Arthur Schopenhauer, *Die Welt als Wille und Vorstellung. Faksimiledruck der ersten Auflage 1818 (1819)*, herausgegeben von Rudolf Malter, Insel Verlag, 1987. Arthur Schopenhauer, *Die Welt als Wille und Vorstellung*, Band 1, F. A. Brockhaus, 1844. 典拠箇所を記す際には版の別と頁数を明記する。

二　ショーペンハウアーの著作『意志と表象としての世界 続編』の引用および参照に際しては、第二版（一八五九年発行。初版は一八四四年発行）をテクストとし、以下を底本として用いる。Arthur Schopenhauer, Die Welt als Wille und Vorstellung, Band 2, in: *Sämtliche Werke*, Band 3, herausgegeben von Arthur Hübscher, F. A. Brockhaus, 1988. 引用と参照に際しては、略号 WII と典拠箇所の頁数とを付記する。たとえば一五頁なら（WII, 15）のように示す。

三　ショーペンハウアーの著作の訳出にあたっては、以下の翻訳を適宜参照した。『意志と表象としての世界 I—III』（西尾幹二訳）、中央公論新社、二〇〇四年。『ショーペンハウアー全集』全十四巻、白水社、二〇〇四年。

四　ショーペンハウアーの遺稿からの引用および参照は、以下を底本とする。Arthur Schopenhauer, *Der Handschriftliche Nachlaß*, 5 Bände, herausgegeben von Arthur Hübscher, Deutscher Taschenbuch Verlag, 1985. 引用と参照に際しては、略号HNと典拠箇所の巻数および頁数とを付記する。たとえば第二巻一五頁であれば、（HNII, 15）のように記す。

五　その他の文献の引用および参照に際して典拠箇所を本文中に付記する場合には、各章の註においてその方法を記す。

六　引用文中の……は省略記号である。また、筆者（板橋）による註を引用文に挿入する場合は、その箇所を〔　〕をもって示す。また原文中の強調表現については原則として省略する。

七　本文および註における人名への敬称は原則として省略する。西洋人名は現在において一般的なカタカナ表記法で記す。

序

「いっさいの生は苦しみである」（WI, 366)。こう述べるショーペンハウアーにとって、主著『意志と表象としての世界』で述べられる「生への意志」の「否定（Verneinung)」、それによる「平安」「浄福」の実現という思想が、彼自身の哲学における最重要テーマの一つであることは間違いない。しかし肝心のこの「生への意志の否定」についてのショーペンハウアーの叙述は、かなり不可思議なものである。主著の中で彼は「意志の否定」を「(生への）意志」の「廃棄（Aufhebung)」「消滅（Verschwinden)」と繰り返し言い換えている。しかし彼は同時に「生への意志」の否定はまた「意志の自由（Freiheit des Willens)」（WI, 471）の出現であるとも述べる。これは一体なにを意味するのであろうか。

ショーペンハウアーは、同箇所で詳しくは以下のように述べている。「意志の否定とは意志の自由が現象において唯一現れ出る営みである」（同)。本書で詳しく考察していくように、ショーペンハウアーによれば、この現実の世界、いっさいの存在者、我々の自己の生は、すべて唯一なる意志の諸々の「現象」にすぎない。だとすれば、意志の否定ないし廃棄は、意志のこの現象（言い換えれば意志がこのように現象すること）の否定ないし廃棄にも他ならないはずである。しかし、ショーペンハウアーはこの叙述において、意志の否定を「意志の自由」の

「現象において」の出現と名指している。さらには、ショーペンハウアーは、「意志の自由」の「現象において」のこの出現に際し、「自由は現象の根底に（zum Grunde = 根拠に）置かれている本質を廃棄してしまうが、現象そのものは時間の中になお存続し続ける」（WI, 339）と述べ[1]、またこのことは、「〔四巻構成の主著の最終巻である〕第四巻の最終部に至ってはじめて十分に理解可能なものになりうる」と記している（同）。

とはいえ、意志の否定ないし廃棄とは、意志の現象の廃棄を意味するのではなく、意志の現象（正確には、その根底の本質が廃棄された現象）が存続しつつ、この現象において「意志の自由」が出現することを意味するとは、いかにも整合性に欠ける混乱した説明ではないであろうか。しかし、それは意図せぬ混乱によるものではないであろう。ショーペンハウアー自身が、この思想は主著最終の第四巻最終部に至ってこそ「はじめて十分に理解可能なものになりうる」と述べているのである。それでは、主著最終巻の結論部において十全に明らかにされる、意志の否定と自由の思想とはどのようなものなのであろうか。そこで提起される我々の自己の「平安」「浄福」とはいかなる事態を意味するのであろうか。

この課題に取り組むにあたって、本書は、ショーペンハウアーの主著『意志と表象としての世界』の叙述を、それと関連する諸論考も参照しつつ、内在的に跡づけることとする。後に本書でも言及するように、ショーペンハウアーの思想は、生への意志という非合理的な衝動が実体としてまず存在していて、それが世界を出現させるという世界観のもののように解釈されてきたきらいがあるが、筆者はこの解釈は誤りであると考える[2]。筆者からすれば、こうした非合理主義的・実体主義的な誤った解釈は、実体や根拠の措定をどこまでも厳しく斥けていくショーペンハウアーの緊張感に充ちた思索の歩みに内在してそれに付き添うことができなかったものに思われる。

本書は、主著の思想展開をショーペンハウアー自身の立場から内在的に辿ることで、まず彼が、独特の「根拠律（Satz vom zureichenden Grunde ＝充足理由律）」理解を下敷きにして、我々の自己の生と現実の世界とのいっさいの「虚無性（Nichtigkeit ＝空しさ／儚さ）」を明らかにし、それを基に意志の「根拠の無さ（Grundlosigkeit）」を提起することを跡づける。その上で、従来は十分にその意義が注目されてこなかった、「根拠（Grund ＝底）」無き意志の否定性・無（さ）の思想に焦点を当てる。そして、あらゆる根拠を徹底して斥けるこの思想に立脚することで、〈意志の否定と自由〉の思想について整合的に理解することを試みる。そこで明らかになるのは、その「根底（Grund ＝根拠）」にある本質が廃棄された「現象」における〈底無き意志の自由〉を提示する思想である。

本書の第一部第一章・第二章において以上の考察を展開した上で、第二部では、〈意志の否定と自由〉の思想の意義と射程についてさらに考察を深めるべく、ショーペンハウアーが論じ尽くしていない問題を提示し、それについて考究する。最初に、この考究の前提として、ショーペンハウアーの言う「意志」の「否定」「無」と「自由」とについてのありうる誤解をあらかじめ払拭しておく。この誤解は、ショーペンハウアー自身が、これらの事象を哲学的に思惟し叙述するその〈哲学の方法〉について、充分な考察を展開していないために生じるものである。そのため、ショーペンハウアーの「無」の思想と、同時代の哲学者ヘーゲル（G. W. F. Hegel）の「無」の思想を対照させることを通して、意志の「否定」「無」「自由」を叙述するショーペンハウアーの〈哲学の方法〉についての新たな考察を試みる（第三章）。

その上で、ショーペンハウアーの〈底無き意志〉の思想に影響を受けつつも、彼がなお充分に考察を展開できなかった、〈底無き意志の自由〉における〈自己〉と〈自己認識〉のありようを明らかにする、ニーチェ（Friedrich Nietzsche）と西田幾多郎の思想を取り上げる。そして、ショーペンハウアー哲学から見て彼らの思想が有する意義を明らかにすると共に、彼らの思想に基づいて、ショーペンハウアー哲学の新たなる展開の可能性を示す（第四章・第五章・第六章）。

次に、こうした考察の成果をふまえつつ、ショーペンハウアー自身が彼の〈底無き意志〉の思想を形成するにあたって影響を受けた、シェリング（F. W. J. Schelling）とベーメ（Jacob Böhme）の思想を取り上げ、ショーペンハウアーと彼らの思想との関係を明らかにする。そしてシェリングの「脱自（Ekstase）」とベーメの「想像（Imagination ＝構想）」の思想に基づいてショーペンハウアーの思想を読み解くことで、彼の言う〈意志の否定と自由〉を、それ自身、現実世界における創造的な行為のありようとして理解しうることを明らかにする（第七章・第八章）。

以上の考察の結論は、その都度各章において述べるが、最後に「結」として、〈底無き意志〉の思想の系譜とはいかなるものか、それは〈意志の否定と自由〉の問題をめぐっていかなる思想的可能性を有するのかという観点から、再びこれらの結論を振り返り、概括する。

本書は、以上のような考察によって、ショーペンハウアーの〈意志の否定と自由〉の思想を統一軸にして、〈底無き意志〉の思想の系譜という視座を提起する。そしてそのことで、彼の〈意志の否定と自由〉の思想の意義と射程とを、そしてその新たな展開の豊かな可能性を、明らかにしていくものである(3)。

第一部
ショーペンハウアーにおける意志の否定と自由

第一章　表象と意志

意志の現象としての世界

一　表象と根拠律

ショーペンハウアーの主著『意志と表象としての世界（正編）』の冒頭、第一巻第一節は、「世界は私の表象である（Die Welt ist meine Vorstellung）。これは生きて認識するいっさいの存在に関して妥当する一つの真理（eine Wahrheit）である」（WI, 3）という有名な言葉から始まる。この第一節ではさらに、「この世界になにほどか属するもの、また属しうるもののいっさいは、……ただ主観に対して現にある（ist da）。世界は表象である」（WI, 4）とも言い換えられる。ただし続く第二節では、そもそも認識する主観と認識される客観とは「分離不可能（unzertrennlich）」であり、「主観と客観とはいずれも互いに他を通して、また他に対する限りでのみ、意味を持ち、存在する」（WI, 6）、「主観と客観は直接に境を接している。客観の始まるところは主観の終わるところである」（同）と述べられる。だとすれば、鎌田康男やM・コスラーが、主著に先立つ思索も参照しつつ指摘しているように[1]、実は結局のところ、ショーペンハウアーの主張とは、主観と客観とは相関的であり、相互依存的であるというものとなろう。実際、第三節以降でも、「主観に対して客観は、また客観に対して主観は、いずれも一方が根拠（Grund）で、他方がそれに帰結として後から付加されるといったものではありえない」（WI. 39）と述べられる。ショーペンハウアーにとって、主観と客観の両者は、他に依存せずに自らに基づいて存在するものではない。客観は主観をつねに前提しており、主観に対して区別される限りでの客観であると共に、同様に主観もまた客観に対する限りでの主観である。いずれも、根拠たりうる確固たる基盤を持って存在するものではない。すなわち、両者はあくまでも相対的ないし相互依存的にのみ成立しているものなのである。

それゆえに、ショーペンハウアー自身の言にあるように、主著において「我々は客観からも主観からも出発せずに、意識の最初の事実としての表象（Vorstellung）から出発する」（WI. 40）。すなわち主著の考察は、我々自身や我々が生きているこの世界が現にこのように現れ、我々と世界についての認識が生じているという事実、すなわち「表象」の事実から出発する。それは、この表象の事実に先立って認識主観と認識客観が先在していることを前提にせず、かえって両者を表象の事実を構成し成立させる相関的な契機とみなすことを意味する。正確には、主観‐客観の相対的・相依的関係を、表象の事実が成り立つ形式の最も普遍的なものとみなすことを意味する。表象の成立と主観と客観の相関関係の成立とは、いわば同時的であり一つのことである。

こうして、主著冒頭の「世界は私の表象である」という叙述も、私＝主観が根拠であり、世界＝客観はその帰結として成り立つということを意味しない。私と世界はあくまでも相関的・相依的に成立する。ここでは、まさに鎌田康男と齋藤智志が指摘するように[2]、ショーペンハウアーには、主観から独立した存在者を独断的に前提することを認めないという問題意識があることを見逃してはならない。敷衍すれば、主著冒頭の叙述は、こうした独断的な措定への徹底した否定を、やや挑発的ないしセンセーショナルな仕方で提起する文言と理解されるべきものであると言えよう（ショーペンハウアー自身、これを「一つの真理（eine Wahrheit）」と呼んでおり、〈唯一の〉真理とは述べていない[3]）。

以上で考察したように、主著によれば、いやしくもこの現実の世界や我々の自己の生のありようを捉えようとするなら、我々や我々が生きているこの世界が現にこのように現れているという「表象」の事実それ自身から出発して、それがいかなるありようを持つかを考察してゆかなければならない。したがって主著の第一巻は、表象界ないし「表象としての世界」の考察となる。すなわち、およそ現にこのように現れている世界、我々が生きるこの世界は「表象としての世界」であり、それは、上述のように、まずもって主観と客観の相対的・相互依存的な相関関係の形式をもって成り立つものである。

さらにこれに加えて、ショーペンハウアーが主著においてしばしば指示するように、主著に先立って刊行されたショーペンハウアーの学位論文『充足根拠律の四方向に分岐した根について』（一八一三年）における分析を参照するなら[4]、この現実の（表象としての）世界は、以下の四形式をもって現れているとされる。すなわち、生成の根拠律（因果関係）、認識の根拠律（認識における根拠と帰結の関係）、存在の根拠律（時間的継起や空間的位置の関係）、行為の根拠律（動機付けの法則、行為の動機と結果の関係）の四形式である。しかもこの四つの形式は「（充足）根拠律（Satz vom zureichenden Grunde ＝充足理由律）」の形式を各々の仕方で表現したものであるとされる。

通例、「根拠（理由）律」とは、十分な理由なしにはなにものも存在しえないという原則を意味する。この際、「理由」「根拠」の意に当たるドイツ語の Grund は、他にも、基盤・底・原因・動機などの意味を持っている。したがって、上記のような四形式をおしなべて「根拠（Grund）－律」の表現と見るショーペンハウアー独特の思考の背景には、Grund の語の多義性を十二分に活用しながら、ある出来事や行為、認識などが生じる理由や条件、因果的原因、目的、動機といったものを広く表現するものとして「根拠（Grund）」の語を用いているということがあろう。すなわちここでショーペンハウアーが提起していることは、表象としての世界においては、「なぜ」それが生じるのかという問いに対して何らかの答えとなる、理由、基盤、原因、動機といった広義の「根拠」なしには、何ごとも生じえないということである。この意味で表象としての世界は、必ず「根拠律」の形式に従うものである。

とはいえ、ショーペンハウアーによれば、「根拠律は諸現象の間の結びつきを説明するが、諸現象それ自身を説明はしない」（WI, 98）。根拠律それ自身は、そのように成立しなければならない根拠を有しているわけではない。すなわち、「根拠律の導くいっさいは、常にそれ自身がまた依存的で相対的である」（WI, 38）とも言われるように、根拠律は、世界における一々の事柄の相対的・相依的な秩序と連関を示すものに過ぎない。なるほど根拠律の形式が示すように、ある状況における特定の事象や認識ないし行為は、例外なしに、ある原因・理由・目的・動機などの「根拠」のもとに生じる帰結・結果として現れている。とはいえ、一体なぜ、その根拠が特定のこのことの生起に結びついて他に結びつかないのか。あるいは、そもそもなぜ、このように何かが生じるということが現に存在するのか。その根拠を求めても捉えることはできないであろう。たとえば、そうした根拠を求めてゆくことで、世界（宇宙）が生じたことの物理的原因や、世界が存在する理由・目的などといった、究極の根拠と思しきものにたどり着いたとしても、そもそも、なぜ世界は生じないのではなく、その究極的な根拠によって、生じなければならないのか、またなぜその根拠でなければ世界は生じないのかについては、それに答えることはできない。答えようとすればさらに究極の根拠へと無限に遡及してしまうであろう。ゆえにそもそも、なぜこのように何かが生じるということが現にあるのか（なぜ現にこのような仕方で世界が現れているのか）、その根拠は捉えられない[5]。

ショーペンハウアーは、たとえば根拠律における「時間と空間の形式」は、「数多性（Vielheit）」の形式であり、我々の自己をはじめすべての個体を世界に現象させる「個体化の原理（principium individuationis）」であるとする（WI, 134）。そして、それは上述のように一々の現象の相依的な秩序と連関を示すものである。したがって我々の自己も他の存在も、すべてそれ自身に存在根拠を持たない相対的・相依的な現象に過ぎないことになる。ゆえに、表象としての世界のいっさいは、それ全体として、その根拠（理由／根底、原因や目的）をいわば欠いていると言いうる。

二　表象と意志

以上で考察したように、表象としての世界は根拠律の形式をもって成立するが、このことはそれ自身がいわば自己矛盾的な事実である。あらゆる現象は、根拠律に従う限りにおいて現れるが、ただちに裏面では、それらの現象は、そのようであって他ではないことの確固たる必然的根拠を欠いている。両者ははじめから互いに相即的にのみ存在しているのであり、しかも、諸現象は「なぜ」そのようであるか、ということの必然的根拠は欠けている（すなわち根拠律に従うことがない）。根拠律は「諸現象の間の結びつきを説明するが、諸現象それ自身を説明はしない」、その限りにおいて根拠律である。ショーペンハウアーからすれば、こうした逆説的な相即構造は、表象が表象である限りにおいて持つ必然的な構造である。

ショーペンハウアーによれば、ここに表象の持つ「虚無性（Nichtigkeit ＝虚ろさ／無さ／空しさ／儚さ）」もまたあらわになる。すなわち、根拠律の下にあらわれるこの世界と我々の自己の生とのいっさいは、実は相対的であり、相互依存的にようやく成立している儚い現象に他ならない。したがって「我々は根拠律の〔時間的継起の関係や〕他のあらゆる形態〔すなわち因果関係、認識の根拠と帰結の関係、空間的位置関係、行為の動機と結果の関係〕のうちに同じ〔夢のように儚い〕虚無性があることをあらためて確認し洞察するであろう」（WI. 8）。この意味では、そもそも表象としての世界自身は一切の「根拠」を欠いている。ここには、世界において生じる各々のことの、そしてその連関全体としての世界自身の、その存在根拠・現象理由・生成目的の「無さ（Nichtigkeit）」が口を開けている。それが表象の「虚無性／儚さ（Nichtigkeit）」に他ならない。現実のこの世界は、そこに現れる一切のものが絶えず現れては消え去る儚い世界なのであり、一切のものが留まるところもあてもなく、意味なく空しく生成消滅している限りでの「表象としての世界」に過ぎないのである。

以上で考察したように、主著の第一巻は、根拠律の形式の下に現れる「表象としての世界」の「虚無性」を確認することになる。しかし、そもそも我々にはこうした虚しき表象としての世界しか存在しないのであろうか、それともそれに尽きないものがあるのであろうか。すなわち、主著第十七節〔第二巻冒頭節〕において問われる「世界はなお〔実質のない夢の如き表象とは〕何か別のものであるのかどうか」（WI. 118）という問いが、まずもって主著第二巻の考察の出発点となる。とはいえ実際には、すでに第一巻において、表象としての世界とは「何か別のもの」があることがすでに暗示されている。ショーペンハウアーは、「表象としての世界がこのように全体的に一貫して相対的であるということは、……世界の完全に別の側面、すなわち表象とは全くもって異なる側面に、世界の内奥の本質を求めるべきことを我々に示唆しているのである」として、第二巻においてそれを立証すると述べる（WI, 41）。というのも、我々が単に虚しく儚い生成消滅の世界の一契機にすぎないのであれば、そもそも世界を虚しく儚い生成消滅として認識することすらできないからである。表象としての世界の虚無性について気づき、認識することが現に可能となるのは、およそ虚しき生成消滅に尽きないものにまで、我々が何らか接しているからこそのことであろう。ショーペンハウアーはこの生成消滅に尽きないものを、相対的で相依的な現象とは区別される、「物自体（Ding an sich ＝事物そのもの）」と呼ぶ。

この「物自体」は、表象としての世界とは別の何かであり、したがって表象としての世界が従う根拠律の妥当を超えている。ゆえに、この「物自体」という語が、主観と独立に現象の背後に存在する客観的な「根拠」（すなわち根拠律が妥当するもの）を指示すると誤解してはならない。(6)「世界は私の表象である」という語が、客観の独断的措定を排斥する、やや挑発的な標語であったとするなら、逆にこの語の挑発さゆえに誤って誘発しかねない、世界を私（主観）の恣意的な構成物とする主観中心主義を、再び挑発的な仕方で摘発しようとするものが「物自体」の語であると理解することもできよう。しかしもとより、この「物自体」をめぐる思想がどのようなものでありうるのか、第二巻の内容を検討していこう。

三　意志の根拠の無さ

ショーペンハウアーによれば、我々において「意志（Wille）」として直接に現れ、生きられているものが、表象とは異なる何か別のもの、換言すれば、現象とは異なる「物自体」である。そして彼は「身体（Leib）」の分析を手がかりとして、そのことを明らかにしていく。ショーペンハウアーは、たとえば私の手足や胴体が、私の

「身体」として意識され、他の多くの事象と区別されるのは、それが単なる客観ではなく、主観としての私によって現に直接に生きられ、意識されているからであるとする。実際、主観（主体）としての私による身体への働きかけと、身体の反応・運動とを厳密に区別し、両者の間に境界線を引くことは不可能である。すなわち、主観が意欲することと、身体が生理的に反応し働くことは、原因－結果関係になく、そもそも根拠律によっていない。むしろ両者は一つの働きを異なる面から見たものに過ぎない。この一つの働きそれ自身をショーペンハウアーは「意志」と呼ぶ。「主観と客観とを完全には明確に区別できない直接的な仕方で意志は表明される」（WI, 130）。そしてこの意志こそ、「認識するもの」と「認識されるもの」とがそこにおいて一致しているような、根源的で、かつ現に具体的に生きられる、個体の自己同一性の意識である（WI, 133）。

ゆえに身体とは、主－客が明確に区別されない直接的な「意志」の客体的側面すなわち「客体性（Objektitaet）」であり、すなわち意志が表象として「客体化（Objektivierung ＝ 客観化）」されているものである。したがって、意志それ自身と、根拠律に従って何らかの動因・根拠を有するものとして現れる「身体」や諸々の客観表象とは、区別されねばならない。

そしてこの際、意志それ自身には、およそ自らが存在する原因・目的・理由などの「根拠」が無い。そもそも意志の働きにおいては、その都度の意志に動機があるにせよ、「動機とはただ私の意志が現われるきっかけに過ぎない。それに対して、意志自体は動機付けの法則〔すなわち行為の根拠律〕の領域の外にある」（WI, 127）。なぜ意志の働きが現に存在するのか、またなぜある動機がこの意志のその働きと必然的に結びつき、他に結びつかないのか、そのこと自身にはおよそ根拠が無い。「意志の現象（Erscheinung des Willens）だけが根拠律に従っているのであって、意志そのものは従っていない。その限り意志には、根拠が無い（grundlos）と言われるべきである」(同)。ゆえに「意志は自己意識において直接にかつそれ自体として(unmittelbar und an sich)認識されるものである」(WI. 135)。すなわち意志は、主観-客観形式にも、根拠律の形式にもよらずに直接に認識される働きに他ならない。したがって、意志とは、これらの形式において現れる表象ないし現象に対して「物自体」であるとも言えよう。

この際、根拠律の形式を持たない物自体としての意志は、時間・空間の形式を持たず、ゆえに数多性(個体化)の形式を持たない。すなわち、あらゆる多性・分割性の形式を持たず、複数とか単数とかいうことがない。したがって、主観-客観形式と根拠律の形式に従う「表象としての世界」は、その一部分ではなくそれ全体が、すなわちあらゆる存在者が、「意志の現象」「意志の客体性」に他ならない。ゆえに、物自体としての意志とは「一」にして分割不可能(分割可能-不可能の二者択一の外)なるものである。それは、一か多かという対立図式を超越し、時間的・空間的な地平におけるなんらかの根拠(始原や終局)ではありえないような「一」である。そうした「一」は、元来「一」とも名指せないそれであるが、ショーペンハウアーは新プラトン主義の伝統における用語を援用しつつ、それを「一者(Eines)」とも呼んでいる。[7]「現象の各々は根拠律に徹頭徹尾従っているが、意志は端的に根拠が無い……意志はあらゆる数多性から自由である」(WI. 134)、「意志は時間と空間の外に、個体化の原理の外に、すなわち数多性の可能性の外にあるものとして、一者である」(同)。

ここで、第二巻での以上の考察を第一巻の考察成果と重ね合わせるなら、以下のことが明らかになろう。すなわち、表象としての世界は、根拠を欠き、根拠の無い、一なる(「一者」としての)意志の根拠律に従った現れであり、したがって、理由も目的もなしに働く意志の「現象」「客体性」に他ならないということである。物自体としての意志とは、それ自体として理由も目的も無く働くのであり、この働きこそが、表象とは異なる世界の本質である。なるほど、個々の現象が今ここにそのように現れるきっかけとなる原因（根拠）はある。しかし「現象の全体」は原因に依存しておらず、それは根拠律を適用できない、根拠の無い「意志」そのものである（WI. 164）。前節で見たような、世界の「虚無性（Nichtigkeit＝無さ）」とは、別の言い方をすれば、世界が物自体としての根拠の無い意志の現れであるということに他ならない。

ただし、十分に注視すべきことであるが、以上のような考察は、しばしば誤解されてきたように、根拠を欠き、根拠の無い「物自体」としての意志がまずそれ自身で「表象の世界」に先立って存在して、そうした意味での（非合理的な）実体が「表象としての世界」へと現象し、自らを客体化する、と主張するものではない。(8) 今までの考察からも明らかなように、物自体としての意志（と表象・現象との関係）は、それが根拠律によらない以上、表象としての世界の現れに先立つ広義の「根拠」ではありえない。多くの誤解は、ショーペンハウアーによる根拠律をめぐるこの考察と、以下の叙述とを正視しないものである。「意志は決して原因にはならない。意志の現象への関係は根拠律には決して従っていない。それ自体意志であるものが、他面では表象として存在するのである」（WI. 166）。

したがって、主‐客形式と根拠律の形式とに従うこの現実の世界すなわち「表象としての世界」は、根拠の無い「物自体」としての意志の現象ないし客体性であり、しかもそれは世界が意志を根拠として成り立つということではなく、世界は一面に根拠律による表象であるが、まったく同時に他面では意志であるということに他ならない。前節に見たように、根拠律に従うこの「表象としての世界」は、それ自体が本質的に根拠を持たず相対的で儚いものにすぎなかった。今やショーペンハウアーは、「表象としての世界」の内奥に相対的ではない物自体としての内的本質を求めて、その結果、世界を根拠の無い「意志」の現象・表象ないし「客体性」それ自身として把握するに至る。すなわち世界を、根拠律による表象と、根拠を持たない意志との表裏一体性、ないしは、いわば両者の二重性として把握するに至る。[9] それは、結局は先に述べた、根拠律に従う世界自身の虚無性（儚さ・根拠の無さ）をまた別の角度から確認したということになるであろう（ただしこの点については次節の終わりにもう一度考察する）。

四　意志の客体化とイデア

前節までに考察したように、ショーペンハウアーにとって、世界のいっさいは、根拠無き一なる意志の多様な現象であり、すなわち、意志の客体性がそれとして客体化されている様々な表象である。主著第二巻の後半においては、ショーペンハウアーはこのことの例証として、無機的自然界、有機的自然界、人間界のもろもろの存在を「意志の客体化」のさまざまな段階として秩序づける。ショーペンハウアーによれば、無機的自然界においては一定の特性を保持した諸々の物質の種類が存在し、また有機的自然界においては一定の特性を保持した諸々の種が存在する。無機的な個々の現象や有機的な個体は生成消滅を繰り返すが、いずれも各々の特性を保持した種類ないし種に属しており、それらは変わらずに存在し続けている。この際、ショーペンハウアーは、こうした各々の種類ないし種をそれたらしめている特性を「イデア（Idee ＝イデー）」と呼ぶ。この語はプラトン哲学からの借用であるが、この借用は、イデアそれ自身は生成せず永遠であって（すなわち生成消滅する個体からは導出できない）、かつ個体の「典型（Musterbild ＝模範）」であることによる（WI, 154）。[10] しかもショーペンハウアーによれば、注意深く観察すれば、これらの諸々のイデアは、無機的自然界においては機械的・合法則的に、有機的自然界においては合目的的に（すなわち各々の個性が際立ちつつ全体が秩序を持つ仕方で）、相互に照合しあっていることが観取される。

したがって、以上のことから、ショーペンハウアーは、諸々の生成消滅を通じて、永遠不変の特性を保持した多様なイデアがたしかに存在するとみなす。しかもそれらのものは体系的秩序を持っているゆえに、いっさいの存在は、諸々の生成消滅を超越した一なる意志の現象・客体化として理解されるのが妥当であると考える。別の角度から説明すれば、そもそも「意志はできる限りの客体化に向けて努力する」（WI. 173）のであり、「客体化についていては、石においてよりも植物において、より程度が高く、植物においてよりも動物において、より程度が高い」（WI. 152）といった具合に、「意志の客体性の上位の段階になると個性が顕著に現れ出るのが見て取られる」（WI. 155）。

個性は、人間においては、種にはくみつくされない完成された一個の人格として現れる（同）。個性的な存在が現れ出ることは、個体において、事物に働きかけ、自らの欲するところを他によらずに自らによって実現しようとする力が強く現れることであり、意志の意欲がより明瞭に客体化されることである。とりわけ人間において一個の人格が現れ出ることは、「動機に基づく運動とそのための認識」（WI. 179）が生じることであり、すなわち人間が単に刺激によって働くのではなく、自らの主体的な動機を持って行為すること、そしてそのために世界の諸々の事象についての（対象的）認識・反省を持つことを意味する。この際、「意志の客体化の一定の固定したそれぞれの段階」が諸々の「イデア」なのであり（WI. 154）、世界のいっさいの存在は「すべてのイデアにおいて自らを客体化する一なる意志」（WI. 173）の現象の段階として成立するのである。

とはいえ、以上のようなショーペンハウアーの議論は、物自体としての一なる意志が原因（ないしGrund）となって、表象としてのこの世界が現象し、意志は自らの客体性の高度な現実化という目的（ないしGrund）に向けて自らを客体化するという主張を展開しているもののように思われる。そうであるなら、これはすでに見たような、「意志は決して原因にはならない。意志の現象への関係は根拠律には決して従っていない。それ自体意志であるものが、他面では表象として存在するのである」という自らの主張に反するものである。だが高橋陽一郎は、主著に先立つ学位論文『充足根拠律』第一版においては、表象、イデー、意志という方向性、すなわち「経験的なものから始めてそれを超越論的に制約するものへ遡行する」方向性で議論がされており、それが主著での、意志、イデー、表象という方向性を保証しているとする。そしてその上で、「『意志と表象としての世界』においてとった方向性は、学位論文で確かめられた事柄を、単に従来的・伝統的な図式に則しつつ語り直して見せたにすぎない」と指摘している。[11] 実際、学位論文はもとより、本書が考察してきた、主著の第一巻および第二巻前半は、表象の事実から出発して考察を展開するものであり、意志を根拠としてそこから説明する議論ではなかったと言えよう。したがって、意志の客体化の高まりの段階として世界を説明する方向は、意志が決して根拠とはならないことが解明された後に、それを前提にして初めて可能になるものと言えよう。

それに加えて、ここでは第一巻第十五節に見られる以下のような主張にも十分な注意が払われなければならない。すなわち、第二巻で科学（Wissenschaft）に可能な仕事への考察を取り上げるものの、しかし、物自体についての事柄に関しては、あらゆる科学はそれを放置するままなのであり、この放置するその場所で哲学は再びこうした事柄を本来的に取り上げ、そして科学とまったく異なった方法でそれを考察するという（WI. 96-97）。したがって、本節で見てきたような、第二巻における、世界のいっさいを意志の客体化の高まりにおいて秩序づけるという考察は、あくまでも根拠律の下で展開される諸科学に即した秩序づけの考察に他ならない。

しかもその考察は、諸々の科学の妥当性と共に限界を明らかにするものである。すなわち同十五節で、「いっさいの自然科学的な説明は最後には「隠れた特性」のもとで、ゆえに全くの暗闇のもとで立ち止まらざるを得ない」（WI. 96）と述べられるように、諸々の科学は、物自体としての意志を「隠れた特性」などとして前提とするものの、実はそれをそれとして本来的に取り上げることはできない。むしろ諸科学は、物自体をどこまでも根拠律に即して、いわば光を当てることはできないが前提せざるを得ない「根拠」として取り上げるにすぎない。これに対して、ショーペンハウアーからすれば、哲学はまさに諸科学のこの限界点において、根拠律の妥当しない、根拠の無い「物自体」としての意志を明らかにするものである。同十五節では、「哲学が世界全体の動力因や目的因の探求を目指すことは不可能である」（WI. 98）とも述べられる。

ショーペンハウアーは、第二巻における意志の客体化の議論の最後に、すなわち、第二巻最終二十九節で、「我々に対して世界の本質それ自体として示されたこの意志は、それでは最終的に何を欲しているのか、もしくは何に向かって努力しているのか」（WI. 194）という問いを改めて提出する。そして、ここに至り、世界を「意志の客体化」の高まりの段階として秩序づける今までの説明は、その説明が徹底され仕上げられれば仕上げられるほど、その根において無効であることを哲学の立場から明らかにする。すなわち、先の問いに対する回答として、〈意志は客体化の高まりをめざす〉とするのはもはや無効であるとする。すでに見たように、意志とは、原因・理由・目的などの「根拠」が妥当しない働きである。「実際、意志は果ての無い努力であり、いっさいの目的といっさいの限界が不在であることは、意志そのものの本質に属している」（WI. 195）、「意志はそもそも自らが欲しているものを決して知らない。個々の働きはすべて目的を持っている。意欲の総体は目的を持っていない」（WI. 196）。

こうして、哲学の立場においては、意志はいかなる意味でも根拠ではありえない。この第二十九節で「我々が生き、存在しているこの世界は、その全本質から見て、すべてにわたって意志であり、同時にすべてにわたって表象である」(WI, 193) とも述べられるように、第二巻の最終部に至り、改めて、根拠律による表象と、根拠も理由も持たずにあてなく働く意志との表裏一体性・二重性において世界が成立していることが確認されるのである。したがって、第二巻後半の議論から、ショーペンハウアーが、意志を世界を現象させる原因とみなしていると誤って解釈してしまうのは、まさに解釈者自身のそうした原因論的（根拠律的）な思考の限界を理解せず、物自体としての根拠の無い意志への考究の意図を見誤る（それは後述するように、根拠の無さを忌避していることによるであろう）ことを意味しているのである。

ただし、本書第一節で述べたように、そもそもショーペンハウアーは、根拠律に従う「表象としての世界」の「虚無性 (Nichtigkeit)」を認識することが現に可能となるのは、虚しき生成消滅の現象に尽きないものに我々が何らか接しているからであるとみなして、「物自体」を追究したのであった。しかしその結果、根拠の無いあてなく働く意志が物自体として明らかになり、こうした意志と表象との一体性・二重性が提示されることとなった。したがって結局は、根拠律に従う世界自身の虚無性に再度逢着することになった。だがそれでは、虚しき生成消滅に尽きないものはいかにして我々に把握されることとなったのであろうか?

ショーペンハウアーによれば、それは一つには永遠不変なるイデアの認識によってである。ショーペンハウアーは主著第三巻において、諸々のイデア認識の在り方について論じる。前節で考察したように、そもそもイデアはそれ自身において永遠不変であり、したがって生成や消滅を超え、それ自身以外の何らかの根拠を必要とせずに存在している。すなわち、それは根拠律の形式（における現象の相対的・相依的な相関関係）を超越している。

ゆえに、「イデアは一にして同じものとして不変で在り続け、根拠律はイデアに対して何らの意義も持たない」（WI. 200）。したがって、イデアをそれとして認識するということは、根拠律によらずに、ひいては「根拠」の無い、あての無い意志の果てしのない生成流動を鎮めて、種々の永遠不変なる特性を把握する方法によることである。そうした方法とは、ショーペンハウアーによれば、根拠律のあらゆる形式を超え、認識客観を相対的関係においてではなく、ただそれ自身に即して把握するような「純粋」な「観照（Kontemplation）」「直観（Anschauung）」（WI. 218）である。その際に我々は、根拠律（の下での個体化の原理）を超えた主観であり、すなわち個体的主観ではなく「純粋な、意志の無い、苦悩の無い、時間の無い、認識主観」（WI. 210）である。(12)

周知のように、ショーペンハウアーは、こうしたイデア認識の方法とは「芸術（Kunst）」（WI. 217）であると述べる。ただし第三巻の末尾でショーペンハウアーが述べるところによれば、こうした芸術的認識は、第四巻で考察されるような根本的な「意志の鎮静（Quietiv des Willens）」とはならず、ただ束の間、儚き生からの解放を実現するものでしかない（WI. 316）。したがって、イデア認識も、根本的には世界の生成消滅の「虚無性」への逢着以上のものではない。むしろ束の間の慰めによって、かえって世界の虚しさ／儚さの認識を強めるとも言いうる。ショーペンハウアーも、同箇所で、人はついには芸術的認識に飽き果て、第四巻で考察されるような意志の否定の道へと歩み出すとも述べている（同）。そして次章で考察するように、まさに第四巻における意志の否定と自由の思想こそ、虚しき生成消滅に尽きないものを根本的にそれとして把握するありようを提起するものである。

第二章　意志の否定と自由

底無き意志の現象における自由

一　生への意志と苦悩

主著最終第四巻は、その冒頭にも述べられるように、人間の行為に関わる問題を扱うものである（WI, 319）[1]。すでに述べたように、ショーペンハウアーは、あくまでも根拠律に従った科学的立場に即する限りにおいてではあるが、意志の客体化の程度の高まりという視座から表象としての世界を秩序づけた。そして、種にはくみつくされない一人ひとりの個性が現れ出る人間の生を、客体化の程度の上位のものとして位置づけ、そこでは、刺激によるのではなしに、自らの動機に基づく運動すなわち行為と、世界の諸々の事象についての認識・反省が生じるとした。このことはまた、主客形式と根拠律に従う「表象としての世界」とは、人間の生においてはじめてそれとして根本的に現実化するということを意味する。以上のことをふまえつつ、ショーペンハウアーは第四巻で以下のように述べる。「意志は、純粋にそれ自体として観察されるなら、認識を欠いており、分別を持たず、とどまるところを知らぬ衝動（ein blinder, unaufhaltsamer Drang）でしかない。それは我々が無機的ないし植物的な自然とその諸法則のうちに、さらにはまた我々自身の生の植物的な部分のうちに、その現れを見る通りである。意志のうちにはおのれ自身の意欲についての、また自らの意志するものが何であるかについての認識が含まれるが、それは意志に表象の世界が付け加えられ、それが意志に奉仕するものへと展開されることを通してである。すなわち、自らの意志するものとは、この〔表象の〕世界、まさに現に立ち現れている通りの生（Leben＝生きること）、それ以外の何ものでもない」（WI. 323）。

そもそも意志とは、本質的に理由・原因・目的といった「Grund（根拠）」が無く、ただあてもなしに際限なく働き続ける「果ての無い努力」であった。そして、もしも意志の客体化の進展によって世界を秩序づけるという視座に立つならば、その当初ないし下位の段階においては、意志は主客形式と根拠律による（表象としての世界についての）認識を含まないあてなき努力であり、その意味で「分別を持たない（blind＝盲目的である）」ような「衝動（Drang）」であると言いうるし、その上位の段階において、とりわけ個々の人間の行為においては、意志は認識を含んで働くものであると言いうる。すなわち、人間の行為が成立することとは、主客形式と根拠律の形式に従った秩序を持って現れ認識される「表象としての世界」が根本的に現実化することであり、そこで意志はその諸事象を対象として働くものであると言いうる。こうして、前段の引用にあるように、人間において最も明瞭になるのは、意志が意欲するものは「生」以外の何ものでもないということである。別言すれば、「生とは、表象に対する意欲の表現」であり、「意志が意欲しているのはつねに生である」（WI. 324）。

ただしここでは、そもそもそれ自体としては分別を持たない衝動であると言われる意志において、認識が生まれ、「表象としての世界」が現実化するというのは矛盾した説明ではないかという懸念も生じよう。したがって、ショーペンハウアーにとって、「生」とはいかなるものなのかをより詳しく考察する前に、この懸念について一瞥する。そもそも第四巻は、その冒頭第五十三節やとりわけ第五十四節などにおいて、第二巻・第三巻のイデア論を引き継ぐ内容で始まっている。したがって、懸念の対象となっている説明も、根拠律の下で原因論的に展開される諸科学を整序するために採られた立場、すなわち世界のいっさいを意志の客体化の一定の固定した段階としての諸イデアによって秩序づける立場によるものである。しかし、ショーペンハウアーは、例えば第五十五節では、意志は自由に自らを現象させるのであり、それに応じてどのような客観が存在するかも定まると述べつつ、以下のようにも記す。「しかし、いったん客観が存在し現にある以上は、客観は根拠と帰結の系列の中に生じ、その中で常に必然的に規定されており、それゆえに、他の客観になることも、……この系列から抜け出すこともできない」（WI. 338）。すなわち、主著第一巻で考察されたように、「客観が存在し現にある」ことから出発し、現に現れているこの世界を分析すれば、表象としての世界は、根拠律を超えた意志との逆説的な表裏一体性・二重性において成立していることが、我々にとっての原初的・根源的な事実として明らかになる。その後に、本節冒頭に見た引用中にあるように、「我々自身の生の植物的な部分のうちにその現れを見」るという方法によって、「分別を持たずとどまるところを知らぬ衝動」が抽出されて「それ自体として観察されるなら」、それを基に意志の客体化の事実を（原因論的に）再構成し、認識を持たない衝動に認識が付加されるという説明も可能となる（なぜそのような再構成が試みられるのかについてはさらに後述する）。

それでは、こうして提示される、認識を含む人間の「生」とはどのようなありようを持つのであろうか。そもそも人間においては、根拠律に従う諸事象を対象にして意志が働くゆえに、人間の行為にも、世界におけるいっさいの存在者・いっさいの事象にも、その存在の理由や原因、目的といった「根拠」が有るように認識される。

すなわち、この世界には、それを達成し獲得すれば自分の意志を満足させてくれるような確かな何かが、究極的には、人生全体の生きる目的（生き甲斐）にもなるような確かな〈あて〉が存在しているかのように感じ取られる。しかしすでに考察してきたように、表象としての世界には、そして我々の生には、そもそもいかなる根拠も無く、原因も理由も目的も無い（世界の虚無性）。したがって、「あらゆる満足、もしくは一般に幸福と呼ばれているものは、もともと本質的にはいつもただ消極的なものにすぎず、全くもって積極的なものではありえない」（WI. 376）。満足はただ一時の幻想に過ぎず、それが失われることによって、もしくは失われるのを防ごうと躍起になることで、むしろ不満足や欠乏、焦燥の虜になっていく。

こうして、人間は何をしようとも結局は自らの意欲を満足させることができずに不断の「苦悩（Leiden）」に呪われ続けることになる。人間において意志は、自らの意欲が満足する目的ひいては生きる目的・生き甲斐を、すなわち、自らの意欲のあて＝Grund（根拠／根底／基盤／拠り所）を、実はあてもなしに、次から次へと求めていく。根拠律に従ってその都度の意欲の目的について認識し、動機を持ちつつ行為しながらも、結局のところ、自らが欲しているものが何であるのかを決して知らないというありようが、人間の「生」と呼ばれているものに他ならない。そしてショーペンハウアーからすれば、まさにこうした人間の生のありようにこそ、根拠が無く、ただ目的もあてもなしに際限なく働き続ける「果ての無い努力」としての意志が、もっとも明瞭に現象し客体化されていると言いうる。「人間においては意志が完全な自覚（Selbstbewußtsein）に達することができる。すなわち、意志が自身の本質を、それが世界全体に自らの像を映し出しているのに従って、明瞭に余りなく認識するまでに達することができる」（WI. 339）。ゆえに、根拠律に従っている表象としての世界の「虚無性（Nichtigkeit ＝無さ）」とは、意志自身の「Grund（根拠）」の無さ、すなわち意志が grundlos である（＝根拠の無い）ことの現れに他ならない。

以上の意味において、「意志」とは、「表象としての世界」に対する意欲としての「生」であり、かつ「生」にあてなく執着する「生への意志（Wille zum Leben ＝生きることへの意志）」である（WI, 324）。別言すれば、通常、我々が「生（生きること）」という語で表現していることは、意志が根拠を求めていくありようのことなのである。人間において明瞭に現れる「意志」のありようとは、単に根拠無く意欲するというだけではなく、その上でさらに、そもそも欠けており、獲得されることのありえない自らの根拠を求めることに執着し続ける意志のありようであり、すなわち、倒錯した「生への意志」のありようである。そこに現れているのは、根拠律に従っておらず、根拠を欠く自らの意欲を根拠律に従って実現することに執着し続ける働きである。すなわち、意志自身の根拠の無さに無自覚な働きである。あるいは同じことを別の角度から言えば、根拠律に従っている「表象としての世界」の諸々の事象それ自身が結局は「根拠」が無いこと、その「無さ」に無自覚な働きである。

しかもこの際、表象についての根拠律に基づいた認識が徹底し、生への意志の力が強くなるほどに、生への意欲を喚起する「動機（Motiv ＝動因）」が満ちあふれる。すなわち、根拠律に基づいた認識が進めば進むほど、それはまた「生への意志」の強い発現に奉仕する。「いっさいの生は苦しみ（Leiden ＝苦悩）である」（WI, 366）。それゆえに元来、我々の人生は自らで断ち切ろうとしても断ち切れない、出口のない苦悶の連鎖に満ちるものなのである。

二　意志の自己認識による意志の否定

こうして、ショーペンハウアーにとって人間の生とは、自らの「虚無性（Nichtigkeit）」すなわち「〔根拠の〕無さ」を認識せずに、根拠律に拠って広義の「根拠」を求めてやまないものである。その矛盾ゆえに我々は不断の苦悩にさいなまれる。しかし、よく知られるように、第四巻においてショーペンハウアーは、そのような生の直中において、「生への意志」の「否定（Verneinung）」が、苦しみからの救いの道として生じうることについて考察を展開する。(2)

ショーペンハウアーは、「大いなる不幸や苦悩によって……あらゆる〔意志の〕努力の虚無性が洞察される」（WI. 466）として、「生への意志の否定」についてこう述べる。「生への意志の否定とは完全なる諦念（Resignation）や聖性（Heiligkeit＝清浄さ）と名づけられるもので、これはいつでも意志の鎮静剤（Quietiv）の中から生じてくる。すなわち、意志の内的矛盾と意志の本質的な虚無性とについての認識から生じてくる」（WI. 470）。これはどういうことであろうか。すでに見たように、生への意志がたとえ一時的には自らの意欲を達成し満足や幸福を得ても、結局はそれも挫折せざるを得ない。それゆえ、生への意志は、自らの意欲・努力が自らを苦しめるという絶えざる苦悶と内的矛盾にさいなまれ、否が応にも「あらゆる努力の虚無性が洞察される」。そして、こうした「意志の内的矛盾と意志の本質的な虚無性とについての認識」がいわば血肉化するまでに徹底されると、そうした自己認識が生への意志の「鎮静」をもたらすものとなる。すなわち、生への意志が、表象としての世界において、挫折を身にしみて味わい、そもそも存在しえない自らの根拠を求めるという倒錯・自家撞着に徹底的に直面しそれを自覚すると、根拠を求め続けて生に執着することに対する「諦念」が生じ、生への意志において、そうした執着を諦め手放すことが生じるのである[3]。

ただし、こうした「諦念」は、世界において根拠を求めることの虚無性の自覚のみならず、生への意志自身の内に根拠を求めることの虚無性の自覚をも経なければ実現しない。というのも、たとえ表象としての世界に根拠が無いことを認識しても、生への意志が、根拠無き自らの働きそのものに、根拠無き表象としての世界を出現させる原因を求めることが起こりうるからである。しかしこれは、再び世界の「根拠」を見出している点で誤りである。そしてこの誤りは、倒錯した生への意志の極限的な自己正当化を意味する。生への意志は、自らが目指すべきあてを世界に見出せず、ついには自らが欲するように欲すればよい、ともっぱら自らの欲求そのものの内に、自らの頼るべきもの、あて＝根拠と思しきものを見出そうとする。ここに見られるのは、いわば自己根拠的（自己目的的）であろうとする意志であるが、それは、根拠律によって意欲する倒錯した生への意志の極まった姿に他ならないとも言えよう[4]。意志は、たしかに世界においてではなく、意志自身においてではあるが、しかし依然として、そもそも存在し得ない自らの根拠を求めるという倒錯・自家撞着の内にある。しかも意志はこれ以上逃げ道の無い地点に追い込まれており、その意味で意志の自家撞着は極限化している。

したがって、自己根拠的な意志の内的矛盾の認識もまた貫徹されることではじめて、真の意味で「意志の内的矛盾と意志の本質的な虚無性とについての認識」が貫徹し、そこから上述してきたように、意志の否定が生じてくることとなろう。実際、ショーペンハウアーは、生への意志の否定は、意志が意図的に、すなわち自らを根拠として成し遂げうるものではなく、あたかも「恩寵の働き（Gnadenwirkung）」の如く出現するものであると述べる。「意欲の否定、自由への参入は、意図してむりに勝ち取られるべきことではなく、むしろ人間における意欲と認識との間の最も内なる関係の中から生じてくることである。それゆえそれは突如として外から飛来したもののように訪れる。だからこそ、それを教会は恩寵の働きと名づけたのである」（WI, 478–479）。さらには、「このような恩寵の働きの結果として、人間の全本質はその根底から変化し転回するのであり、この結果、人間はこれまであれほど激しく意欲していたすべてのことについて、今ではなにひとつ欲しなくなるのである」（WI, 479）。こうした事態をショーペンハウアーは、「意志自身の本質の認識」による、意志の「否定」と呼ぶ[5]（この認識はまた意志の「自己認識（Selbsterkenntnis）[6]」とも呼ばれる）。またショーペンハウアーはこれについて、それが根拠を求める意志のありようの全的な「放棄（Aufgeben）」であるという側面から、しばしば意志の「自己廃棄（Selbstaufhebung）」、意志の「消滅（Verschwinden）」とも名指している[7]。そしてそのありようは、「禁欲（Askesis）」や「我意を絶つこと（Ertötung des Eigenwillens）」「清貧（Armuth）」などとして現実化するとして、たとえばアッシジの聖フランチェスコの行状などを挙げる（WI, 454）[8]。

　そして同時に、ショーペンハウアーは、意志のこの「否定」について、それは「意志の自由（Freiheit des Willens）」が現象において出現することであると述べる。「意志が自分の本質自体の認識に達して、この認識の中からかの鎮静剤を獲得し、まさにそのことによってさまざまな動機の影響から脱却するようになった時にはじめて、意志の自由が出現する」（WI, 478）、そして「意志の否定とは意志の自由が現象において唯一現れ出る営みである」（WI, 471）。しかもショーペンハウアーはまた、「意志の自由」のこうした「現象において」の出現に際し、「自由は現象の根底に（zum Grunde＝根拠に）置かれている本質を廃棄してしまうが、現象そのものは時間の中になお存続し続ける」（WI, 339）と述べ、またこのことは、「第四巻の最終部に至ってはじめて十分に理解可能なものになりうる」と記している（同）。そして、H・シェーンドルフも指摘するように、意志の自由の現象における出現という思想は、ショーペンハウアーの「意志の自由」の思考を特徴づけるものである。[9]
しかし、意志の否定（鎮静・廃棄・消滅）が、意志の自由の現象における出現でもあるとは、不整合な矛盾した叙述なのではないか。意志の否定において、意志もその現象も廃棄され消滅するのではないだろうか。またそもそも、物自体であるとされる意志が否定されることは可能なのであろうか。そして意志は鎮静されうるもの、まして廃棄され、消滅することの可能なものなのであろうか。ただし実際には、こうした疑念が生じるのは、生への意志の否定をもたらす認識、すなわち、表象としての世界と意志自身の「虚無性＝（根拠の）無さ」の認識が貫徹されることの意味を十分に理解していないことによると思われる。以下で考察していこう。

三　意志の否定と「無」

意志の否定について、第四巻最終節である第七十一節における、ショーペンハウアーの最終的な立場からの叙述を検討しつつ考察してみよう。ショーペンハウアーは、この第七十一節の冒頭の段落で、意志の否定・廃棄は、我々にはまず「空虚なる無への移行（ein Übergang in das leere Nichts）」に見えると述べる（WI, 483）。ショーペンハウアーによれば、彼の言う「無（Nichts）」とは、そもそも否定されるものを前提とする相対的なそれとしての「欠如的無（Nihil privativum）」（WI, 484）であり、根拠律に従う「存在するもの（das Seiende）」の否定を意味する（WI, 485）。つまり「無（Nichts, Nihil）」とは、根拠律における究極の「根拠」となる或る状態、すなわちいっさいのものの虚無（それは彼の言う「絶対的な無（ein absolutes Nichts）」に当たる）[10]のことではなく、むしろあらゆる根拠が「欠如」していること、すなわち根拠律の否定を意味する。したがって、根拠を求める意志の否定によって生じる「空虚なる無への移行」とは、表象や意志と代わって現れるような、表象と意志との根拠としての〈虚無＝絶対的な無〉への移行ではありえない。むしろ「空虚なる無への移行」とは、意志の否定によって、意志と世界の「根拠」の「無さ（Nichtigkeit＝虚無性）」としての「欠如的無」が現実化することに他ならない。

以上のように、意志の否定・廃棄とは、意志と表象の背後には存在する何ものも現れ〈無い〉ことの現実化であり、すなわち、根拠律に従う表象としての世界それ自身には原因も目的も無く、いかなる「Grund（根拠／理由／根底／基盤）」も無いことの現実化である。ここにおいて、世界を支える根拠／根底が無くなり、世界のリアリティーないし真実性が「流れ消え去る」ことに直面する。この際、世界の根底とは、現実の世界の内部においてであれ、世界を超越した彼岸的なる（ないしは理想的なるひいては神的なる）ものにおいてであれ、およそ世界が現にこのように現れていることの確かさ・真実性を保証する存在や原理一般を指す。そして、こうした広義の〈根底〉が流れ去ることに直面するなら、世界とそれに根拠／根底を求めて執着する生への意志との「Nichtigkeit（虚無性＝根拠の無さ）」が完膚無きまでにあらわになる。「我々は一方で、癒し難い苦悩と果てしない悲惨とが、意志の現象であるこの世界の本質をなすことを認識してきたし、他方で、我々は、意志の廃棄のもとで、世界が流れ消え去る（zerfließen）のを目の当たりにして、自らの前にただ空虚なる無（das leere Nichts）を留め置いている（behalten）」（WI, 487）。

ここで、表象としての世界と意志の〈根拠の無さ〉を目の当たりにする中で、本来的に存在するものとは、実はいっさいのものの虚無であり、意志の否定とはそれを現実化することなのではないかと想い描くことも起こりうる。すなわち、意志の否定によっていっさいの現象は廃棄されるとみなし（WI, 486）、そこでは「意志がない、すなわち表象がなく、世界がない（Kein Wille: kein Vorstellung, keine Welt）」（同）とみなすことも起こりうる。[11]

しかし、世界と意志のこうした「虚無」は、すでに見たように、表象と意志との根底／根拠に想定された無（絶対的な無）である（ゆえに実際にはそれは未だ一つの存在するもの＝有である）。したがって、「意志がない、すなわち表象がなく、世界がない」とは、たしかに根底／根拠の「無（さ）」を垣間見てはいるものの（その限りで一定の妥当性を有しているものの）、未だ根拠を求める「生への意志」に留まり、意志の否定の貫徹にまで到達していない過渡的な立場から言明されているものである（なぜこのような立場からの言明が想定される必要があるのかについては、なお解明を要するので改めて次章で考察したい[12]）。すなわちこの言明は、意志の否定の真のありようを捉えるものではない。

したがって、意志の否定・廃棄が徹底されるなら、「無（Nichts, Nihil）」という名において、存在の何らかの根拠／根底が求められることはありえない。世界と生への意志との「Nichtigkeit」の認識、すなわち世界と意志にはいかなる拠りどころも無いといういわばNihil-ism（ニヒリズム）の認識、もはやそれ以外に何ものも残されていない。したがって、意志の否定において、「ただ認識が残り、意志は消滅する」（WI. 486）とショーペンハウアーは述べる。そしてこのことで、表象と意志の「Nichtigkeit」が、はじめて真の意味で正視され、その認識が血肉化する。そもそも「根拠（Grund-）」が「無い（-los）」意志とは、まさにその「Nicht-igkeit（「無」さ）」ゆえに、根拠律に従った表象に先立って存在する根拠ではありえない。ゆえに意志の「否定」とは、世界を現れさせる根拠であるような実体としての意志が否定され、廃棄されることを意味しない。『パレルガ・ウント・パラリポメナ』（一八五一年）では、「生への意志の否定とは、ある実体の無化（Vernichtung einer Substanz）を意味するのではない[13]」と述べられる。むしろ存在の根拠を求めるあり方が徹頭徹尾破れる時、表象と意志との間を〈根拠－帰結〉関係で捉えることの否定が現実化する。すなわち、表象であるもの（根拠律に従って存在するもの）が、ただそのままに、他面では、根拠律による認識から見て根拠の「欠如」ないし「無」である意志、「根拠が無い（grundlos）」という仕方で働く意志である。逆に、根拠の欠如ないし無としての意志は、ただちに他面では表象すなわち存在するものである。意志の否定とは、「〔生への意志としての〕我々にとっての存在するもの（das Seiende）は無（das Nichts）として、無は存在するものとして示される」（WI. 485）ことの現実化なのである。そして、『意志と表象としての世界』の正編の最後の文章はまさにこのことを確認して終わる。「意志の完全な廃棄の後に残るものは、まだ意志に充たされているすべての者にとっては、たしかに無である。しかし逆に、ある者において意志が自らを転換し否定した場合、その者にとっては、かくも現実的であるこの我々の世界は、その太陽と銀河系とのすべてを含めて――無である」（WI. 487）。この際、ショーペンハウアーは、最後に記された「無」の語の意味について、それは仏教で言う般若波羅密であり、主観と客観の形式が妥当しない地点であると註記している（同）[14]。すなわちこの「無」とは、「意志がない、すなわち表象がなく、世界がない」と言われるいっさいの「虚無」ではなく、根拠律の妥当しない「無」である。このことからも改めて確認されるように、我々の世界が「無」であるとは、世界が虚無に帰するという意味ではなく、世界にはいかなる根拠も無いということである。それは、根拠の無である「物自体」としての意志と、表象・現象としての世界の表裏一体性ないし二重性がそのありのままに現実化するということに他ならない。

したがって、意志の否定とは、物自体である意志そのものの廃棄や消滅のことではありえない。そもそも「物自体」とは、根拠律が妥当する表象としての世界における相対的・相依的な現象の生成消滅に尽きないものであった。したがってそれは、根拠律の妥当を超えており、いかなる意味でも世界の「根拠」とならないものとされた。ゆえに、意志の否定・廃棄・消滅とは、物自体であるものすなわち意志それ自身の否定・廃棄・消滅・鎮静ではなく、〈生への〉意志の否定、すなわち根拠を求めて執着する意志の自己撞着の自己廃棄と消滅に他ならない。それは意志が、表象としての世界を意志自身を根拠とした現れとみなすこと、すなわち意志が自らを自己根拠的であるとみなすことそれ自身の否定や廃棄に他ならない。このことは、根拠が無い意志が、自らの根拠を獲得しようとあてなく空転する自己倒錯から働く向きを変える「転換（Wendung）」（WI, 485）であり、意志が根拠無しに働く自らのありようをそのありのままに現実化することである。したがって、ショーペンハウアーからすれば、根拠を求める〈生への〉意志の「否定」によって、生の「Nicht-igkeit（Nichts / Nihil であること）」が現実化することにおいてのみ、かえって虚しき生成消滅に尽きない物自体が現実化しうることになる。そしてそれこそが、「第四巻の最終部に至ってはじめて十分に理解可能なものになりうる」（WI, 339）と言われた、「意志の否定」による「意志の自由」の〈現象における〉出現の思想である。節を改めてさらに考察しよう。

四　底無き意志の自由

第四巻最終部に先立って、第四巻の冒頭第五十三節以降、とりわけ第五十五節に続く諸節で、ショーペンハウアーはすでに「意志の自由」についていくつかの考察を展開している。まず以下のように述べられる。「意志はそれ自体としては現象ではなく……物自体であり、また根拠律、客体の形式には従っていないのであり、ゆえに意志は根拠によってその帰結として規定されるものではなく、必然性を知らず、すなわち自由である」（WI, 338）。したがって、「自由の概念は本来消極的な概念（ein negativer〔Begriff〕）である」（同）、すなわち物自体としての意志の「自由」の実質は、意志が根拠律を否定するということである。[15]

しかし同時にショーペンハウアーは以下のように述べる。「自由は、普通は、物自体に属するものとして明らかになり、現象においては明らかにならないものであるが、このような〔意志の廃棄と自己否定の〕場合は、自由は現象において出現する」（WI. 339）。この引用箇所に見られる、物自体としての意志の「自由」とは、根拠律が妥当しないという自由と共に、根拠律が妥当する現象において現れる自由を指すのであり、もはや単に消極的な規定に留まるものではない。なるほど、前段落に見た引用中にあるように、意志を「それ自体として」見れば、意志の自由は消極的なものとならざるを得ない。だがそれは、仮に意志を現象と独立に〈それ自体として〉考察すればそうであるということに過ぎない。そもそも、意志を現象と独立に捉える見方は、根拠の無い（grundlos である）意志のありのままのありようを認識する見方ではない。

むしろショーペンハウアーは、意志の自由の真義は、意志を根拠として想定する自己根拠的な意志の否定・廃棄によって、意志の自由が現象において現れることの内にあるとする。「意志の否定とは意志の自由が現象において唯一現れ出る営みである」（WI. 471）、「意志が自らの本質自身の認識に達して、この認識の中から鎮静剤を獲得し、まさにそのことで、諸々の動機（Motiv ＝動因）の影響から引き離される〔＝意志が否定される〕ときに、はじめて意志の自由（Freiheit des Willens）が出現するに至る」（WI. 478）。すなわち、意志の自由とは、意志が自らの／に根拠を求めることの否定・廃棄によって、原因、動機、理由といった広義の根拠／根底に意志が拠らずに、自らの根拠無き自己現象・客体化の働きのそのありのままを実現することに他ならない（こうした自己現象・客体化に先立って意志やその自由が存在するわけではない）。では、それはいかなることであろうか。

ショーペンハウアーは、第七十一節において、意志の否定におけるこうした意志の自由の出現は「静寂（Ruhe）」「平安（Friede）」「明澄さ（Heiterkeit ＝明朗さ）」（WI. 486）の実現であると述べる。また第六十八節では、それは、苦悩からの救済としての「静寂」や「浄福（Seligkeit）」（WI. 464）に充ちたありようであるとも述べる。この際、意志の自由における「平安」「明澄／明朗」「浄福」とは、生成消滅する表象・現象としての世界〈からの〉自由によるものではありえない。山本幾生は、ハイデガーやエックハルトを参照しつつ、ショーペンハウアーの言う意志の否定は、「無碍」としての自由すなわち「落着」を意味しうるものであり、あくまでも現実の直中に存在するとの解釈を提示する。[16] この解釈は、意志の否定とは、意志の現象の廃棄を意味せず、むしろ意志の現象としての世界の存続〈において〉実現する意志の自由に他ならないということを示すものであろう。本論では、現象〈における〉こうした自由について、従来の研究では未だに十分にその意義が注目されてこなかったと思われる、世界の「虚無性（Nichtigkeit）」と意志の「根拠の無さ（Grundlosigkeit）」のその〈否定性〉ないし〈無（さ）〉の思想に焦点を当て、あらゆる「根拠」を徹底して斥けるショーペンハウアーの思考について、さらに追究していこう。

まず、ショーペンハウアーが第七十節において、意志の自由が現象の中に現れる実例として、「身体」において生殖器がまったく健康でありながら、しかし性欲が全く意欲されないありようを挙げている（WI. 476）ことに注目すべきであろう。ショーペンハウアーによれば、このありようは、根拠律に従う現象としての身体は存続しながら、生への意志の動因が働かないということを意味する（同）。すなわち「意志の自由」とは、一々の現象の生成消滅が苦悩の動因とならず、むしろそれがただちに浄福であるような自由のことであり、すなわち、あて＝Grund 無き生成消滅の世界において、意欲の充足を生じさせる自由のことに他ならない。それは、「いかなる必然性も知らない意志自身の自由がその現象の必然性の中に生じ来る」（WI. 477）とも述べられる、必然と自由の深い一致としての自由に他ならない。

そもそも、根拠を求める意志が徹底的に否定されるなら、根拠律の必然性に従って生起し消滅する一々のこと（事物・認識・行為）に、本質的には現にそのようにあることの「根拠が無い（grundlos）」ことが認識されあらわになる。この〈根拠の無さ〉については、本書のこれまでの考察において、一々の現象には意味がなく、世界のリアリティーないし真実性が「流れ去る」という「虚無性／儚さ（Nichtigkeit）」を示すものとみなしてきた。しかし、実際にはそれは、我々が「根拠（Grund）」を求めることに執着する限り、そうであるに過ぎない。この同じ事態も、根拠を求めることに執着する「生への意志」が否定・廃棄・放棄され、いわば放下されるなら、全く異なる相貌を呈するようになる。すなわち、現象としての世界の「根拠／根底」には、世界に内部的・此岸的であれ超越的・彼岸的であれ何者も「無い」という、生の「Nichtigkeit（虚無性＝根拠の無さ）」をどこまでも直視して、いわば生のニヒリズムの認識が貫徹されるなら、そこに逆説的な〈転換〉が生じ、かえってこのニヒリズムの超越が現実化する。というのも、一々のことに根拠が無いということを、真にそのありのままに正視するなら、それは、一々のことはそれに先立ついかなる根拠も持たないということに〈転換〉する。つまり一々のことがいかなる根拠にも従属し「無い」というありようを示すものに〈転換〉する。こうして、意志の否定においては、一々のことは、その根拠を現にそのようであること以外のどこかや他の何かにおいて有するものではないという事態、したがって、まさしく現にそのように現れるゆえにそのようであるという事態として現実化する。一々のことは、そのようにあるべきゆえにあり、あるがままにあることとして、そうした必然性において、ありのままに認識され行われる。それは、一々のことのそのありのままが、現に意志自らがもともと望み意欲するがままであるということなのである。

こうして、ショーペンハウアーが述べるように、「生への意志」の否定において、「平安」「浄福」が実現する。

それは、根拠を求める倒錯した「生への意志」によっては不可能である、意志のもともとの意欲の自己実現・自己充足に他ならない。すなわち、現に世界においてこうして生きていることの一々が、意志が自らのあるがままを実現するという意志の自由と充足・浄福の実現となっているような事態であり、また逆に、意志のこの本来的で根源的な自由と浄福の実現として、現実の一々のことが産み出されているとも言いうる事態である。

とはいえ、この充足は、この現実が歓びと共に苦に充ちており、むしろ後者が本質的であることを変えるものではない。一々の現象が有限であり、何事も生じては消え去り、滅し逝くものであること、そのことは何処にも消え去ることはない。ショーペンハウアーは「自由は現象の根拠に（zum Grunde）置かれている本質を廃棄してしまうが、現象そのものは時間の中になお存続し続ける」[17]（WI. 339）と述べる。そしてこの箇所の記述は、「Grund」が「根拠」と同時に「根底」を意味する以上、自由は現象の〈根底に〉置かれている本質を廃棄してしまうが、現象そのものは時間の中になお存続し続ける、ということを同時に意味している。すなわち、意志の否定による意志の自由の実現とは、生成消滅する現象としてのこの世界はそのままに、ただその広義の〈此岸的もしくは彼岸的な〉「根底（Grund＝底）」が棄てられ、抜けることである。それは一々のことに底抜けに即してことを為すこと、一々のことの生成と意志の初発とが底無しに一つになることである。そこでは、この現実において歓びにもましていっそうの苦が充ちており、生の本質は苦であるということはそのままでありつつ、しかしその苦は、根拠／根底に執着する生への意志の発動の動因契機とならずに、「平安」「浄福」「明澄／明朗」の内にある。自らの苦悩を避け、快楽を存続させようと差配する態度、すなわちおのれの意志を根拠／底にし、すべてをおのれの欲するがままにしようとする「生への意志」から離れることで、意志の底が無くなり、歓びにあっては底－無しに歓び、苦しみにあっては底－無しに苦悩し、一々のことが生じ消え去るそのあるがままに、自ずから自己が即し尽くすことが実現する。現実世界における一々の行状それ自身が、意志の欲するがままの自由として生きられ、「平安」「浄福」「明澄／明朗」に充ちるのである。

ゆえに、こうした意志の否定と自由の実現は、必ずしも感情の静まりかえった生活をその典型例とすべきものではない（まして生（活）・人生そのものの否定を意味するわけではない）。ショーペンハウアーは、生への意志の否定の実例として、アッシジの聖フランチェスコの「禁欲」「清貧」の生活を挙げてそれを高く評価するが[18]、フランチェスコの生活はよく知られるように、人間と自然への歓びにあふれた生活であった。また、意志の否定と自由の実現は、それが苦悩からの救いを得た者という意味での「聖人」の行状とも言うことができようが、しかしそれは、意志の否定と自由が永遠に保証されているような立場を意味するわけでもない。むしろ、こうした行状は、「生への意志に対する不断の闘争」（WI. 463）によって成り立つものであり、自己根拠的な「生への意志」の立場に陥らないような不断の「努力（Anstrengung ＝緊張）」（同）を伴いつつ、意志の否定と自由の道を維持する行状である（なお後述のようにこの努力は「生への意志」の努力と区別されるものである[19]）。ショーペンハウアー自身はまた、こうしたありようを「静かな目立たぬ生の態度（der stille und unbemerkte Lebensbandel）」（WI. 456）とも呼ぶ。この観点から言えば、それは必ずしも偉人のありようを意味するわけではない。ショーペンハウアー自身、このようなありようが現実化することはきわめて稀であることを力説するが、たとえそうであるとしても、それはどのような人間のどのような平凡な生活のうちにも現実化しうるものである。それは決して孤独な隠遁的生活を典型例とするものではなく、この現実の生活において様々な仕方で実現しうるものである。

以上のことは、現実の現象・表象が、徹頭徹尾、根拠律に必然的に従っていることと矛盾するものではないことを、いま一度確認しておこう。ショーペンハウアーは、世界における一々の表象・現象が根拠律に従っているという事実を出発点にしたからこそ、根拠律に従う世界が、同時にいかなる意味でも根拠の無い仕方で現れており、すなわち、根拠／根底が無い（＝grundlosである）意志の自由なる現象であるということに逢着し、その結果、上記のような意志の否定と自由の思想に帰結したのであった。必然と自由とは、根拠律に従い、根拠／根底を求める限り、排他的なものに他ならない。これに対し、「根拠／根底の無さ（Grundlosigkeit）」における意志の自由、すなわち「底」無き意志の自由とは、必然と自由の深い一致としての自由ないし自在である。それは、所与の必然を事後的に受忍することなどではない。根拠律に従う必然と根拠律に拠らない自由とは、どちらかが他に先行するのではない（いずれも「根拠」ではない）。意志の否定による意志の自由とは、この必然と自由とが相異なる両側面として、底の底から、正確には底無しに、初発を同じくして成立するような、そうした根源的な「自由」なのである。

なるほどここでは、意志は、それがもともと根拠／底に基づいていないにもかかわらず、なぜ根拠を求めて執着する「生への意志」として発現するのか、あるいはそもそもなぜ意志は、根拠律に従って意志の客体化の高まりとして秩序づけられるような現象を生じるのか、との疑念も生じよう。とはいえ、こうした疑念もまた、すでに指摘してきた倒錯に基づくものに他ならない。意志の働きはまさしく根拠／底が無いのであってみれば、こうした自家撞着がなぜ起こるのかを見通すことは不可能である。むしろ、この疑念のように、世界の「根拠／底」すなわち広義のGrundについて問い、見通そうとすることすら断念されることによってこそ、根拠を求める「生への意志」の自己倒錯が否定されて、意志の働きのあるがままが、まさしくいかなる根拠にもよらずして、ゆえに底無しに、意志の充足であり自由の実現となるのである。ここに、ショーペンハウアーが「物自体」への希求を通して探求してきた事態、すなわち、単なる相対的な現象の生成消滅に尽きないものの現実化という事態が実現する。それは、根源的で揺るぎない「平安」と「浄福」が、この現実の現象の世界〈における〉一々のことにおいて底無く実現するということに他ならない。

今まで考察してきたように、第四巻の最終第七十一節は、現象世界と意志との根拠ないし底の「無」を提示し、意志の否定と自由においては、この「無（さ）」こそが存在するものの真相であるとした。それは、世界の内奥の方向においても世界を超越する方向においても、世界を支える「根拠／底」が無いということである。そして、最終節の最後の文章が、「かくも現実的であるこの我々の世界は、その太陽と銀河系とのすべてを含めて――無である」（WI. 487）と締めくくられていたように、ショーペンハウアーが、主著最終節で明らかにしたのは、現実のこの世界は、根拠／根底が「無」である世界であり、いわば底無き世界であるということに他ならない。したがって、第四巻最終部に至って明らかになるとされた、意志の否定と自由の思想とは、我々の自己が自らの意志を根拠／根底として生き、認識し、行為しようとするありようが崩壊し無に帰すことによって実現する、〈底無き意志の自由〉を提起するものに他ならないのである。

第二部

ショーペンハウアーと底無き意志の系譜

第三章　意志の否定と〈哲学の方法〉

ヘーゲルの「無」との対話

一　現象の廃棄という思想と〈哲学の方法〉

前章までに考察したように、ショーペンハウアーが提起する、「意志の否定」による「意志の自由」の実現という思想は、「根拠（Grund ＝底）」を求める意志の否定・廃棄・放棄によって、現実の世界の一々の現象における「底無き意志の自由」が実現し、意志のあるがままの働きの充足としての「平安」「浄福」が現実化するというものである。ショーペンハウアーにとって、意志とは、世界の現象の根拠／底としてまず存立し、事後的に自らを現象させるようなものではない。かえって、それは、いかなる意味でも根拠／底では無いもの、すなわち根拠／底無くして自ら現象する働きそれ自身を意味したのである（ここで言う〈根底〉ないし〈底〉とは、前章第三節で見たように、世界の内部・内奥のものとして考えられた存在・原理や、世界に超越的・彼岸的なものとして考えられた存在・原理など、およそ世界の存在根拠となるいっさいのものを指す）。

こうした思想は、主著最終節の最終部においてはじめて明瞭に提示されたものであった。ただし、この最終部に至るまで、ショーペンハウアーは、世界の現象のいっさいを「物自体」としての意志の客体化の高まりにおいて秩序づける叙述も試みていた（第一章第四節、第二章第一節を参照）。また、それをふまえて、「意志の否定」はいっさいの現象の廃棄であり、意志の否定においては「意志がない、すなわち表象がなく、世界がない（Kein Wille: kein Vorstellung, keine Welt）」（WI. 486）とも述べていた（第二章第三節を参照）。なるほど、本書で示したように、この「意志がない、すなわち表象がなく、世界がない」とは、意志の否定の貫徹にまで到達していない過渡的な立場から言明されているものであり、意志の否定の真なるありようについての言明ではなかった（同前節を参照）。しかしそうだとするなら、なぜわざわざこうした過渡的な言明が一旦は提示されなければならなかったのであろうか。これらの叙述は、かえって主著最終部の上述したような思想の適切な把握への妨げとなるものではないだろうか。というのも、こうした叙述は、あたかも「生への意志」が（広義の）根拠として、何らかの仕方で世界に先立って存在し、それが世界に現象するという思想、そして「生への意志」の否定・廃棄によって、実際に意志も現象もそれ自体として廃棄され消滅するという思想を提起しているかのような誤解を誘導しかねないものだからである。したがって、これらの叙述が、過渡的なものとはいえ、なぜ、何のためになされているのか、またそのことをどのように理解するかが、「意志の否定」による「意志の自由」の実現という思想を誤解なく適切に把握しうるために重要であると言わねばならない。

ショーペンハウアー自身にとってみれば、物自体としての意志の現象および意志それ自体の廃棄についての叙述は、実際には、根拠がそもそも無いにもかかわらず自らに根拠を求める意志、倒錯した「生への意志」にとって真理であるに過ぎなかった（第二章第一節を参照）。すなわち、これらの叙述は、我々の内に生じている、「生への意志」の矛盾・倒錯を根こそぎ明るみに出し、それを告発し否定する意味を持つものに他ならなかった。それならば、ここではさらに以下のように問うことも必要であろう。すなわち、たとえ「生への意志」の倒錯を告発するためであるとしても、なぜ他ではなく〈意志および現象の廃棄〉という思想が取り上げられ、叙述されるのだろうか。そこにはいかなる必然性があるのだろうか。つまり、ショーペンハウアーの叙述の道行きはどのような方針・方法に基づいて、最終部の思想に至っているのだろうか。「意志の否定」による〈底無き意志の自由〉の思想に至るショーペンハウアーの〈哲学の方法〉とは、どのようなものなのだろうか。我々はショーペンハウアーのこの〈哲学の方法〉を明らかにすることで、現象の廃棄に関する彼の叙述にもかかわらず、ないしはかえってそれを介して、主著最終部の思想を十分に把握し理解することができるようになるであろう。

とはいえ、ショーペンハウアーが、こうした〈哲学の方法〉それ自身を主題化し、それとして明確に提示することをしなかったのもまた事実である。なるほど彼は、自らの〈哲学の方法〉について、『意志と表象としての世界（続編）』では以下のように述べている。「私の哲学は、……世界が現に存在することをその種々の究極的な根拠（Grund = 根底）から説明するといった越権行為を犯すものではない。むしろ、誰もが到達可能であるような、外的ないし内的な経験という事実的なもののもとに留まり、こうした経験の間の真なる、最も深い連関を証示するものである。私の哲学は、経験のこうした連関を超え出て、世界の外部にある何らかの事物とかそれと世界との関係とかいったものに至るなどということはない。……それゆえに私の哲学は、カント的な意味で内在的である」（WII, 736）。なるほど、ショーペンハウアーが提起する思想、すなわち根拠を求める「生への意志」の否定によって〈底無き意志の自由〉に至るという思想は、そのまま彼の〈哲学の方法〉を指し示すものでもある。すなわち、世界の根拠としての何らかの事物・存在者を想定しそれについて語ろうとする態度を徹底的に否定・

廃棄していくような、そうした叙述の方法・筋道こそが、まさに彼の〈哲学の方法〉であると言えよう。したがって、この意味において、ショーペンハウアーの〈哲学の方法〉とは、引用文中の通り、「内在的」な叙述の方法であると言うこともできよう。

しかし、ショーペンハウアーのこうした叙述においても、主著最終巻の最終七十一節において、なぜ他でもない〈意志および現象の廃棄〉という思想が取り上げられ、叙述されるのか、そこにいかなる必然性があるのかについては、依然として明確になってはいないであろう。ここでは、叙述のこうした道行きに必然性を与えているものとしての〈哲学の方法〉には焦点が当てられていないと言わざるを得ない。それでは、ショーペンハウアーの思考の道行きを貫くこうした意味での〈哲学の方法〉としては、どのようなものが見出されるのであろうか。

以下、本章では、この問いを考察するために、ショーペンハウアーと同時代の哲学者であるヘーゲルの思想を参照したい。ヘーゲルは、「無（Nichts）」を「規定」の捨象ないし欠如と捉えると共に、「成（Werden）」において「有（Sein）」と「無」とは区別を持ちつつもその独立性を「止揚（aufheben）」されるという思想を提起する。ヘーゲルのこうした「無」の思想は、「意志がない、すなわち表象がなく、世界がない」という〈意志および現象の廃棄〉の思想に対する可能的批判として評価しうるものである。そして、以下で行うように、ヘーゲルのこの思想をショーペンハウアーの思考の道行きと対照させることで、ショーペンハウアーが「意志の客体化」や〈意志および現象の廃棄〉といった思想を導く必然性も浮かび上がり、彼の〈哲学の方法〉の内実もまた明らかになるように思われるのである。

伊藤貴雄が周到な仕方で概括しているように、ヘーゲルとショーペンハウアーとの思想的関係というテーマについては、多くの研究者においてその重要性が提起され、考察が行われてきた(1)。また、同じく伊藤が的確に指摘しているように、ショーペンハウアー自身について言えば、自らの学位論文審査の際にヘーゲルと議論した内容や、ヘーゲルの『大論理学（Wissenschaft der Logik）』第一版（一八一二―一六年）の第一巻を一八一三年に図書館より借りだした際に友人に書いたコメントなどが知られている。[2] ただし本書では、ヘーゲルとショーペンハウアーとの思想的関係それ自身の解明には立ち入らない。ヘーゲルは、意志の「根拠（Grund＝底）」の無さについて思想を主題的に展開したことはない。したがってヘーゲルは、本書が考察する〈底無き意志〉の系譜に直接与する哲学者ではないと考えられる。むしろ本書では、ショーペンハウアーの〈底無き意志の自由〉の思想を明らかにするための補助線として、またその限りにおいて、ヘーゲルの「無」の思想を取り扱うこととする。

とはいえ、ここでは以下の点は指摘しておいてもよいであろう。すなわち、従来のショーペンハウアー研究では、意志の否定によって実現する、「意志の自由」の現象への出現という思想を、意志の「根拠／底の無さ」に着目して考察する試みが十分に行われていない。したがって、意志の否定とは、意志や現象それ自身の消滅・廃棄ではなく、かえって現象における〈底無き意志の自由〉の実現であるという思想が、適切に明らかになって来なかった。それゆえに、この思想をふまえつつ、ショーペンハウアーとヘーゲルの思想的関係を考察する試みは、未だ十分に行われていないものであり、本書の以下の考察はその端緒となりうるものと考えられる。

二　『意志と表象としての世界』とヘーゲルの『世界史哲学講義』におけるインド評価

本節では、ヘーゲルの「無」の思想を理解するための予備的考察として、彼の批判的なインド思想評価について、ショーペンハウアーの肯定的なインド思想評価と対照させて考察したい。このことで、ヘーゲルの「無」の思想の特性が明瞭になると思われるからである。そもそもショーペンハウアー哲学が、インド思想への共感に貫かれたものであることはよく知られている。ショーペンハウアーは、『意志と表象としての世界（正編）』の初版を一八一八年に脱稿しているが、ウルス・アップが詳細に明らかにしているように、当時、ヨーロッパでのインド思想研究全体が未だ十分な水準に達しておらず、ショーペンハウアーが知り得た情報はごく限られたものでしかなかった。そのような中、ショーペンハウアーは、根拠や目的の無い世界の虚無性、生への意志の否定、世界の「無」の現前と意志の自由の出現といった彼の思想を、当時彼が知り得た研究資料に基づき[3]、インド思想への彼独特の共感と共に語り出す。

これに対してヘーゲルは、同時期の一八二二／二三年の「世界史哲学（Philosophie der Weltgeschichte）講義」の中で、当時の研究資料を基にして、インド思想への批判的見解を表明する[4]。彼は、インド思想に見られる自己の否定の思想は、自己の「捨象（Abstraktion ＝抽象）」であり、自らの生に復帰することのない「自己欠如（Selbstlosigkeit）」を意味するとする。すなわち、現実の世界から離れて、主体的な自由を欠いた無規定なるものへと没入することに過ぎないとする。ヘーゲルは後に『大論理学』などにおいて、こうした無規定なるものを「無」とも呼び換えていることを顧慮すれば（後述参照）、ヘーゲルのこうしたインド思想評価の特性を、ショーペンハウアーのそれと対照させて考察することは、ヘーゲルの「無」の思想がいかなる思考に由来し、またそこにいかなる思想的な意味を見出しうるかを理解するための予備的考察に値すると思われる。

順序としては、まず『意志と表象としての世界（正編）』におけるショーペンハウアーのインド思想評価の方から概観したい。なお前章までは、最終第三版を底本として考察してきたが、以下では、テクストをヘーゲルのインド思想評価と同時代のものである初版に限定して考察してみよう。

ショーペンハウアーは、意志の否定・廃棄による〈底無き意志の自由〉の例示として、しばしばインド人の倫理的・宗教的生のありようを挙げる。たとえば、「一切の自己愛の全面的否定」によって現れる、生きとし生けるものの一切を包む「愛」や、「日々の苦労から得たものすらをも手放してしまうほどの慈善」、「いかにひどい悪であろうとも悪につねに善と愛をもって報いること」(WI. 459)。あるいは、苦行によって意志の全面的な「禁圧(Mortifikation)」にまで及び、そしてこのような禁圧が、「身を鰐に与え」たり、「舞妓たちの唱歌と歓呼と舞踊のもと神像を乗せて引き回される巨大な山車の下へ身を投ずる」など、人をして自ら進んで死に赴かせるという段階にまでも達すること(同)。ショーペンハウアーは、現在、インドの少数の人々は極端なまでにこうしたありようを忠実に生きているとして(同)、それを積極的に評価する。さらには彼によれば、キリスト教の修道士や聖者の伝記とインドの僧や聖者のそれとを読み比べてみると、そこに驚くべき一致が見出されるのであり、「教義や風習や環境がこのように根本的に異なっているにもかかわらず、両者の努力と内的生活とは全く同一である」(WI. 460)。また仏教についても、「仏(Fo)」が「家をも財産をも持つべきではない」と述べ、「同一の樹木の下にあまりにたびたび坐してはいけない、特定の樹木を愛好したり、それに執着したりすることがないように」と指示することについて、意志の否定のありようを指示するものとみなす(同)。

ただし、ショーペンハウアーの叙述の中に、特定のインド思想のテクストに本格的に立ち入って解釈・検討するようなものは見られない。インド思想のテクストに対する評価においては、『ウプネカット(Oupnek'hat)』(デュペロン(A. H. Anquetil-Duperron)によるウパニシャッドのラテン語重訳)における「汝はそれなり」の文言などへの断片的な参照があるだけである。すなわち、彼のインド思想への評価は、上述のように、「生への意志」の倒錯の否定と意志それ自身の自由の現実化のありようの典型を、ヴェーダや仏教などのインド思想の実践のありようの内に求める主旨のものである。しかも彼は、この典型はインド思想（仏教を含む）においてのみではなく、キリスト教の聖者の内にも求められるとしている。ここでは、インド思想とその実践のうちに見出されたありようは、すなわち、生のうちでの生への執着を離れたありようから生を離れて自ら死へと赴くそれまでのすべては、意志の否定と自由の本質的なありようを表現するものとして評価されている。

本書第二章第四節で考察してきたように、意志の自由とは、根拠／底無く現れて消え去る現実の世界の一々の現象が（たとえばその苦も歓びも）、意志のあるがままの実現・充足であり「平安」「浄福」であること、また逆に、意志のこの本来的で根源的な自由と浄福の実現として、現実の一々の現象が産み出されていることであった。そして、ショーペンハウアーは、意志と現象（現実世界）の初発が根拠／底無く一つである、その「無さ」を「無（Nichts）」と表現した。それは「欠如的無（Nihil privativum）」（WI, 484）と言われるものであり、根拠律に従って「存在するもの（das Seiende＝有るもの）」の否定を意味する（WI, 485）。ゆえに、第二章第三節で論じたように、「無」とは、意志および世界それ自身の廃棄の後に成立する、意志の根底（＝根拠）に横たわる虚無の存在状態のことではない。ショーペンハウアーの言う、〈欠如的〉無とは、あらゆる現象が、そしてその個別性が欠如している虚無を意味するのではなく、かえって意志の背後に根拠（根拠－帰結関係）が「欠如」し成立し無いことを意味しよう。したがって、ショーペンハウアーのインド評価は、たとえば現実の人間の意志やその主体的自由からの全的な離脱を主張するという点で共感を寄せるものなどではない。むしろ彼は、根拠を求める意志の倒錯の転換によって現実化するような、我々の「意志の自由」の現実世界におけるありように焦点を当てていると言いうるのである。

それでは次に、同時期のヘーゲルによるインド思想とりわけヴェーダンタ思想と仏教思想についての評価を

「世界史哲学講義（一八二二／二三年）」中のオリエント・インド講義において見てみよう。なお、ヘーゲルの「世界史哲学講義」は、一八二二／二三年より一八三〇／三一年に至るまでに断続的に講義されたものであるが、学期を追って内容に大きな変化が見られる。ただし一般によく参照されるテクストは、学期毎の講義内容の差違を十分に顧慮せずに内容を総括し編集したものであり、ヘーゲルの思想を正確に理解するためには問題がある。以下では、一八二二／二三年における講義内容だけを編集したイルティング版テクストを使用することにする。(5)

ヘーゲルは、インド思想に見られる、自己の苦悩からの解放をめぐる見解について、以下のように評価する。「〔インド人にとっての〕この解放（Befreiung ＝救い）とは自己を無にすること（Selbstlosigkeit）に由るものである。そしてただ絶対的な捨身（Abstraktion）によってのみ、それへと上昇してゆくのである。……インドの性格全体は、この規定によって要約できる」（PdW. 204）。ヘーゲルによれば、インド人の神に対する関わり方は、現世における具体的なものすなわち諸々の社会的生活がすべて無価値であることの承認に収斂するものである。それは自ら苦痛を引き受け、ひいては自己の現実の生命そのものを神の前に犠牲にし、投げ出すことに進展していく（PdW. 202）。ヘーゲルは「インド人は神々の載った車の行列が通ると、その車で我が身を轢断させてしまう」（PdW. 203）として、ジャガンナート寺院の祭礼の際に、神々の乗る山車に人々が身を投げるという例も挙げる。

こうした「捨身（Abstraktion）」は、ヘーゲルによれば、自己の生命に復帰することができず、ただ自己を失うだけの、悪しき意味での空虚な否定である。すなわちそれは、自己を否定することを介して自己に復帰して、より根本的な意味で自己の自由を実現するのではなく、単に自己の生命を喪失するだけの空虚な「抽象」的否定であり、自己の悪しき意味での絶対的な「捨象（Abstraktion ＝抽象）」に過ぎない。こうしたヘーゲルの理解からすれば、インド人が、それにおいて救いと自由を見出す「自己を無にすること（Selbstlosigkeit）」は、実は単なる「自己欠如・欠損（Selbstlosigkeit）」にすぎない。ゆえに、「インド人の場合、自由は……生命と意識にあるあらゆる規定から抜け出ることに過ぎない」（PdW. 205）のであり、「自由の表象は充実したものではなく、空虚な捨象（Abstraktion＝抽象）である」（同）。したがって、先に引用した文章は以下の通りにまた読み替えられるべきものである。「〔インド人にとっての〕この解放とは自己欠如（Selbstlosigkeit＝自己欠損）に由るものである。そしてただ絶対的な抽象（Abstraktion＝捨象）によってのみ、それへと上昇してゆくのである」。こうしてヘーゲルによれば、「インド人にとっての自由は、端的に無規定的で抽象的なものにとどまる」ゆえに、インドには真の意味で国家と呼ばれるべきものは現前しえない（同）。すなわち、インドには主体的な自由がなく、その意味では道徳的な主体によって構成される国家も存在しないと評価されるのである（PdW. 172, 174も参照）。

　したがって、ヘーゲルによれば、インド人が言う、「一なるもの」と一体となること、たとえばブラフマンと一体となることは、インド人にとっては自己の解放＝救いであるが、実はそれは単なる自己欠如・欠損としての無規定へ移行するのみの空虚な抽象であり、悪しき意味での否定に他ならない。「あらゆる充実を捨象することが、ブラフマンと一体になるための手段である」（PdW. 204）。かえってそこには、自己の主体的な決定を失った偶然と恣意が存するだけである。さらにヘーゲルは、インドに類縁的である地域における宗教として仏教を挙げたうえで[6]、仏陀は涅槃において、「何事にも執着せずにあらゆるものから自由になるという最高度の捨象（Abstraktion＝抽象）の状態に達した」（PdW. 227）とする。これは前述からも明らかなように、ヘーゲルが、仏教における涅槃の指示するものを、具体的な規定から単に抜け出ることのみを帰結する、空虚な捨象＝抽象に過ぎないと評価していることを示すものと言えよう。そしてヘーゲルは、こうした「無規定」「空虚な捨象＝抽象」について、言い換えれば「規定」の「欠如」について、後に『大論理学』などにおいて「無（Nichts）」と呼ぶことになる（後述）。

こうしてヘーゲルによれば、インド思想の特性は、現実の生活をすべて無価値で空しい虚無的なものとみなし、その一切を「捨象＝抽象」することで、すべての規定を抜け出て、無規定的で無内容的な状態に移行することを説く点にある。それは、他と異なるこの個としての規定された内容を持つ現実の個々の自己の主体性と自由とを失うような、自己と世界の「欠如」としての空虚な「抽象＝捨象」に他ならない。ゆえに、そこで信仰される絶対的なものは、実は単に自己を抽象＝捨象した限りでの、自己の否定的対立物（相対的なるもの）にすぎず、真の意味での絶対的なものではありえない。したがって、ヘーゲルからすれば、主体的な自由を持つ自己にして、はじめて絶対と関わることができるのであり、以上のような自己の否定においては、絶対と関わることによる自己の救いはありえないということになるのである。

三　ヘーゲルの『大論理学（第二版）』における「無」の思想の特性

前節に見たように、ショーペンハウアーとヘーゲルにおけるインド思想に対する価値評価は、まったく対照的である。ただし、両者の問題意識それ自身に注目するなら、実は両者はともに、現実の世界における人間の主体的自由を探究する点で共通している。しかしこの問題意識に照らして、ヘーゲルがインド思想に消極的な評価を下すのに対し、ショーペンハウアーは、こうした自由の実現は「生への意志」の否定によるものであり、インド思想に見られる執着の否定は、まさにそのありようを指示するものであると評価する。

そもそもショーペンハウアーによれば、第二章第四節で考察したように、「生への意志」の否定は、根拠を求めて執着する意志の否定・廃棄を意味するが、それは、根拠律に従うこの世界の真理性を廃棄して、別の真なる根拠を求めることではなかった。したがって、「生への意志」の否定とは、現実の自己の生活（の規定的内容）を迷妄にして無価値であるとみなして終わるものではない。そうした態度は、自己と世界の根底に無価値的（＝無規定的・無差別的・無秩序的）なるものを真なる根拠として求めるものであり、結局は自己の生活の根拠づけに執着するものだからである。むしろ「生への意志」の否定は、根拠律の下に諸々の規定性を有する自己と世界のその底（根拠）には何ものも無く、「無」であることを、我が身に血肉化した仕方で生き、生活することである。すなわち、「意志は決して原因にはならない。意志の現象への関係は根拠律には決して従っていない。それ自体意志であるものが、他面では表象として存在するのである」、「この世界は……すべてにわたって意志であり、同時にすべてにわたって表象である」と言われたような、〈底無き意志〉と根拠律に従って規定される表象との一体性・二重性をそのありのままに現実化し、生きることである（第二章第三節参照）。

そしてショーペンハウアーは、こうした〈底無き意志の自由〉の実例として、インドにおける「日々の苦労から得たものすらをも手放してしまうほどの慈善」、「いかにひどい悪であろうとも悪につねに善と愛をもって報いること」などを見て取った。それは、現実の世界における自己の今この生活を、自己の自由と「平安」「浄福」の実現の場とすることである。第二章第四節で論じたように、一々のことは根拠律の下に現れると共に、それがなぜ、まさにそのようにして現れなければならないのか、そのこと自身の「根拠」は無い。すなわち、一々のことは他の何ものかに自らの根拠を持つことはなく、したがって、ただ現にそのようにあるべきがゆえにあるがままにある。そしてこのことがあらわになることで、現実の自己の自由と充足として、一々のことが、歓びも苦しみもその一切が、創出される。この際、一々のことが現にこのようであることそれ自身の価値や意味は、いかなるもの（根拠）によっても測り得ない。したがって、「生への意志」の否定とは、根拠律による秩序（価値）づけに関わらない意志のあるがままの肯定・充足と、根拠律に従う価値秩序の下に意志が現われることとを一つのこととして創出し生きることである。

こうした観点から見れば、ヘーゲルがインド思想における「自己の否定」を評して言う、「自己欠如＝欠損」としての絶対的な「抽象＝捨象」とは、かえって世界の根底に、無規定的なるものを真なる根拠として求めるありようのことに他ならない（ここでの「欠如」とは根拠の一つのありようである）。ショーペンハウアーからすれば、たしかにインド思想における自己の生への執着の否定とは、生の「虚無性（根拠の無さ）」があらわになり、「空なる無を留め置く」ことによると位置づけられよう。しかしこの「空なる無」すなわち「（欠如的）無」（ショーペンハウアーの言う「欠如」とは根拠の全き否定のことである）の現前は、根拠律を含まない状態の現前ではない。根拠律の含まない状態を想定するとは、根拠律に従う現象の世界の根拠／原因となる状態を想定していることであり、それ自身根拠律によった想定である。根拠律の全き否定としての「（欠如的）無」の現前は、「生への意志」の否定、すなわち根拠／底無き世界の現前を示すものである。それはかえって、根拠律に従った規定性・価値秩序を包含する。この意味において、ショーペンハウアーからすれば、ヘーゲルのインド思想評価は、むしろ見当外れなものに他ならない。

なるほど、ヘーゲルのインド思想評価に見られる、無規定的なるもの、すなわち規定性の「欠如／欠損」ないし「抽象／捨象」こそがヘーゲルの理解する「無」なのであるならば、これはたしかにショーペンハウアーにおける「無」の理解と全くすれ違っていると言えるであろう。それでは実際のところはどうなのであろうか。以下では、時期を下って、仏教における「無」についても言及される、ヘーゲルの『大論理学（Wissenschaft der

Logik)』第二版（一八三一年）における「無」の考察について、今までの考察を念頭に置きつつ、必要な限りにおいて見ていくことにしよう。[7]

ヘーゲルは、この著作において「無（Nichts＝無い）」「純粋無」とは、「自己自身との単なる同等性であり、完全な空虚性、規定の欠如、内容の欠如」であると述べる（GW: 21, 69）。その上で「東洋の学説、とくに仏教では周知のように無、即ち空（Leere）が絶対的原理とされる」（GW: 21, 70）とする。[8] そして純粋な単なる「有（Sein＝存在／有ること）」もまた「ただ自分自身と同等」であり、他に対する不等もなく、一切の内容規定を欠くものであるゆえに、そもそも「純粋無」と「純粋有」とは同一である（GW: 21, 69）。かえって、両者の真理は両者の統一としての「成（Werden）」に他ならない（GW: 21, 69–70）。すなわち、ヘーゲルによれば、有と無はあくまでも「成」のうちに在る両者である。「成」とは、生起と消滅とが一つのことの両面をなすような事態であり、有と無とは、あくまでも生起（無から有への推移）と消滅（有から無への推移）の統一の内に、その契機としてある限りでの両者である。両者は互いに他に関係しながらも分離不可能であり、区別を持ちながらも、その区別は「成」において止揚（aufheben）される。「有と無とはこの〔成としての〕統一の中に存在するが、しかしそれは消失するものとして、ただ止揚されたものとしてのみある。両者ははじめに両者が持つとされた独立性から、互いになお区別はされているが、しかし同時に止揚されてあるような二つの契機へと落ちる」（GW: 21, 92）。こうしてヘーゲルは、有と無とを分離し、独立に存在するものと捉えるのはそもそも不可能な企てであるとみなし、それゆえに、無を有の「根拠（Grund）」や「原因（Ursache）」と捉えることを誤りとして斥ける（GW: 21, 90）。ゆえに無を絶対的原理（根拠）とする（とヘーゲルに理解された）仏教の立場も斥けられるのである。

ここで、以上のようなヘーゲルにおける「無」の思想を考慮するなら、ヘーゲルとショーペンハウアーにおける〈哲学の方法〉は、たとえ実際の影響関係はなかったとしても、共通性を持つものとして浮かび上がるように思われる。そもそも、ショーペンハウアーの言う（生への）意志の否定・廃棄・消滅とは、意志そのものが「無」い状態への移行、すなわち無規定的で空虚な無内容のものへの移行のことではなかった。むしろ「意志の否定」とは、根拠／底無き自らの働きに根拠を求めるという意志の倒錯の否定・廃棄において、意志自らが「有」るがままに「有」ることの現実化を意味しよう。そしてこの観点から見れば、ショーペンハウアーとヘーゲルの哲学に同じ〈哲学の方法〉を見出すことができる。すなわち、「有」と「無」とを分離してその対立を固定化・実体化し、無（や有）を根拠として思惟を展開することをあくまでも斥けつつ叙述を展開するという〈哲学の方法〉である。なるほど、ヘーゲルにおいて「無」（ないし欠如）とは、無規定的なるものであり、それは有と分離されて捉えられた根拠を意味している。他方、ショーペンハウアーにおいては、「無」（ないし欠如的無）とは根拠／底それ自身が無いこと、すなわち、有の底にいかなるものも（無規定的な無も）無いことを意味した。ゆえに、両者においては「無」の内実が全く異なっている。また、インド思想をめぐっては、自由を喪失する無規定的なものへの移行の思想と解するか、根拠／底を求めることの否定における自由の実現の思想と解するかという点で全く対照的である。しかし、にもかかわらず、両者は共に、有と分離された無規定的な無、すなわち根拠／底としての無をどこまでも斥けていく仕方で思惟し叙述を展開するという〈方法〉において一致していると言わねばならないのである。

四　ショーペンハウアーにおける「無」の思想と〈哲学の方法〉

本章では、ショーペンハウアーの〈哲学の方法〉を見定めるために、ヘーゲルの「無」の思想を取り上げて考察してきた。そして、両者の哲学においては、有と分離された〈根拠＝底（Grund）〉としての「無」を語ることをどこまでも斥けていくという〈哲学の方法〉が共に看取された。ここで、こうした〈方法〉に焦点を当てつつ、ショーペンハウアーの叙述を改めて検討してみよう。

そもそも、ショーペンハウアーにおいては、第二章第二節で考察したように、根拠を求める「生への意志」の極限は、自らは自らを根拠として存在しうるとする自己根拠的な意志であった。それは、言うなれば意志が、自らが「有ること」それ自身を自らの存在根拠として措定することであるとも言えよう。また、本章冒頭で考察対象として定めた叙述、すなわち「意志がない、すなわち表象がなく、世界がない」という、〈意志および現象の廃棄〉について想定する叙述とは、第二章第三節でも詳述したように、そもそも根拠を求める意志の立場に立つ限りにおいて見られる「無」、すなわち意志の存在の根拠／根底として想定された「（虚）無」を述べるものであった。ゆえにそれは、意志が「無」を自らの根拠として、すなわち「虚無」として措定することであると言いうる。以上を考え合わせれば、意志が自己を根拠として措定することと、意志および現象の廃棄（すなわち虚無への移行）を想定することとは、いわば隣り合わせの事態に過ぎないことが明らかになろう。すなわち両者は、意志の「有」と「無」とを分離してその対立を固定化・実体化することから生じている事態にすぎない。したがって、意志の否定・廃棄について言明するショーペンハウアーの〈方法〉は、「有」と「無」の分離自身の否定として、すなわち分離された「有」か「無」かに根拠を求める在り方からの転換として、意志の否定を提示するというものである。

こうしてみれば、ショーペンハウアーの〈哲学の方法〉とは、意志の「有」と「（虚）無」は、根拠無き意志の働きが二つの契機に分離されて固定化・実体化され、根拠として措定されたものに過ぎないことを証示するものでもある。すでに考察してきたように、意志はそもそも根拠／底無き働きとして「有る」のであり、意志が「有る」とは、いかなる意味でも根拠とならない「有る」である。それは、意志が根拠を持つ働きとしては「無い」ことと一つのこととして成り立っている。すなわち、本来、意志の「無」とは、根拠とならない「無」のことであり、根拠／底が「無い」ことである。したがってまた、意志がありのままに「有る」ことは、根拠／底が「無い」ことと一つであり、意志は〈底無き自由（自己実現）〉としてはじめから成立している。ゆえに、意志がこうして否定ないし「廃棄（aufheben）」されることとは、ヘーゲルを念頭に置いている確たる証拠は見られないもの、実質的にはヘーゲルと同様に、意志の「有」と「無」の独立性が、両者の区別を保ちつつも「止揚（aufheben）」されることである。すなわち、ショーペンハウアーは、意志の否定・廃棄による意志の自由の実現とは、意志の（根拠としての）有と無との独立性が「廃棄／止揚（aufheben）」されることで、（根拠とならない）有と無を契機とする意志それ自身のありようを認識し実現することとして提示している。

〈哲学の方法〉についての以上のような考察をふまえるなら、ショーペンハウアーにおいて「意志がない、すなわち表象がなく、世界がない」という〈意志および現象の廃棄〉の思想が取り上げられ、叙述されることの必然性もまた明らかになる。上にも触れたように、ショーペンハウアーは、意志の否定・廃棄が意志と現象それ自身の廃棄であるという結論を避けることはしないと一旦は言明している（第二章第三節参照）。そしてこうした言明を行う立場とは、意志が自らの内に自らの根拠を求める立場に比する限りでは、根拠を求める意志の「虚無性／〈根拠の〉無さ＝Nichtigkeit」の認識が血肉化しつつある立場であるとも言いうる。この立場に立つ意志が、〈意志の否定・廃棄〉を〈虚無への移行〉としつつそれを避けることをしないという事実は、意志が、自らにおいても、いかなるところにおいても、自らの〈拠り所〉ないし「根拠（Grund）」にたどり着くことはないという事態を、別言すれば、根拠を求める意志のあり方自身の虚無性を、不十分ながら一定程度は認識していることを示す。

とはいえ、すでに述べたように、こうした立場は、それが意志と現象との〈虚無〉について言明するものである限りにおいて、意志の否定の後にもなお「根拠」が存在するとみなすものである。すなわち、結局は、根拠を求める「生への意志」の立場に執着する限りにおいて生じているものに他ならない。意志の否定を虚無への移行として受け容れようとする立場は、根拠への逢着をもはや断念しているようでいて、しかし実際には、最後のところでそれに抵抗していると言わざるを得ない。もはや実質的には根拠の「無（さ）」のみが顕現し「残る」事態であるにもかかわらず、この立場はそれに抵抗し、無を根拠として、すなわち虚無として求めてしまう。一切の虚無への移行を求めることは、意志の否定・廃棄の後にも根拠／底として残存するような存在状態を欲することであり、逆説的にも、意志の底には何ものも無いという意味での真の「Nichtigkeit」から逃避している。

以上に鑑みれば、ショーペンハウアーは、意志の「Nichtigkeit」の認識が十分に血肉化することで意志の否定・廃棄が生じるというありようを提示するために、〈意志および現象の廃棄〉の立場がまず現れ、その上でこの立場を超えることで真の意味での意志の否定・廃棄が徹底されるさまを叙述するという方法を採用している。

したがって、ショーペンハウアーにおいて、意志の否定・廃棄とは、自己根拠的な「生への意志」が、その挫折によって、いわば意志自身の絶滅ないし〈無規定・無内容なる〉虚無を欲する状態へと転じて、別言すれば、根拠としての無を求めるという、「生への意志」の肯定の枠内での否定に転じて、さらにはそれも否定されて、「生への意志」の否定に至り、意志そのものの真の肯定と充足・自由が実現するという道行きにおいて提示されている。ここには、根拠／底を求める意志が行う、意志の「有」ないし肯定か、意志の「無」ないし否定かという峻別それ自身の「止揚」を明らかにすることで、「意志の否定」における〈底無き意志の自由〉を叙述するという〈哲学の方法〉を見て取ることができる。この方法は、我々の哲学的な思惟それ自身が、まず自らの根拠／根底を措定し、次にその挫折によって根拠／根底が破れるないし抜けていくことで、〈底無き意志の自由〉について適切に語る立場に至るという、ショーペンハウアーに独特の〈哲学の方法〉であると言うこともできよう。

以上で考察したように、両哲学者の思考は、規定的内容を持つ現実の自己の自由を提起する点において共通のものであった。そしてこれらの思考において、「有」と無規定的な「無」とを独立視してそれを根拠として措定することを斥ける思惟を徹底するという〈哲学の方法〉が観取された。この際、ショーペンハウアーの場合について言えば、それによって意志の否定と自由を適切に語りうるこのような〈方法〉がなぜ現に成立しうるのか、という問いはもはや無効である。むしろ、この〈哲学の方法〉は、こうした問いによって何らかの根拠〈目的／理由〉を思惟が求めることそれ自身を否定していく仕方で成立する〈方法〉である。(9) ゆえにショーペンハウアーからすれば、ヘーゲルは、たしかに有と無を根拠にすることを斥けていく〈哲学の方法〉を提起したものの、そもそもそうした〈方法〉それ自身の内になお何らかの根拠を求めていないのかどうか、ヘーゲルが根拠の「Nichtigkeit」について必ずしも主題的に論じていないために、疑念が残ると言わざるを得ない。それは、たとえば世界における自己の自由の実現が、何らかの仕方で目的論的に導出されていないかどうかが、問われるということである。
ショーペンハウアーからすれば、現に世界がこのように存在し自己の自由が実現すること、またそれは有と無の根拠化を否定する〈哲学の方法〉によって叙述しうること、それらのことはもはや何らかの根拠によって裏付けられるものではない。そして、この事態に正当に向き合うことができてはじめて、自己の自由について語る〈哲学の方法〉も実現するということになろう。ここには、意志の「有」と「無」の「止揚」という事態を提示することで、〈底無き意志〉の自己認識と自己実現を叙述するという〈哲学の方法〉を見て取ることができる。ショーペンハウアーは、根拠を求める意志の否定のありようを解明するにあたり、意志による自己根拠的な「有」への志向が否定されたありようを示し、それから、次に現れる、意志の〈無規定的な〉「無」への欲求も、徹底的に否定・廃棄されるありようを示す。そしてこの道行きは、世界の根拠／根底について語ろうとする態度を徹底的に否定・廃棄し、意志の否定・廃棄による〈底無き意志の自由〉の実現という思想を叙述するショーペンハウアーの〈哲学の方法〉の必然的な道行きなのである。[10]
とはいえ、こうして、〈底無き意志の自由〉において、規定的内容を持つ現実の個々の自己の自由が実現されることが明らかになったなら、今度はこの〈自己〉とはどのような自己であるのかが問われねばならないであろう。[11] 別言すれば、ショーペンハウアーの言う〈底無き自由〉において、個としてのこの〈自己〉の自由はどのように実現されるのかが明らかにされなければならないであろう。これについては、問題の所在を確認することも含めて、章を改めて論じることにしたい。

第四章　意志の自由における〈自己〉
ニーチェの「力への意志」へ

一　〈自己〉の自由への問い

ショーペンハウアーが提起する〈底無き意志の自由〉とは、意志が自己根拠的であろうと志向することが否定され、さらには、意志が無規定的な「（虚）無」を志向することもまた否定・廃棄されることによって、はじめて実現するものである。前章までにこのことが明らかになったことで、こうした自由とは、規定的内容を持つ現実の個としての自己の自由をまた意味することも明らかになった。とはいえ、〈底無き意志の自由〉において、他とは異なるこの個としての自己が自由を実現するとは、いかなることであろうか。自らの自由を実現する個としてのこの自己とは、どのような自己であり、いかなる仕方で成り立つ自己であろうか。

M・コスラーは、ショーペンハウアーの倫理学における「叡智的性格」の議論を手掛かりに、意志の〈叡智的〉自由と個々の主体の自由との関係について考察している。(1) こうした考察の内容は、もとよりそれ自身として正当なものであるが、第四巻のとりわけ最終部に提示される、「生への意志」の否定・廃棄と〈底無き意志の自由〉の次元をめぐるものではないと思われる。これに対して本章が問題にしたいのは、〈底無き意志の自由〉の実現における個としての自己の自由のありようである。

本書第二章第四節では、ショーペンハウアーによれば、現実の世界の一々の現象の生成は、そのあるがままのありようにおいては、ただちに意志の自由と充足・浄福の実現であり、一々のことの生成と意志の働きとは、初発を同じくして底無しに一つであることが明らかになった。そして、ショーペンハウアーは、こうした底無しの意志の自由を提示するに際して、アッシジのフランチェスコの生を実例としてあげていたし、あるいはこうした自由の具体相として、個々の身体において生殖器がまったく健康でありながら、しかし性欲が全く意欲されないありようなどをあげていた。こうしてみれば、〈底無き意志の自由〉は、個々の自己の自由の実現と別ではないこともまた明らかである。しかしまた、ショーペンハウアーは、こうした叙述以上に、〈底無き意志の自由〉を個々の意志主体に即して論述することをしていない。別言すれば、ショーペンハウアーは、個々の自己が他と異なって個性的（な規定的内容を有したもの）でありつつ底無しの／に自由を実現するというありようについては、積極的な解明を行っていない。

そこで以下では、ショーペンハウアーの叙述そのものの内にこうした解明の糸口をさらに探すことはせず（こうした作業については第六章で取り組んでみたい）、そのかわりに、彼の思索から大きな影響を受けた後代の哲学者ニーチェの思想を参考にしながら、〈底無き意志の自由〉における個としての〈自己〉の自由の実現のありようを明らかにすることを目指したい。ただし、ここでは、ショーペンハウアーとニーチェの両思想を比較し、両者の間の異同や距離を見定めることを目的としない。かえって、底無き意志における〈自己〉の自由の解明という観点からニーチェの思想を再構成しつつ、その考察成果を手がかりに、この問題におけるショーペンハウアー哲学のさらなる展開可能性を探求することを目的とする。さらには、ニーチェの思想の内に〈底無き意志の自由〉の系譜に連なる可能性を発見的に読み込みつつ（後述から明らかになるように、ニーチェ自身が唯一の〈真なる〉ニーチェ解釈像を拒否するであろう）、両哲学を含む〈底無き意志〉の哲学（の系譜）それ自身の意義と可能性を明らかにしていくことを目的とする。(2)

＊　＊　＊

ニーチェの処女作『悲劇の誕生（Die Geburt der Tragödie, 1872）』がショーペンハウアーから強い影響を受けていることは、この書に『意志と表象としての世界』第三巻における美や崇高の議論あるいは音楽論についての多くの肯定的な参照や引用があることから明らかである。ニーチェはこの著作において、現実の世界の諸々の事象を「根源的一者（Ur-eine）」の現象・仮象とみなした上で、芸術は「アポロン（Apollo）」と「ディオニュソス（Dionysus）」との相克と相互依存を通して実現する「根源的一者の現象・仮象」であるという思想を展開する。アポロンとディオニュソスとは、そもそもギリシャ神話における二柱の神であるが、ニーチェによって、前者は「夢（Traum）」の作用、後者は「陶酔（Rausch）」の作用になぞらえられる（KSA: 1, 26）。このことは、よく知られるように、ニーチェにとって、「アポロン」とは、個別的諸表象・現象を形成・造形する個別化・個体化の原理であり、「ディオニュソス」とは、個別者・個体を「根源的一者」の一性に向けて破壊・解体する原理であることを意味している。この際、「ディオニュソスはアポロンの言葉を語り、アポロンもまた結局はディオニュソスの言葉を語る」ときに、「芸術一般の最高の目標が達せられる」（KSA: 1, 140）と述べられる。アポロンとディオニュソスの両者は、あくまでも相補的・相互的に成立し働くものである。

この際、『悲劇の誕生』が『意志と表象としての世界』についての参照・引用を多く含む事実から、「根源的一者」の概念は、ショーペンハウアーにおける〈意志＝一者〉を念頭に置いてのものであるとみなしうる。なるほど、『悲劇の誕生』においては、この「根源的一者」がいかなる実体でも「根拠」でもなく、その底に何者も無いということについての立ち入った知見は見られない。しかし、村井則夫が指摘するように、アポロンとディオニュソスの両者が相補的で不可分であるとするニーチェの議論には、個別的現象を根源的一者の側から一方的に根拠づけて理解するのとは異なった思考が働き始めているとも言え[3]、たしかにその概念装置には未だ整合性がなかったものの[4]、すでに形而上学的原理を廃棄し現象・仮象の虚構性を肯定する思考が見られるとみなすことも可能であろう[5]。そうだとすれば、本章の問題意識から再構成すれば、ニーチェの『悲劇の誕生』には、いかなる意味でも形而上学的な根拠づけの原理ではない〈底＝根拠〉無き〈意志＝一者〉の現象を問題としつつ、その個別的・個体的作用の側面に焦点を当てる志向が、すでに存在しているとみなすことができよう。ただし、上述したように、『悲劇の誕生』では、こうした志向に適う議論は十分に展開されてはいない。次節以降では、ニーチェの円熟期の思考から、こうした議論を再構成してみよう。しかもそこでは、〈底無き意志〉の現象の個別的・個体的な位相のみならず、この現象を生き抜き、自由を実現する個としての〈自己〉のありようが考察されるのである。

二　底無き「力への意志」

ニーチェは『喜ばしき知恵（Die fröhliche Wissenschaft, 1887 ＝悦ばしき学）』において、「現に生きていることにそもそも意味があるのか（Hat denn das Dasein überhaupt einen Sinn?）」という問いを「ショーペンハウアー的な問い」（KSA: 3, 600）と呼び、「それがただ完全に、その深みへと聴き入れられるまでにさえ数世紀を要する」とも記している（同）[6]。同箇所で、ニーチェがショーペンハウアーをペシミストであり無神論者であるとも述べるように（KSA: 3, 599）、ニーチェがショーペンハウアーから引き継ごうとするのは、神であれ他の何であれ、我々の自己が生きることに意味や価値を付与するだろうものは何も存在しないとする態度である。ニーチェからすれば、なぜ、何の意味・価値があって自己が生きているのかなどといった問いには、そもそもいっさいの答えが欠けているのであり、その意味で、自己が現にこうして生きていることの原因・目的・根拠を与えるようないっさいの尺度・原理は、因果性や相互性といった原理であれ、性質的もしくは数量的な何らかの統一的秩序形式といった原理であれ、あるいは神であれ、それ自体としてはそもそも存在しない。たとえば、ニーチェは、一八八五年秋から翌年秋にかけて遺した断片において、「なぜ私はこのようであるのか？」という問いを、「現に生きていること（Dasein）に向けてのナンセンスな（unsinnig）考え」であると書いている（KSA: 12, 123）。ショーペンハウアーの場合と同様に、ニーチェにとっても、こうした問いはそもそも意味をなさないのであり、答えとなる最終的根拠など存在しない。ニーチェは、『善悪の彼岸（Jenseits von Gut und Böse, 1885）』において、「ただ我々が、原因、前後性、相互性、相関性、強制、数、法則、自由〔自己原因〕[7]、根拠（Grund）、目的、といったものをつくりあげたのである」（KSA: 5, 36）と述べ、そうした尺度・原理はそれ自体としては存在しないと述べる。

こうした思考のもとで彫琢されてきたものが、「力への意志（Wille zur Macht＝権力への意志）」の思想である。ニーチェは『善悪の彼岸』の中で、「我々はまさしく我々の諸々の衝動の現実以外のいかなる現実にも下ったり上ったりすることはできないと仮定するなら」（KSA: 5, 54）、そして「我々の衝動的生（Triebleben）の全体を意志の一なる根本形態（Eine Grundform des Willens）の形成と分化として説明することに成功するなら」（KSA: 5, 55）、「あらゆる作用する力（alle wirkende Kraft）を一義的に規定する権利が、つまり「力への意志」として規定する権利が得られたことになろう」（同）と述べる。すでに見たように、我々の生における一々の事象には、原因や目的・理由などいっさいの「根拠」が無く、したがって、現実の事象を超えて（すなわち現実の発生元＝「下」方にも、到達すべき理想＝「上」方にも）いかなるものも存在しない。[8] ニーチェは、上記引用において、いかなる根拠も無いこうした生の現出の運動を、根拠の無い諸衝動の形成と分化の運動と捉え、さらにそれらはあまねく「力への意志」という形態を取るものとして規定しようとしている。以下、ニーチェのこうした思想を検討していこう。なお以下では、特に断らない限り、一八八五年から一八八八年に遺された断片を基に考察していく。

「力への意志」の「力（Macht＝権力）」とは何か、「意志（Wille）」とは何かを理解する際に、まず注意すべきことは、ここでニーチェが主張しているのは、「力への意志」という一なる主体が根拠／基盤としてまず成立し、それが自らを分化させつつ現出するという思想ではないということである。ニーチェは、「せめぎ合い（Kampf＝闘争）それ自身が、自らを保持し、増大させ、自らに関する意識を保ち続けようと意志する……」、「或る主体がではなく、せめぎ合いが自らを保持しようと意志する」（KSA: 12, 40）と書いている。したがって、「力への意志」の「根本形態」とは、諸々の衝動が、互いに自らの威力を他に及ぼそうとして、主導権・支配権を求めあうせめぎ合い＝闘争の流動それ自身に他ならない。実際、ニーチェは、いっさいの衝動は「支配欲（Herrschsucht＝権勢欲）」であるとも書いている（KSA: 12. 315）。したがって、「力への意志」においては、一つの支配的な力が根拠／基盤として固定的に存在するのではなく、多数の衝動の間の力の増大と減退の関係によって諸衝動の支配の力関係が絶えず入り乱れ、入れ替わるような流動だけがあるとされる(9)。

こうしてニーチェによれば、我々の生の現実は、諸々の衝動が主導的・支配的な〈力＝権力（Macht）〉を得ようと欲するせめぎ合いそれ自身なのであり、その意味で、自らを不断に形成し流動的な力動性を求めていくせめぎ合いとしての「力」それ自身である。しかもこの際、こうしたせめぎ合いとしての「力」の流動については、その根拠／基盤にはなにものも措定できない。ゆえに、この「力」の流動自身について、この流動を実行していく力動性以外のなにかに依拠して規定することはできない。加えて、こうした力動性とは、その外部から客観的に観察されるものではなく（そのような観察が立脚する根拠はどこにも存在しない）、我々がその内部において生き抜くという仕方でしかその知を得られないような力動性である。そして、ニーチェによれば、他への依拠を否定する仕方で実行され、その内部において生き抜くという仕方でのみ知られる「力（動）」は〈意志〉と呼びうるものである。すなわち、ニーチェは、『善悪の彼岸』において、意志とは自らそれ自身に作用する意志であると述べた上で（KSA: 5. 55）、あらゆる力について「内側から見られた世界」は、「力（Macht＝権力）への意志以外のなにものでもない」（同）と述べるのである（なお筆者は「Macht」については「権力」よりも「力」の意が第一義的であると考える。それについては後述する）。

これに加えて、ニーチェのこうした「力への意志」の思想は、遺稿断片で言う、「力への意志は解釈する（interpretieren）。……真実のところ解釈とはあるものの主となるための手段そのものである」（KSA: 12. 139–140）

という〈解釈〉をめぐる思想と切り離すことのできないものである。通例、我々は、我々の生の現実それ自体のうちに、「目的と手段」「原因と結果」「主体と客体」「行動と受苦」「物自体と現象」といった仕方で同定できるものがもともと存在している、ないし備わっていると考えている。しかし、ニーチェによれば、こうしたものは事実それ自体においてではなく、すべて「力への意志」における「解釈（Ausdeutung）」としてある（KSA: 12. 139）。そもそも、目的・原因・主体・実体・物自体といったものは、現象の背後の恒常的な「基盤（Grund）」として、すなわち、現象を生み出す「根拠／底（Grund）」として想定されるものである。ゆえに、こうして諸々の現象を上述のような特定の範疇へと並べ分ける際には、「我々は事物の「それ自体（An sich）」〔のありよう〕を信じることから出発している」（KSA: 12. 382）と言いうる。しかし、そもそも、「事実のありようそれ自体（Thatbestand an sich）などは存在しない、事実が存在するためには、つねにまず意味が〔解釈によって〕入れ込まれていなければならない」（KSA: 12. 141）。すなわち、我々には、解釈を受ける前の恒常的な「事物それ自体」など把握しようがなく、その存在を想定したり信じたりすること自体が不可能なのである。

こうしてニーチェからすれば、目的と手段、原因と結果、主体と客体、物自体と現象、実体と属性、精神と物体、内界と外界、意識と無意識、理性と本能をはじめ、およそいかなる対立的区分も、そもそも恒常的に事実それ自体において成立しているものではない。むしろ「力への意志」としての諸衝動の力のせめぎ合いの結果、支配的になった力関係に応じて、諸力の全体が、こうした対立軸をまとって秩序立って現れてくるに過ぎない。諸衝動の力のせめぎ合いとは、諸力が、自らを基準にして、いわば「遠近法」的に、全体を統一的に組織化して秩序づけ、「解釈」しようと争うことと言い換えられる。逆に言えば、諸力は、自らが主となるために、こうした「解釈」によって、他の力を自らの力の内に組み入れ、意味づけて統一しようとしているとも言いうる。ニーチェは以下のように述べる。「人間だけでなく、いずれの力の中心も、自分自身から残りの全世界を構成する」（KSA: 13, 373）。「力への意志」（として）のこうした解釈の運動・流動は、いかなる対立的区分も自らの「根拠」として持たない。ゆえに、人間のみならず、むしろ世界のいっさいは、諸衝動による解釈のせめぎ合いとしての「力への意志」以外では有り得ない。「世界は力への意志である。そしてそれ以外に何ものも無い（nichts außerdem）！あなた方自身も力への意志である。そしてそれ以外に何ものも無い！」（KSA: 11, 611）。

ここでニーチェが使用している「それ以外に何ものも無い（nichts außerdem）」という表現は、新田章が指摘するように、「その外は無（nichts außerdem）」とも訳しうるものである。[10] ゆえに、ここでニーチェは、それ自身の「外」ないし〈背後＝根底〉が「無（Nichts）」であり、すなわちいかなる根底／根拠も無いような「力への意志」の解釈運動を提起していると言えよう。今ここに現れている世界のありようも、そこに想定されるいかなる秩序も意味・価値も、またその根拠／根底となる特定の「原因」「目的」「実体」「主体」なども、すべては一つの観点からの遠近法的な秩序づけであり、或る一つの「解釈」である。そこには事実それ自体を恒常的に映し出しているようないかなる形象も存在しない。ゆえに、ニーチェは、「私は言おう、……存在するのは解釈だけである」（KSA: 12, 315）と語る。すなわち、ニーチェによれば、解釈に先行する恒常的な唯一の世界（「事実それ自体」）も、諸々の解釈の真偽を一義的に決定するような基準・尺度・意味なども、決して存在しないのである。

したがって、たしかに現実の世界と我々の生は、特定の根拠（原因・目的・理由）に基づいた秩序をもって現れるものの、しかしニーチェによれば、それは一つの「解釈」である。しかもこの根拠について、そもそも「なぜ」他ではなく当のその特定の根拠でなければならないのかと問うならば、それを定める基準・尺度（これもまた根拠である）はどこにも存在せず、そうした問いには答えが欠けていると言わなければならない。なるほど、特定の根拠を想定する「解釈」は、自らの力の増大と主導権の構築を目指す諸力のせめぎ合いにおいて現れる。換言すれば、そうしたせめぎ合いそれ自身が自らの流動性・力動性を強く保持しようとする運動としての「力への意志」において現れる。しかし、その際、そもそも「なぜ」他ではなく当のその特定の根拠を措定する「解釈」であれば、ある力が主導権を確保し、また「力への意志」の流動性・力動性が発揮されるのか、その答えは欠けているのである。なぜなら、その答えを措定することそれ自身がまた、「力への意志」における一つの「解釈」だからである。したがって、ニーチェによれば、この現実の世界と我々の生は、それに先立ついかなる存在も、それを秩序づけるいかなる尺度も有しないような「解釈」のせめぎ合いに他ならない。したがって、そこには、それがなぜそのようであるかについてのいかなる〈根拠／底〉も無い、底無き解釈形象があるのみなのである。そして、それこそが、「世界は……力への意志である、そしてその外は無（nichts außerdem＝それ以外に何もの も無い）」とニーチェが言う、〈底無き〉力への意志のありようなのである。

三　ニヒリズム

こうして、ニーチェにおいては、現実の世界と生は、〈底無き〉「力への意志」であり、〈底無き解釈形象〉以外の何ものでもないことが明らかになった。そしてニーチェは、彼の「ニヒリズム」の思想において、そもそも〈なぜそのようであるか〉のいかなる〈根拠／底〉も無い、というこの〈底の無さ〉について考察を展開している。本節では、この「ニヒリズム（Nihilismus）」の思想を検討していきたい。そしてそれをふまえて、次節以降において、底無き意志における〈自己〉についてのニーチェの思想を考察したい。

ニーチェによれば、ニヒリズムとは、「いっさいは意味が無い」（KSA: 12, 126）とすること、「生きていることにおよそ意味が無く、いっさいは無駄であるかのように現れる」（KSA: 12, 212）ことである。ニーチェはこうしたニヒリズムについて、「ニヒリズム。目標が欠けている。「なぜ？」への答えが欠けている。ニヒリズムとは何を意味するのか？――至上の諸価値が無価値になること」（KSA: 12, 350）とも述べる。すなわち、ニヒリズムとは、現実の世界と生とがこのように存在することの意味を価値づけ、根拠づけるような本質（本体・実体）・目的（目標）・理由・原因といったようなものが欠けており存在しないゆえに、自己が生きていることには意味や価値が無く、世界のいっさいが虚しく無駄で無益であるとすることである。

ニーチェは、こうしたニヒリズムの究極的で最後の形態は、まず以下のように準備されると言う。すなわち、「生成で目指されているものは何もない」（KSA: 13, 47）という世界の〈無目的性〉の洞察や、「個体がその中に完全に沈潜することができるような大いなる統一が生成の基に働いていることなどない」（同）という世界の〈無統一性〉の洞察を経つつも、しかしそれらを回避してなお「この生成の世界全体に迷妄と判決を下し、生成の世界の彼岸にある世界を真なる世界とでっちあげること」（KSA: 13, 47–48）によって準備されるとする。とはいえ、ニーチェからすれば、すでに本章前節において見たように、世界は底無き「力への意志」以外の何ものでもないのであり、それゆえに、こうして生成の世界の背後にその「根拠」としての「真なる世界」を見出すことは、不可能な企てに過ぎない。そもそも、中世以来、西洋の社会秩序を支えてきたキリスト教的世界観は、この生成の世界の「彼岸」ないし「背後」に「真なる世界」を見出してきた。しかしそのキリスト教的世界観が説く、「真理への意志（Wille zur Wahrheit）」のあくなき希求の「誠実さ（Wahrhaftigkeit）」は、自然科学的世界観の成立とそのあくなき追究を促すものであり、そのことによって、生成の現象世界の彼岸・背後に存在するようなものへの懐疑が進み、ついに真なる世界と絶対的創造主としての神とを説くキリスト教的世界観への信頼は崩壊する（KSA: 12, 122–123）。ニーチェはこう述べている。「キリスト教の没落。……キリスト教によって高度に育成された「誠実さの感覚」が、世界と歴史についてのあらゆるキリスト教的な説明の持つ邪さに嘔吐感をもよおさせる」（KSA: 12, 125–126）。

しかし、自然科学は、法則を探求することで不変的な真理を追究する以上、「真なる（科学的な）世界」を、現実の具体的な生成の世界の背後にその根拠として求めるものである。とはいえ、そもそも、底／根拠無き「力への意志」の世界のすべてをこのように法則的に根拠づける営みは貫徹され得ない。また、自然科学が追究する決定論的な世界観は、この自己が何をやろうとも、結局すべては決定されているという洞察をもたらすものであり、そこでは、自己が科学的にであれ、主体的に「真理への意志」のあくなき追究を遂行することの意味も見失われてしまう。こうして、「真理への意志」のあくなき追究としての「誠実さ」は、科学的世界観をも没落させることになる。ニーチェは以下のように書いている。「現在の自然科学のニヒリズム的帰結。……自然科学の営みからついには自己解体、自己自身への反逆、反‐科学性が出てくる」（KSA: 12, 126–127）。ここに至り、現実の世界の根拠に科学的世界を求めていくこと自身も妥当性が無いことがあらわになる。

こうしてニーチェによれば、ニヒリズムの究極的で最後の形態が現れる。それは、「真理は存在しない」という「極限的なニヒリズム」（KSA: 12, 351）である。もはや、「目的」「統一性」「真（なる世界・存在）」といった、従来は価値を有していた範疇によって、世界と生のその全体を解釈することはできない（KSA: 13, 48）。いまや、現実の世界と生には目的も秩序もなく、かといってそれとは異なる真なる本来の世界も存在しない。これこそが、上述のように、「いっさいは意味が無い」、「生きていることにおよそ意味が無く、いっさいは無駄であるかのように現れる」、「目標が欠けている。「なぜ？」への答えが欠けている」、「ニヒリズムとは何を意味するのか？――至上の諸価値が無価値になること」などと述べられるニヒリズムが、その本義において、余すところ無く現れているありようである。すなわち、いまや現実の世界と生の直中においては、それがこのように存在することの意味を価値づける根拠は存在しない。また、こうして虚しく無駄である世界と生をその彼岸や背後ないし根底／基盤において価値づけるようないかなる根拠も存在しない。およそ、現実の世界と生が「なぜ」そうであるかについての根拠／根底となるものが、絶対的な神であれ、その他のいかなるものであれ、いっさい欠けており、存在しないのである。よく知られる「神は死んだ」というニーチェの言は、こうした事態を指すものであると言えよう。

　ニーチェによれば、こうしたニヒリズムは「真の世界への信仰を自らに禁じる」（KSA: 13, 48）のであり、ここではもはやたしかに自己は「生成の現実を唯一の現実とやむを得ず認めるしかない」（同）。しかしそれが無意味で虚しく無駄である現実に他ならない以上、「人はもはや否認しようとは意志しないこの世界に耐えられない」（同）。ここにまさに出口のない最大限の苦悩が生じる。とはいえ、ニーチェによれば、実際には、万物が無価値で無意味になったと見るのは、「中間状態（Zwischenzustand）」に過ぎない（KSA: 13, 48）。すなわち、「ニヒリズムとは一種の病理的な中間状態を表現している」（KSA: 12, 351）のであり、徹頭徹尾それを脱する出口がないわけではない。それはむしろ脱するその途上としての病いである。そもそも、「〔目的、統一性、真なる存在などの〕理性範疇への信仰がニヒリズムの原因である」（KSA: 13, 49）のであって、我々が世界と生の生成の根拠を求め、拠り所を求めようとする限りにおいて、したがって、世界と生についてのいわば唯一の解釈を求めようとする限りにおいて、世界と生は虚しく無意味で無駄なものと見える「ニヒリズム」が生じるのである。そして「我々がこの〔目的、統一性、〈真なる〉存在の〕三つの範疇を無価値にしたなら、たとえこれらの範疇が万物に適用できないことを証明しても、万物が無価値になることにはならない」（同）。すなわち、根拠を求める限りにおいて、世界の根拠の無さが虚無性・無意味さとして現れるニヒリズムが生じるが、それは、世界の根拠の無さをそれとして十全に洞察していないことによるのである。したがって、ニヒリズムとは、そもそも原理的に、それが徹底されれば超えられていく他ないものであり、本質的に「中間状態」として、ただ過渡的にしか有り得ないものである。ニヒリズムは、世界の「なぜ」についての根拠の無さを洞察していると言えるが、しかしまさにそれが徹底され、そもそも根拠が無いことがそのままに受け取られるなら、そこではもはや世界が「無価値」であるとか「無意味」であるとかいった認識そのものが無意味になり、そうした否定的な判断評価は消えて、かえっていわば世界と生の端的な認容・肯定が生じるのである。

こうしてみれば、ニーチェにおいては、〈底無き〉「力への意志」ないしは〈底無き解釈形象〉のその〈底／根拠の無さ〉とは、ニヒリズムを突き抜けて、解釈形象の生成を端的な肯定において生きるありようであると言いうる。それでは、この〈底無き生／生成の肯定〉とは、いかなる仕方で遂行されるものであろうか。そこにおいて「自己」はどのように成立するのだろうか。

四　永劫回帰の「この瞬間」

ニーチェは、現実の世界と生のいっさいが、〈底無き力への意志〉、別言すれば、すべての「真」が否定された〈底無き解釈形象の生成〉以外の何ものでもないとした。そしてニヒリズムを突き抜けて、まさに世界と生の根拠／底の無さをそのままに受け取ることで、我々の底無き生の端的な肯定が現れるとした。この際、第二節で考察したように、「力への意志」とは、諸衝動が主となることを求めてゆく根拠を欠いたせめぎ合い（闘争）それ自身であった。そうだとすれば、生の端的な肯定とは、意味や価値を求めることなくただ主となることを求める自らの欲求を肯定し、その保持と実現に向けて力強く自由に闘争していく、といったことを意味するのだろうか。だが、実際には、こうした仕方では、我々が自らの生を肯定しうることは決してないであろう。こうした闘争においては、主となることへの自らの欲求の内に、「力への意志」としての自らの生の目的や原因（動機）が見出されている。しかしそうした自己原因的・自己目的的な営みは、そもそも根拠／底の無い生が、自らの内に根拠と思しきものを求め、自己根拠的・自己原因的であろうとする不可能な企てとして、挫折せざるを得ない（したがって、それは〈底無き意志の自由〉とは全く別のありようである）。ニーチェ自身が『善悪の彼岸』において鋭く指弾するように、「自己原因」概念とは完全な自己撞着に他ならず（KSA: 5, 35）、そうした自己原因（自己根拠性に基づくような「自由意志」概念もまた誤りである（同）。ゆえに、ニーチェはまたこの書において、生とは「力への意志」であるとした上で、それを「自己保存衝動」といった「目的論的原理」の下に理解してはならないと述べている（KSA: 5, 27）。

以上のようだとすれば、自己根拠的で自己原因的・自己目的的な原理としてではなく〈力への意志〉を理解し、〈底無き生／生成〉の端的な肯定のありようを明らかにすることが必要となろう。そして、こうした肯定のありようを明らかにするのが、ニーチェの「永劫回帰（die ewige Wiederkehr）」の思想であろう。実際、村井則夫は、「力への意志」の思想には、自己根拠的で自己原因的な「意志する主体」を想定するような実体主義的残滓があり、それを払拭するのが「永劫回帰」の思想であると指摘している。[11] それではこの「永劫回帰」の思想とはどのようなものであろうか[12]。

一八八七年にレンツァーハイデで書かれた草稿では、この永劫回帰の思想は、まずは、生の肯定のありようとしてではなく、ニヒリズムの極限形態として提示される。「この〔ニヒリズムの〕思想をその最も恐るべき形態で考えてみよう。あるがままに生きて在ること、意味も目標もなく、しかし不可避的に回帰し（wiederkehrend）、無への終末も無く。すなわち「永劫回帰（die ewige Wiederkehr）」。これこそニヒリズムの極限の形である。無（「無意味」）が永劫に！」（KSA: 12, 213）。すでに考察してきたように、現実の生に何らかの「根拠」を求める限りにおいて、生の根拠／底の無さが虚無性・無意味（無目的）性として現れるニヒリズムが生じた。その上でニーチェはこの引用箇所で、ニヒリズムの極限においては、現実の世界と生は、その目的・目標（に向かう進展過程）の無さゆえに、一切のものがただ回帰し循環する意味の無い「永劫回帰」のありようをなすとしている。しかしこの草稿では、この「永劫回帰」の「仮説」が「終結＝目標」を否定するものであることを確認した上で、続いて以下のように述べられる。「我々は目的表象を〔生成〕過程から取り除いても、それでもやはり過程を肯定するだろうか。――それは、その過程の内にあるものが、その過程のあらゆる瞬間に達成される場合にであろうが、――しかも常に同じものが達成されるという場合にであろう」（KSA: 12, 213–214）。ここでは、永劫回帰のありようが、現実と生のいっさいの生成のプロセス（過程）の肯定のありようとなりうることが述べられている。それはどのようなことであろうか。

この草稿に先立ち、すでにニーチェは『喜ばしき知恵』において、一切が永劫に回帰し続けるという仮説について以下のように述べている。「汝が今生きている、これまで生きてきた、この人生を、汝はもう一度、そして無数度、生きなければならないだろう。そこには新しいことは何もなく、あらゆる苦痛とあらゆる喜び、あらゆる思いとあらゆる溜息、汝の人生の言いようもないありとあらゆるものが、汝に回帰しなければならない。しかも何もかもが同じ順序と脈絡で――この蜘蛛も木々の間に漏れ指すこの月光も同様に、またこの瞬間（dieser Augenblick）も私自身（ich selber）も同様に」（KSA: 3, 570）[13]。ここで語られている「永劫回帰」とは、一つには、自己の人生のいっさいが「同じ順序と脈絡で」永劫に回帰し繰り返し生き直されるということである。しかし加えて、さらに特徴的なことに、この「永劫回帰」とは、自己が自らの眼前にその永劫回帰の過程を目の当たりにするといった仕方によってではなく、自己自身も永劫回帰の循環の輪の内にあり、「この瞬間」も今この「私自身」も現に何度でも回帰し繰り返されるという仕方で生じるとされている。ニーチェは一八八一年春から秋の間に書いた断片では以下のようにも述べている。「すべては回帰した。シリウスも、蜘蛛も、この時刻の汝の思想も、そしてすべては回帰するという汝のこの思想も」（KSA: 9, 524）。

ここで注目すべきことは、こうして強調される、それ自身も永劫に回帰する「この瞬間」は、他の瞬間と独立に存在し回帰するわけではないということである。「あらゆるものは一切と結びついている」（KSA: 10, 46）、「ただの一瞬に対してでも我々が然りと言うならば、そのことで我々は自身に対してのみならず、生きて在るすべてに対して然りと言ったことになる」（KSA: 12, 307）。こうしたニーチェの叙述を見るなら、自己が生きている「この瞬間」が回帰する、別言すれば、今この「私自身」が回帰するとは、同時に、およそ世界のいっさいがそれと分かちがたく結びついて回帰するという事態を意味することになる。

以上をふまえて改めて『喜ばしき知恵』の叙述に戻ろう。そもそも「汝が今生きている」「この瞬間」とは、これまで生きてきた過去の人生と独立して存在するのではなく、むしろ現在に至るそうした過去の過程の上に成り立っているものである（同時に「この瞬間」は未来と独立に存在するものではないが、これについては後述する）。

むしろ、過去の「あらゆる苦痛とあらゆる喜び、あらゆる思いとあらゆる溜息、汝の人生の言いようもないありとあらゆるもの」は、したがって、忌まわしいこと、悦ばしいこと、思い出されることもない些細なこと、それらすべてのものは、そうしたものとして、いわば現在のことである。別言すれば、それらは、現在の「この瞬間」がまさにこのように現れていることの構成契機であり、この瞬間のありようのうちにすでに自らを表現している。過去は決して過ぎ去ったものではなく、たとえば、ある過去の出来事は、今の自分を現に不安にさせ、今生きていくことそのものを現に苦しくさせるようなこととして、現在の出来事である。こうしてみれば、私たちは、自己の人生におけるその都度の現在の「この瞬間」において、意識されると否とにかかわらず、極端に言えば過去の人生のすべての過程を「同じ順序と脈絡で」繰り返し生き直しており、この意味ですべてが回帰している、とさえ言えるであろう。

とはいえ、通常、たとえば忌まわしい出来事については、我々はその出来事が起こらなければならなかった原因、目的、理由と思しきものを想定することで、この出来事の起こった意味ないし価値を見出し、この出来事を受け容れようとすることが多いであろう。あれは自分を強くするために起こった試練だったのだ、などと。それは、過去の忌まわしい出来事が、自己の人生の安定と統御とを崩壊させるような要因となることを防ぐために、過去から現在までの自己の人生の過程に、不変的で統一的な目的や理由を与えようとすることである。また、そのことで、自己の人生が現にこのようであることを意味づけ・根拠づけるような固定的で確実な基盤／底を、すなわち不変的な「真理」を得ようと意志することである。そして、ニーチェが「真理への意志とは固定させることである」（KSA: 12, 384）と述べているように、自己をこうした仕方で根拠づけようとすることはまさに「真理への意志」によるものに他ならない。

この「真理への意志」とは、すでに考察したように、キリスト教的世界観そして科学的世界観をもたらし、ついにはその挫折と共にニヒリズムをもたらすものであった。上述の例で言うなら、他の試練が起こったのでも、あるいは試練がなくとも、自分は強くなれたのではないか、なぜあのような試練でなければならなかったのか、と問うなら、その答えは無いであろう。実際、すでに考察してきたように、自己の生にはいかなる根拠も存在しないのであり、過去の出来事を確固とした固定的な真理によって意味づけ・根拠づけようとする「真理への意志」のあらゆる試みは、結局は挫折せざるを得ないものである。

ニーチェによれば、人間においてニヒリズムの極限の形態が現れることとは、キリスト教や科学の世界観の虚構性と、目的、統一性、真なる存在といった概念の非妥当性が徹底して明らかになることであり、ゆえに「真理への意志」の挫折を目の当たりにしているということであった。この極限として、「永劫回帰」の思想が現れる。そしてこの思想を受け容れて、自己の人生におけるその都度の現在の「この瞬間」において、過去の人生のすべての過程を繰り返し生き直しているという「永劫回帰」を、まさに意味も目的も無い「永劫回帰」として、自己の人生を意味づける「根拠」を求めることなしに自己において実践し実験するなら、以下に述べるように、自己の生に大きな転換が起こると思われる。

なるほど、いまや生きられるのは、統一的な目的・目標も不変なる根拠／根底（すなわち「真なる」世界）も無く、一々の出来事がそのつど現れては儚く消え去るという事態である。異なる出来事の交代と変転が、無意味に永遠と続く。しかもそれは少しの進展（目的への前進）もなく、何度でも回帰する。たしかに、こうした一々の出来事の根拠の無さ、すなわち無意味さ、儚さとは、根拠を求める限りにおいては、一切が無意味であり無駄であるニヒリズムのそれである。しかし、永劫回帰のこの根拠の無さがただそのありのままに受け容れられるなら、実は出来事の根拠の無さは、一々の出来事は唯一度現れて二度と現れないということに他ならない。だとすれば、それはまた、一々の出来事が現にそのようにあって他ではないというその固有さ・特異さは永遠に失われることがないということであろう。すなわち、現在に至る過去の過程が、その一々の出来事が、代替も取り消しも効かないものであり、永劫に有り続けて常に現在の「この瞬間」に回帰するということに他ならないであろう。

実際、新田章は、「私にとっては一々が常に死となる。誰が私の運命になることを欲するか？ 私はどの運命も愛する」（KSA: 10, 46）という、一八八二年夏から秋に残された断片などを典拠としつつ、ニーチェの言う、生の肯定のありようとは、「生を瞬間ごとに生き切る」ことであり、それはまた「死を瞬間ごとに死に切る」ことと同一の事態である（すなわち「生即死」「生死一如」）としている。[14] この解釈をここで敷衍してゆくなら、「永劫回帰」とは、現在に至る一々の出来事のその一あって二無い特異さ（他の出来事との「差異」）を、「この瞬間」にそっくりそのままに再び生きることである。すなわち、「この瞬間」ごとに、喜ばしいことにおいても忌まわしいことにおいても、唯一度現れて二度と現れないこの生を生き、死ぬことである。

したがって、いっさいの過去があらゆる現在においてそのままに回帰するということの肯定は、過去の過程の一あって二ない特異さをそのままに肯定しうるように、その都度、現在を生き、将来を創造していくことにも他ならない。そしてこのことはまた、このこと自身を含めたすべての出来事の特異さが、将来、そのまま再び回帰してくることを、すでに現在において肯定しているということでもある（未来とは過去の回帰であり、過去への還帰である）。ここでは、その都度の現在の瞬間において、過去の一切の回帰と、未来の一切の到来がいわば達成される。こうしてみれば、「永劫回帰」のありようとは、まさに現実の生の肯定のありようとなるであろう。すでに見たように、ニーチェは「永劫回帰」について以下のように述べていた。「我々は目的表象を過程から取り除いても、それでもやはり過程を肯定するだろうか。――それは、その過程の内にあるものが、その過程のあらゆる瞬間に達成される場合にであろう――しかも常に同じものが達成されるという場合にであろう」。「永劫回帰」とは、いっさいのものが順繰りに回帰してくることなのではなく（それでは「この瞬間」「私自身」は回帰していない）、その都度の現在の「この瞬間」を焦点として、いっさいのものが、その各々の特異さをもって、同時に、回帰することなのである。

五 〈自己〉の生の創造

こうしてみれば、永劫回帰を肯定し、自らにおいて実践ないし実験する時、自分の生きてきた、そして生きていく人生が現にこうして有ることその全体が、一度現れて消え去り、二度と現れないような、他にない固有の生、まさにこの〈自己〉の生として創造されると言うことができよう。もちろん、この〈自己〉とは、不変的な実体を指すものではない。A・ネハマスは、ニーチェの思想において、個としてのこの自己への探求が重要な位置を占めていることを論じる。[15] そして、ニーチェの言う「自己（Selbst）」とは、相対立する諸傾向を統一する単一の自己ではなく、諸々の活動の統一性それ自身であるとする。[16] ネハマスは、こうした「自己」とは、それが自らによって創造していくものである以上、過去へも遡って自らの性格特性、習慣、行為のパターンを互いに統合してゆく不断の過程それ自身であると指摘する。[17]

事実、「永劫回帰」の肯定において実現する、他にないこの〈自己〉の生とは、真なる自己が不変的で固定的な基体・実体としてまず与えられて、それを実現するといった仕方で成り立つものではない。根拠を求めることを否定する「永劫回帰」の肯定とは、今ここで現に生きている生、今までこうして生きてきたこの生が、その一々の出来事の決して失われることのない固有さ・特異さゆえに、「この瞬間」に常に回帰し生き直され、別言すれば常に破壊され、死に直される生となることなのであり、そこにこの〈自己〉の生が創造されるのである。一八八一年春から秋にかけて遺された断片では、「もう一度生きようと欲するように、しかもそのようにして永劫に生きようと欲するように生きること――この課題に我々は一々の瞬間に接する」（KSA: 9, 503）と言われている。このことからも明らかになるように、そもそも現に生きている「この瞬間」の絶えざる回帰において、この〈自己〉が成立する。それは、いかなる根拠づけも不可能でありながら、しかも他では有り得ない、いわば「運命」としてのこの〈自己〉の生の過程のあるがままを歓びをもって愛し、それを別様には欲しないありようである。ニーチェは、根拠を求めることへの否定によって実現するこのありようを、世界をその有るがままに、差引も、例外も、選択も無しに肯定し、「永劫の循環を欲する」ような「運命愛（amor fati）」であるとする（KSA: 13, 492）。ただし、すでに述べたことからも明らかなように、こうした「運命愛」とは、与えられた固定的な運命をただ受動的に享受することを意味するわけではない。「永劫回帰」の肯定とは、過去の過程の一あって二ない特異さを、歪曲せずにそのままに肯定し是認しうるように、その都度、現在を生き、将来を創造してゆくことに他ならなかった。『喜ばしき知恵』では以下のように書かれる。「我々は、新たな者、唯一的な者、比類なき者、自己自身に法則を与える者、自己自身を創造する者になることを欲するのだ」（KSA: 3, 563）。

以上で考察したように、「永劫回帰」においてこの〈自己〉を創造してゆくことは、すでに与えられている本来的な〈真なる〉自己を実現することではない。「永劫回帰」とは、「この瞬間」「私自身」それ自体が永劫に回帰し、創造し直される過程それ自身である。そしてそうした過程の他に、その「根拠／根底」となるような自己なるものは存在しない。すでに考察したように、ニーチェは、現実の生を底無き解釈形象の生成と捉え、「真なる」世界や、唯一の（固定的な真なる）解釈といったものは存在しないとみなしていたのである。ただしこのことは、単純にすべてが偽りにして仮象であり、相対的であるとみなすことを意味しない。そもそもそうした見方は、相対的な仮象をすべて俯瞰している視点を前提にするものである。それは永劫に回帰する瞬間の外に立つ視点でしか有り得ないが、「永劫回帰」において、そのような視点はそもそも存在し得ない。『偶像の黄昏（Götzen-Dämmerung, 1888）』において、「我々は真の世界を廃棄した。ではいかなる世界が残っているのか？ もしかすると仮象の世界か？……だがそうではない！ 真なる世界と共に我々は仮象の世界をも廃棄してしまったのだ！」（KSA: 6. 81）とも述べられるように、一切を偽りの仮象に過ぎないとみなすことそれ自身が、「永劫回帰」の外に真なる世界とそれを捉える視点とを前提にすることで成り立つのである。

したがって、ニーチェの思想に見出しうるのは、自己の存在そのものを否定するのではなく、「根拠／根底／基盤（Grund）」としての自己の存在を否定する態度である。ニーチェからすれば、自己の生の一々の唯一さ・特異さを肯定する仕方で、我々は、この〈自己〉の生を創造し、「新たな者、唯一的な者、比類なき者、自己自身に法則を与える者、自己自身を創造する者」、すなわちこの〈自己〉として存在し生きる。そしてニーチェは、こうした創造的生を、その「根拠」においてではなく、自己自身の「回帰」において、すなわち、一々の瞬間が〈自己〉の生を創造し、また滅び死に逝かれるそのことの内において語りだそうとしているのである。

こうしてニーチェによれば、人間においてニヒリズムの極限の形態が現れることで、我々は「根拠」を求めるあり方から離れ、かえって各々の自己の、ひいては人間全体の生の歴史的過程を、そのあるがままに歓びをもって肯定することに至る。こうした底無き生の肯定は、生の過程に統一的な意味や「根拠」を見出し、生の安定を確保しようとするものではない。むしろ、その都度の現在の瞬間において、生の無意味さと儚さとを生き、かつ死ぬことにおいて、自己の生の過程の一々の出来事の固有さ・特異さを在らしめ、唯一のこの〈自己〉の生を創造することである。ここで、こうした〈自己〉の生の創造を、本章第二節で考察した底無き「力への意志」のありようと重ね合わせて理解してみるなら、それは〈差異の肯定〉のありようを示すと言えよう。すなわち、こうした唯一の〈自己〉の生の創造は、自己の生における一々の出来事の間の差異を、ひいては世界における一々のすべての出来事の差異を肯定し在らしめるありようであると言い換えることができる。だとすれば、「力への意志」は、世界の出来事を織りなす多様なる諸力の特異さとそれらの間の差異とを絶えず際だたせ、生かしていく仕方でのみ、自らを強めることができよう。逆に言えば、ニーチェからすれば、諸力の差異と多様性とが際だつことこそ、生の力強さに他ならないのである。

ニーチェは、一八八四年夏から秋にかけて遺した断片で、「最高の人間とは諸衝動の多様性を持っている人間であろう」(KSA: 11, 289) とし、人間が強さを示すのは、そこに「力をもって互いに対抗し駆り立て合う諸々の本能〔ないし欲求〕」が見出される時であるとする(同)。また須藤訓任が、『道徳の系譜学』を解釈しながら論じるように[18]、ニーチェの言う「力への意志」において、能動的力は、それが増大するほど、反逆し敵対する力を受け入れていくと言えよう。そもそも、底無き「力への意志」とは、自らの強さの拡大を求めて支配し主となることを求める多様な衝動のせめぎあい(闘争)それ自身であった。そして、この〈主となること〉について、ニーチェは以下のように述べる。「人間は……対立しあう諸々の衝動が自らのうちで豊富さを増すようにしてきた。こうした意味での〔諸々の衝動の〕総合によって、人間は大地の主なのである」(KSA: 11, 289)。すなわち、力への意志を拡大し、生きていく力を強めることは、一つの支配的な衝動が自らの支配権・主導権の交代を忌避し、自らが主であり続けることにひたすらに固執することではありえない。別言すれば、自らの解釈を固定化し、不変なる根拠としての「真理」を得ようとすることではない。むしろ竹内綱史が指摘するように[19]、ニーチェにおいては人間の徹底的な可変性・可塑性の強調が見られる。ニーチェにとって、解釈の固定化と根拠（真理）への意志とは、諸力の同質化・惰性化を生み、生を衰弱させ、無力化させることに他ならない。

こうしてみれば、人間の生の肯定は、生がまさに「底」無き「力への意志」である以上、根拠を求める意志の自己拡大によるものではありえない。またおよそ自己に根拠を求める自己原因的・自己目的的な自己拡大によるものでもない（Wille zur Macht はこうした意味での「権力」への意志とは異なるのであり、かえって「力」への意志と訳することが妥当である）。むしろそうした自己拡大のありようが「永劫回帰」の肯定という仕方で否定的に転換され、多様なる諸力の差異が際だち、豊富さを増すことで、生は自らの力を拡大しうる。そして、それは、今この瞬間が、この自己による自己自身の生を創造する瞬間となることに他ならない。その限りにおいて、底無き「力への意志」が全体として自らの意欲を実現することと、個としてのこの自己が自己自身によって今この瞬間に〈自己〉を創造し〈自己〉を実現することとが、すなわち〈自己〉において底無き「力への意志」が自らの意欲を実現することとが、底無しに初発を同じくする。こうした底無き「意志」の自己実現を、言い換えれば、いかなる根拠／底／基盤にもよらず、いかなる意味での自己原因にもよらない自己実現を、ショーペンハウアーの用法にならって（そしてニーチェの言う「自己原因」としての「自由意志」とは異なる意味において）、「自由」と呼ぶなら、〈底無き意志の自由〉とはまた、個としてのこの〈自己〉の自由の実現なのである。

六　ショーペンハウアーにおける〈底無き意志の自由〉と〈自己〉

本章では、底無き意志における〈自己〉の自由の解明という観点から、ニーチェの思想を再構成してきた。そして、ショーペンハウアーの思想と同様に、ニーチェの思想のうちにも、現実の世界と生に「根拠（Grund）」を求める態度の徹底的な否定によって、〈底無き意志〉の自由が実現するという思想を見出してきた。ただし、ニーチェがこうした自由を〈生の肯定〉と端的に名指すのに対して、ショーペンハウアーは、この自由を「生への意志」の否定を介した「意志の自由」と名指していた。こうしたショーペンハウアーの態度には、以下のことを強く提起する意図が見られる。それは、現実の世界の一々の現象・出来事のあるがままにおいて実現する「平安」と「浄福」は、「根拠」を求める通例の人間の生の営みが徹底的に否定・廃棄され、転換されることによってのみ実現するということである。とはいえ、すでに考察したように、ショーペンハウアーは、意志の否定によって実現される生のありよう・行状について、アッシジのフランチェスコの生活をあげたり、個々の身体において生殖器が健康でありながら性欲が意欲されない生のありようをあげたりしており、この意味では、いわば〈生の新たな肯定〉のありようについて指示をしていないわけではない。

しかし、上述のような意図の下にせよ、「生の否定」のみがもっぱら強調され、「生への意志」の否定によって実現する「生の肯定」についての指示が少ないことは、ショーペンハウアーの意図に反して、現実の生の「根拠」に何らかの「真なる世界」を設定しているかの如く誤解を受ける余地を生じさせている。また、このことは、後述するように、ショーペンハウアーは、「意志の自由」の個々の現象における出現について明らかにしつつも、それを個としての〈自己〉の自由のありようとして積極的に提示するに至っていないという事実とも密接に関連しよう。

それに対して、こうした〈底無き意志の自由〉の位相を、ニーチェは、端的かつ積極的に「生の肯定」として名指している。ただし、ニーチェの場合には、ショーペンハウアーが「生への意志」の「否定」と呼んで明らかにした、根拠／底を求める意志の「否定」の捉え方において、なお不明瞭なところが残されている。なるほど、ニーチェは、根拠を求める意志の否定において実現する「生の肯定」を、支配を目指して「解釈」を行う多様な諸衝動のせめぎ合いである「力への意志」の力動的な充実として提示している。しかし、こうした主張は、「生の肯定」を「力への意志」の強度の偏差によって測るもののように思われる。そうだとするなら、それは、力を志向する意志が主体として存在し、それが自らを強くあるいは弱く実現するといった主張に帰着しかねないであろう。しかし、それでは、彼自身の言に反して、ニーチェは、諸衝動の織りなす「解釈形象」に先行するような根拠／底として「力への意志」を設定しているのではないかという懸念が生じざるを得ない。そして、ニーチェの叙述は、この懸念を十分に払拭するには至っていないと思われる。

とはいえ、本章で試みてきたように、ショーペンハウアーの〈底無き意志の自由〉の思想を背景にして、ニーチェの「永劫回帰」「運命愛」の思想や「死」の思想の意義をくみとるなら、こうした思想に、〈底／根拠〉が無い「意志の自由」の思想を見て取ることができよう。すなわち、意志の働きの初発と個々の現象（解釈形象）の生成とが、前者がいかなる意味でも先立つこと無しに、今この瞬間に底無しに一つであるという思想、ゆえに、個々の現象のあるがままが、ただちに意志の欲するところの充足であり、自由の実現となるという思想の展開を見て取ることができよう。

これに対してショーペンハウアーは、一々のことが生じ消え去るそのあるがままが、意志の根源的な充足と自由の実現と底無しに一つであるという〈底無き意志の自由〉を提示したものの、現にこの自由が生きられる一々の「この瞬間」に定位した考察を積極的には展開していない。しかし、ショーペンハウアーにおいても、現に生きられる「この瞬間」のその底／根拠にはいかなるものも存在しないとされている。ゆえに、以下で見るように、ショーペンハウアーの言う〈底無き意志の自由〉に、唯一の〈自己〉の生を創造する自由を読み込むことが可能である。

ニーチェの言う「永劫回帰」における「生の肯定」の思想は、すでに考察したように、一々の出来事の現象・生成の過程について「目的表象」を取り除いて洞察することによって可能となる思想である。したがってそれは、およそ現実の世界と生の現象を理由律（目的律）や因果律などを含む広義の「根拠律」に基づいて理解することが否定・廃棄されることによって可能となるものに他ならない。しかもこの際、現にこうした洞察を行う「この瞬間」「私自身」も、回帰するものとして、すなわち、いかなる意味でも自己原因的・自己目的的・自己根拠的でないものとして理解されている。したがって、ニーチェの言う〈底無き意志の自由〉の思想は、いっさいの存在の〈底／根拠の無さ〉に徹底的に定位しようとすることで、唯一のこの〈自己〉の自由が、〈底無き意志〉の自由において実現するという事態を提起するものと解釈できる。

なるほど、ニーチェは「生の肯定」を提起するのであり、そのことをただ表面的に捉えるなら、ニーチェの思想は「生への意志」の否定を提起するショーペンハウアーの思想とは相反するもののように見える。しかし、すでに考察してきたように、ニーチェは、「生の肯定」の思想において、自己根拠的な生の促進を提起しているのではなく、むしろ自己根拠的な在り方の否定において実現する「力への意志」の生成・充実を提起している。そうだとすれば、かえってニーチェの思想は、本書第二章第四節で考察したような、ショーペンハウアーの思想と軌を一にするものである。すなわち、根拠を求める「生への意志」の徹底的な否定・廃棄において実現する、底無き現象〈における〉意志の自由を提示する思想と軌を一にする。またそうであるなら、ショーペンハウアーの「意志の自由」の思想に、ニーチェが提起する〈自己〉の底無き自由の思想を読み込んでいく可能性が存することとなる。

ショーペンハウアーは、自己根拠的な「生への意志」の否定とは、意志が自らに根拠を求める倒錯の廃棄（鎮静・消滅）であるとした。それは意志それ自身の廃棄（鎮静・消滅）ではなく、かえって〈底無き意志〉のあるがままの自由の実現である（第二章第四節参照）。そこでは、一々のことが生じ消え去るそのあるがままと、意志の根源的な充足ないし自由の実現とが底無しに一つである。この自由は、意志の底／根拠が無くなり、喜びにあっては底‐無しに喜び、苦しみにあっては底‐無しに苦悩し、一々のことが生じ消え去るそのあるがままに生きき生きと即することである。このことは、別言すれば、ニーチェが、自己根拠的ではない「生」の「肯定」のありようとして提起した事態、すなわち一々の瞬間をそれとして生き、死ぬことに他ならないと言えよう。

加えて、ここでは、やはりニーチェが考察したように、こうした事象を現に洞察し生きている「この瞬間」それ自身もまた、いかなる意味でも自己根拠的ではありえず、根拠／底を持たずに消え逝くものと考えられる。したがって、ショーペンハウアーの言う「意志の自由」とは、意志の自由を洞察し現に生きる「この瞬間」をその都度、常に新たに生き、死ぬことであると読み解くこともできよう。一々の「この瞬間」を生き、死ぬことこそが、ショーペンハウアーが提起した「意志の自由」、すなわち、根拠を求める倒錯した「生への意志」を否定し「現象の根拠に（zum Grunde）置かれている本質を廃棄してしまう」ような「意志の自由」のその具体相であると、いまや理解してもよかろう。

また、以上のように、現に生きている「この瞬間」それ自身をそれとして生き、死ぬことは、「この瞬間」にこのように自己が生きていることを、一度あって二度と無い唯一固有の個性的で特異な出来事にすることに他ならない。そして、いかなる〈底〉も無い「この瞬間」をありのままに生き、死ぬことは、「この瞬間」を、そして結局は世界のいっさいを、「根拠」に基づいて（根拠律に従って）理解し生きることへの全き否定を意味する（第二章で考察してきたように、根拠律の否定とは、根拠律の無い混沌状態を想定することではなく、かえって、個体化の原理を含む根拠律に従う現象と根拠律に拠らない意志との一体性・二重性それ自身の現実化を意味していた）。それは、今まで生きてきた一々の出来事が、いかなる根拠によっても基づけられないその固有の特異さ・唯一さを実現することであり、現にそのようにあるべくしてあり、あるがままにあるその必然を実現することである。別言すれば、過去の過程の一あって二ない特異さをそのままに肯定し実現しうるように、その都度、現在を生き、将来を創造していくことであり、必然と自由の深い一致としての自由を実現することである。そして、現におのれが生きているこの瞬間において、おのれの生の過程の一々の出来事の瞬間を、各々互いに還元できない唯一の個性的な瞬間として実現し、他では有り得ないこの唯一の〈自己〉の生を成立させ創造することである。ゆえに、ショーペンハウアーの言う、「意志の否定」における〈底無き意志の自由〉の思想を、以上のようにニーチェの思想への考察を手がかりにして、新たな展開に向けて読み解くなら、この自由が実現されるのは、〈自己〉の必然と自由の深い一致が実現する「この瞬間」のこの〈自己〉の生においてであり、それ以外のいかなるところにおいてでもないことが明らかになるのである。

第五章　意志の否定と底無き自覚

初期・中期西田哲学の「直観」から

一　〈底無き意志〉と〈自己〉の自己認識

前章では、ニーチェの〈底無き意志〉の思想を手がかりにすることで、ショーペンハウアーの提示する〈底無き意志の自由〉を、唯一のこの〈自己〉の自由が実現するありようとして読み込む可能性を示した。ただし、こうした読解によって、ショーペンハウアー哲学の新たな展開の可能性を見出す際には、解決しなければならない課題もまた生じるように思われる。なるほど、前章の考察に従えば、〈底無き意志の自由〉が実現するのは、必然と自由の深い一致としての「自由」が実現する「この瞬間」のこの〈自己〉の生においてである。しかしそうであるなら、逆に言えば、「この瞬間」の〈自己〉の自由の実現としてのみ、第一部で考察したような、いっさいの現象と表裏一体である「一」なる（一と多という対立区分を超えた）〈底無き意志〉の自由が生きられるということになろう。それならば、あくまでもこの〈自己〉の「この瞬間」から離れることのない我々の〈自己〉において、自らの自由の実現が、〈底無き意志〉の自由の実現であると認識され自覚されることは、いかなる構造によって成立しているのであろうか。すなわち、この〈自己〉の自覚において、現実の世界におけるあらゆる存在、あらゆる生の成立構造を（底無き意志の現象として）認識すること（したがって同時に、この認識は主観的迷妄・空想ではなく、現実の世界と生に妥当するものであること）は、いかにして成り立つのであろうか。

この際、〈自己〉の自己認識への以上のような問いは、この〈自己〉と〈底無き意志〉とが互いに独立して存在するものでは有り得ない以上、〈底無き意志〉の「自己認識」の成立構造への問いをも含むものである(1)。それは、そもそも〈底無き意志〉においておよそ「認識」はいかにして成立するのかという問いでもある。筆者は、この問いが、ショーペンハウアーの〈底無き意志〉の思想のさらなる展開を導くものであると考えるが、このことについては、さらなる説明を要するであろう。以下、この点について述べよう。

本書第二章（とりわけ第二節以降）で考察したように、ショーペンハウアーは、「意志の内的矛盾と意志の本質的な虚無性（Nichtigkeit ＝根拠の無さ）とについての認識」において、すなわち、意志が自らの根拠／底の無さを自己認識することにおいて、意志が転換し、その〈底無き自由〉を実現するとした。しかし意志がたしかに自らの本質を自己認識しうることは、いったいいかにして証示されるのであろうか。この問いに答えるためには、意志のこうした自己認識が成立しうる所以を、意志自身の成立構造に即して明らかにすることが必要になると思われるが、そもそもショーペンハウアーはこの考察を主題的に展開してはいない。ショーペンハウアーは、主著正編の第五十四節において、意志はそれ自体として見れば、主客形式と根拠律とによる（表象としての世界についての）認識を含まないあてなき努力であり、その意味で「分別を持たない（blind ＝盲目的）」ような「衝動（Drang）」であるとした（WI, 323）。この点から見れば、意志において認識ましては自己認識が成立することは、意志自身の成立構造においては位置づけられていないようにも見える。ただしショーペンハウアーは同節で、意志はまた個々の人間の行為においては認識を含んで働くものであるとも述べている（同）。本書において筆者は、ショーペンハウアーによる、意志が認識を含まないという叙述も、「いったん客観が存在し現にある」ことから出発して、別言すれば、現に現れているこの世界（表象としての世界）の認識が成立していることから出発して意志を明らかにした後に、改めて原因論的にないし発生論的に再構成を行った記述であるとの解釈を示した。すなわち、ショーペンハウアーにとっても、意志とは、自らの内に認識ないし自己認識を含む所以を何等かの仕方で意志自身の成立構造の内に有するものであると解釈した。以下ではこうした解釈をふまえつつ、認識ないし自己認識が成立する所以についてさらに立ち入って考察していきたい。

ただし、こうした考察を始めることに対して、そもそも意志が認識を含む所以は、意志それ自身の成立構造においてではなくそれ以外の契機に由来するのではないかとの疑念も向けられるかもしれない。とはいえ、同じ第五十四節における、「認識の主観とは結局、ある観点では意志そのものか、もしくは意志の外化である」（WI. 329-330）という叙述に依拠するなら、そうした疑念は当たらないと思われる。[2] もっとも、すでに述べたように、意志が認識とりわけ自己認識を含むことを、意志自身の成立構造に即していかにして証示しうるのかについては、ショーペンハウアー自身は主題的に考察していない。[3] なるほど、本書第二章第二節で見たように、ショーペンハウアーは、意志が「自己認識」に達しうる所以について、生への意志が、根拠を求めて執着することの挫折の経験によって、根拠を求めることの「虚無性（Nichtigkeit）」ないし無駄／無意味さを思い知らされることで、意志に自らの根拠の「無さ（Nichtigkeit）」の自己認識が生じると論じた。ただし、こうした仕方で自己認識が生じることが、そもそもなぜ可能となるのかについては、詳しい考察はなされていない。もとより「自己認識」がなぜ生じるのかについては、いかなる根拠も求められない。そのことは、まさにこの自己認識が、根拠を求める「生への意志」の自己倒錯の自覚であることからも明らかである。それゆえにこそ、同じく第二章第二節で考察したように、意志の「自己認識」における意志の否定と自由の実現は、いかなる原因も目的もないままに、「突如として外から飛来したもののように訪れる」「恩寵の働き」（WI. 478–479）によって実現するとさえ言われたのである。しかし、その場合でも、いかなる根拠／底も存在し得ない仕方で当の「自己認識」が成立するというその構造自身を整合的に提示することは必要となろう。別言すれば、ショーペンハウアーは主題化していないものの、〈底無き意志〉がそれとして成立することの構造に即して、自己認識の成立構造を証示するような考察が、なお展開されるべきものとして残されている。ここでは、意志が「根拠／底」無くして成立するということは、自己認識の成立を証示するものたりうるかどうか、ないしは、〈底無き意志〉は、それが自己認識を有しうるものでない限り、そもそも〈底無き意志〉たりえないのかどうかが考究されなければならない。

以下、本章では、ショーペンハウアーの叙述の内にこの問いへの回答を探すことは試みず、代わりに、〈底無き意志〉の自己認識の成立構造への問いを遂行しており、しかもその際には、本章冒頭で掲げたような問い、すなわち〈底無き意志の自由〉が実現する一々の「この瞬間」におけるこの〈自己〉の自己認識への問いをも併せて主題化している[4]、西田幾多郎の思想を参照したい。ショーペンハウアーの思索から大きな影響を受けた西田の思想にはまた、〈底無き意志〉の成立構造に即して意志の「自己認識」ないし「自覚」の成立構造を解明する考察が見出される。しかもこの考察の際に、西田は、〈底無き意志〉の自己認識／自覚と、この〈自己〉の一々の瞬間における自己認識／自覚との関係を主題化し、前者はあくまでも後者においてのみ現実化すること、そしてこの〈自己〉の自己認識において得られる〈底無き意志〉についての認識内容が、主観的迷妄ではなく普遍的妥当性を有すること、これらの所以をも明らかにしようと試みている。本章では、こうした観点から、必要な限りにおいて西田の思想を参照・検討し、そのことを介してショーペンハウアー哲学のさらなる展開の可能性を探求したい。したがって、前章と類比的なことであるが、本章では、また先取りしておけば、本章の考察を受けて展開される次章では、ショーペンハウアーと西田の二人の思想を比較し、両者の間の異同や距離を見定めることは目的としない。むしろ、以下の考察では、西田の思想の内に〈底無き意志の自由〉の系譜に連なる可能性を発見的に読み込みつつ、両哲学を含む〈底無き意志〉の哲学（の系譜）それ自身の意義と可能性を明らかにしていきたい。

二　『善の研究』における底無き経験

西田幾多郎の名を学界に知らしめた、彼の処女作にして記念碑的著作『善の研究』（一九一一年）では、その「知的直観」の議論において、以下で考察するように、ショーペンハウアーも参照しつつ、底無き意志の自己認識の成立構造を主題化している。すなわち西田は、最も直接的な経験である「純粋経験」を底無き「意志」の事実とみなしたうえで、この底無き「意志」の自己認識を「知的直観」と呼び、その成立構造を解明している。以下ではまず、『善の研究』で展開される「純粋経験」の思想を考察し、その上で、「純粋経験」が「意志」の事実とされることについて、ショーペンハウアーからの影響を検討しつつ、考察していく(5)。

まず、西田は第二編「実在」の第一章「考究の出立点」において、自らの哲学的思想の基礎を明らかにする。そして先取りしておけば、その哲学的思想とは「純粋経験」の思想である。まず西田は、哲学的考察の出発点として、「凡ての人工的仮定を去り」、「直接の知識を本として出立」しようとする（NKZ: 1, 47）[6]。この際、西田がとりわけ「人工的仮定」として批判するのは、〈物－心〉ないし〈客観－主観〉という二元的図式である。西田は以下のように述べる。「我々の常識では意識を離れて外界に物が存在し、意識の背後には心なる物があつて色々の働をなす様に考へて居る。併し物心の独立的存在などといふことは、我々の思惟の要求に由りて仮定したまで、いくらも疑へば疑ひうる余地がある」（同）。

西田によれば、主観的な意識作用が、それに対し独立自存する客観的な対象を知る、という二元的図式に基づいて、主観と客観とをそのまま真の実在とみなすのは、既に「人工的仮定」に基づく独断である。なぜなら、同編第二章で「意識外に独立固定せる物とは如何なる者であるか。厳密に意識現象を離れては物と其者の性質を想像することはできぬ」（NKZ: 1, 53）とも述べられるように、そもそも客観が主観としての意識の外部に全く独立に実在しているのなら、そうした客観は我々に知られようがないからである。ゆえに、哲学的考察は「意識現象」から出発する。とはいえ、それは、客観をすべて主観の創造物とみなすような唯心論に立つことではない。なんらかの客観を意識するのに先立って、それ自身で独立に存在し、すべてを創造するような意識本体など、その状態が知られようがなく、それは意識ですらあり得ないからである。「我等の意識を離れて物其者を直覚することは到底不可能である。自分の心其者に就いて見ても同様である」（NKZ: 1, 48）。したがって、この唯心論も、あくまでも〈主観－客観〉の二元的図式に基づいた見方であり、この二元的対立のうち、主観の方を絶対化した見方に過ぎない。すなわち、西田によれば、〈主観－客観〉の二元的図式に制約される限り、すでに独断的仮定が介入しており、そこでは事実をそのままに知るような、もっとも直接な知識は得られない。

こうして、西田からすれば、元来「意識現象」はそれに先在する主観や客観なしにそれとして生じているのであり、ゆえに、この意識現象を独断的仮定を介入させずにそのままに知ることが、「直接の知識」である。したがって、西田は、この「直接の知識」について、「そは唯我々の直覚的経験の事実即ち意識現象に就いての知識あるのみである。現前の意識現象と之を意識するといふこととは直に同一であつて、其間に主観と客観とを分つこともできない。事実と認識の間に一毫の間隙がない」（NKZ: 1. 48-49）と述べる。客観の内容と主観の作用（意識すること）とは、意識現象に先立って存在するものではない。実際には、両者は、意識現象がそれとして現れている事実において、唯一つのことをなしている。主観（意識）と客観（物）とは、まず互いに他と独立に存在した上で、後に相互に関係しあうのではない。とはいえ、両者の間に何らの相違もないということでもない。それは、主客分離（相違）か主客無差別（同一）かという〈主観‐客観〉図式にもとづいた対立を前提にしている。むしろ、両者が相異なりつつも互いに関わり合っている〈field = 場〉それ全体が、それ自身として最初から成立している。西田は、当時の講義用に作成したノートにおいては、「元来 subject & object の区別といふのは決して fundamental のものではない。……本来は物我の区別があつたのではなく one field of experience〔経験の一なる場〕であつたのである」[7] とも述べている。西田が、同じ講義用ノートの中で、我々の思惟（認識）は「此〔直接経験〕の screen の後に入ることはできぬ」（NKZ: 15. 181）とも述べるように、こうした〈場〉の背後ないし根底には何ものも先立って存在していないのであり、主観と客観とは、初めからそもそも他に開かれつつ直接に一つである。別言すれば、「元来物と我と区別あるのではない、客観世界は自己の反映といひ得る様に自己は客観世界の反映である」（NKZ: 1. 156）と第三編「善」で言われるように、まさに元来、主観（自己）と客観とは互いに他の存在を表現する仕方で分かちがたく存在している。ここでは一々の存在が、各々に固有の仕方でその〈一なる場〉全体を反映し、表現しているのである。西田からすれば、このような、実際には我々が常にすでにそこにおいて在り、それを現に生きている事実こそが、「直覚的経験の事実」ないし「意識現象に就いての知識」であり（ただしこの際には、意識現象とその知識とは唯一つのことである）、真の意味での「直接の知識」である。

西田は、こうした「直覚的経験の事実」の例について、第二編第三章では以下のように述べる。「主観客観の対立は……直接経験の事実ではない。直接経験の上に於ては唯独立自全の一事実あるのみである、見る主観もなければ見らるゝ客観もない。恰も我々が美妙なる音楽に心を奪はれ、物我相忘れ、天地唯嚠喨たる一楽声のみなるが如く、此刹那所謂真実在が現前して居る。之を空気の振動であるとか、自分が之を聴いて居るとかいふ〔経験が生じる原因ないし根拠を求める〕考は、我々が此の実在の真景を離れて反省し思惟するに由つて起つてくるので、此時我々は已に真実在を離れて居るのである」（NKZ: 1, 59–60）。すなわち、直接経験の独立自全の一事実が現れるのに先立って、物質（たとえば空気）ないしは主観（私＝自分）が現象の「本体」として存在し、その変化や作用が原因・根拠となって、経験の事実が生じるのではない。西田が「此〔直接経験〕の screen の後に入ることはできぬ」と述べていたように、「独立自全の一事実」としての直接経験の〈場〉が現れる時、その背後・根底にはいかなる原因も根拠も存在しない（ただしここでは、何も特別の事実が念頭に置かれているのではなく、そもそも日常において単純に音を知覚することそれ自身が、こうした一事実としての〈場〉として成立しているのであり、その意味で常にすでに「天地唯嚠喨たる一楽声のみなるが如く」成立している）。

以上で考察したように、西田の言う哲学の出立点としての「直接の知識」は、まさに前掲の引用中にあるように、「事実と認識の間に一毫の間隙がない」（NKZ: 1, 48）、「誤るとか誤らぬとかいふのは無意義である」（NKZ: 1, 49）ような経験である。すなわちそれは、そもそも〈主観－客観〉〈本体－現象〉〈原因－結果〉といった二元的対立図式によっていないような事態、したがって主観と客観とが一致しているかどうかという疑いが起こりえないような直接的な事態である。(8) ないしは、そもそもこうした疑いが主観によって成立することの前提となるような直接的事態である。主観と客観とが、相異なりつつも他に開かれている、ないしは他を表現しあっている、そうした主客の開けの〈場〉が最初から成立している。したがって、西田の言う「直接の知識」とは、元来一つの〈場〉として成立している経験の事実がそれとしてそのままにあらわになっている、そのありのままの事態のことである。別言すれば、客観の自己顕現・自己現象と、主観がそれをそのままに知ることとが直接に同一であり、互いに他を貫いて一つであるような事態である。ゆえにこの直接的事態は、単なる混沌や無意識ではあり得ない。なぜならそうした発想こそ、〈主観 - 客観〉図式を独断的に絶対化し、この図式の下においてのみ認識が成立するとの、実際には不可能な考えから生じているからである。したがって「疑ふにも疑ひ様のない直接の知識」とは、その背後・根底に根拠となるようないかなるものも存在しないような、最も具体的な事実のそのありのままの経験であり、その限りにおいて西田は、いわば〈底無くして〉現れるこの「直接の知識」を「純粋経験」と呼んでいる。(9)

その上で西田は、この「純粋経験」を「唯一実在の唯一活動」として捉え直し、さらには「意志」の活動の事実であるとみなす。以下ではまず「唯一実在の唯一活動」とはいかなることかについて、『善の研究』全編をテクストとして考察していこう。すでに見たように、底無き「純粋経験」は、先立つ原因・根拠に由ることなしに現れる事実である。すなわち、経験の事実がそのように現れることそれ自身が、まさにそうした現れ自身を成り立たせる。そもそも活動に先立つ「活動の主」を措定するのは、経験の事実の背後・底に、活動に先立つ実体（本体）ないし基体を独断的に措定することに他ならない。西田は次のように述べる。「普通には何か活動の主があつて、之より活動が起るものと考へて居る。併し直接経験より見れば活動其者が実在である」(NKZ: 1, 71)。

もちろん、この主張は、活動に先だってその底に主観と客観という独立自存する実体が対立して存在し、それを活動が一つの経験の事実へと統一すると考えることを意味しない。「統一する者と統一せらる、者とを別々に考へるのは抽象的思惟に由るので、具体的実在にてはこの二つの者を離すことはできない」（NKZ: 1, 69）。ゆえに、「純粋経験」の事実とは、一なる〈場〉としての「独立自全の一事実」がそれ全体で自らをそのようなものとして生じさせ創造するような活動それ自身に他ならないことになる。[10]

それゆえ、西田は以下のようにも述べる。「実在の根本的方式は一なると共に多、多なると共に一、平等の中に差別を具し、差別の中に平等を具するのである。而して此二方面は離すことのできないものであるから、つまり一つの者の自家発展といふことができる」（NKZ: 1, 69）。すでに見たように、純粋経験の事実においては、主観と客観、ないしは自己といっさいのものとが、互いに開かれて直接に一なる〈場〉をなしていた。それは、主客分離（多）か主客無差別（一）かという排他的な二分法の内には無かった。したがって、「実在の分化と其統一とは一あつて二あるべきものではない。一方に於て統一といふことは、一方に於て分化といふことを意味して居る」（NKZ: 1, 191）とも言われるように、一（統一）と多（分化）とは、「経験の一なる場」の「自家発展」ないし「自発自展」という唯一の活動における、切り離せない二つの側面に他ならない。ゆえに、万物は「唯一実在の唯一活動」（NKZ: 1, 72）であり、しかも自らで自らをそのようにあらわにしていく「唯一活動」である。

したがって、いまや「純粋経験」とは、「唯一実在の唯一活動」のことに他ならない。正確には、主客の統一（一）と分化（多）とを自らの両側面として有する「経験の一なる場」の「唯一活動」（それは「統一作用」ないし「統一力」とも言われる）[11]を自得し、それとして働いている活動のことに他ならない。[12]そして、西田は、〈主観－客観〉対立に基づく「一」か「多」かという二項対立的図式を超えて直接に生きられるこの唯一活動それ自身を、彼独自の仕方で「意志」と呼ぶ。これについては、ショーペンハウアーからの影響を顧慮しつつ、節を改めて考察しよう。

三　唯一活動としての底無き意志——西田のショーペンハウアー理解の特性

西田は、前節までに明らかにしたような「純粋経験」の活動を、さらに、「意志の要求と実現との間に少しの間隙もなく、其最も自由にして、活発なる状態」（NKZ: 1, 14）であると捉え、また「自己と物と全然一致して、物の活動が直ちに自己の意志活動と感ぜられる」（NKZ: 1, 106）ような事実であると捉えていく。換言すれば、西田は、「唯一実在の唯一活動」としての「純粋経験」の活動そのものを「意志」の事実とみなす。たとえば西田は、「我々に最も直接なる意識現象はいかに簡単であつても意志の形を成して居る。意志が純粋経験の事実である」（NKZ: 1, 59）、あるいは「意志は我々の意識の最も深き統一力であつて、又実在統一力の最も深遠なる発現である」（NKZ: 1, 110）とも述べる。[13]だがそれでは、ここで言われる「意志」とはいかなるものであろうか。純粋経験の活動は意志の事実であり、そしてそうした意志の事実にこそ、実在の統一力ないし唯一活動が深く発現すると言いうるのはなぜであろうか。

西田は、ショーペンハウアーの主著『意志と表象としての世界（正編）』の第四巻第五十四節を典拠箇所として挙げつつ、しかし西田自身の解釈を大胆に交えて以下のように述べている。「意志の本質は未来に対する欲求の状態にあるのではなく、現在における現在の活動にある……意志は主客の統一である。意志がいつも現在であるのも之が為である（Schopenhauer, Die Welt als Wille und Vorstellung, §54）」（NKZ: 1, 14–15）。ここでの西田の記述の内容は、主著正編第五十四節からの引用ではないことはもちろん、少なくとも表面上は、ショーペンハウアーの当該節の叙述内容とかなり異なっていると思われる。このことはどのように理解したらよいのであろうか。以下では、まずショーペンハウアー自身の叙述内容を検討することから始めよう。(14)

ショーペンハウアーは、主著正編の第四巻第五十四節において、意志と現在の関係について考察している。そして、この考察は、そもそも同書の第二巻における意志論を前提としたものである。すでに本書第一章第三節で考察してきたように、ショーペンハウアーは、主著正編の第二巻において、「主観と客観とを完全には明確に区別できない直接的な仕方で意志は表明される」(WI. 130) と述べ、あるいは、そこにおいて「認識するもの」と「認識されるもの」とが一致する (WI. 133) と述べる。そしてこの「意志」は、主観－客観形式にも根拠律の形式にもよらずに直接に認識される働きであるとされる。またショーペンハウアーによれば、まさにこうした働きを指示するためにこそ、「力」といった概念ではなく、「意志」という概念が使用される (同)。この意志とは、いっさいの (主観－客観形式と根拠律の形式とに従った) 表象の「物自体」であり、かえって現実の世界と生とはこの「物自体」としての意志の客体性としての現象である (ただし、本書第一章第三節で考察したように、物自体としての意志の働きと、根拠律に従う現象としての世界とは表裏一体である)。

こうした議論をふまえつつ、第五十四節において、ショーペンハウアーは、意志が現象するのは常に現在においてであり、現在が意志の現象の唯一の形式であると述べる。そもそも、その都度のこの現在の経験は常に過ぎ去り、生成消滅し移ろいやすいものである。しかし同時に、そのことを通して、我々は常に現在を生き、また世界は常に現在において現象しており、この現在性それ自身はいっさいの生成消滅を超えて確固不動である。ショーペンハウアーからすれば、現在が成立するとは、相矛盾するこの二つのありようが一つのことであるという事態に他ならない。それゆえに、「〔根拠律の一表現様態としての〕時間を自らの形式とする客観（Objekt＝客体）と、根拠律のいかなる形態も形式として持たない主観（Subjekt＝主体）との接点（Berührungspunkt）がただ現在の本質を成している」（WI. 329）と述べられる。ここで「客観」とは意志の客体性としての表象・現象のことであり、また「主観」とは、さしあたって「認識主観」のことである。しかし「認識の主観とは結局、ある観点では意志そのものか、もしくは意志の外化である」（WI. 329–330）とも言われたように[15]、「主観」とは、自らを客体化する「物自体」としての「意志」のことであると理解することもできよう。そしてこの際、すでに本書で考察したように、意志はいかなる意味でも現象の「根拠」ではない。したがって、意志がまず存在して、それが事後的に現象する際に現在が成立するのではない。なるほど「現在」が意志の現象の「本質的な形式」（同）であり、「唯一の形式」（WI. 330）であるが、しかしその〈現在〉以外に意志が存在し成立している場はない（ショーペンハウアーに準じて「接点」という語を使用すれば、両者の接点＝間のみが存在する）。すなわち、この「現在」と独立に意志が存在することはない。「現在は意志から逃れ去ることはないであろうし、意志もまた確かに現在から逃れ去ることはないであろう」（同）。

　こうしてみれば、西田が先の引用箇所で、この第五十四節を参照しつつ、「意志は主客の統一である。意志がいつも現在であるのも之が為である」と述べたのは、以上のようなショーペンハウアーの議論をふまえてのことであることがわかる。西田のこの箇所の記述は極度に凝縮されているが、当該記述中の「意志は主客の統一である」とは、ショーペンハウアーが第五十四節で言う、「時間を自らの形式とする客体と、根拠律のいかなる形態も形式として持たない主体との接点がただ現在の本質を成している」（WI. 329）という前掲の内容を西田なりに咀嚼したものであろう。すなわち、西田は、ショーペンハウアーにおいて、主体としての意志がまず存在して、それが事後的に現象するのではないとされていること、別言すれば、意志はいかなる意味でも現象の根拠／根底ではないとされていることをふまえつつ、そもそも意志は、「主客の統一」である、すなわち意志と現象との表裏一体性・二重性それ自身であると、独自に解釈していると言えよう。そうであるからこそ、西田は、「現在」が意志の現象の「本質的な形式」「唯一の形式」であるという主張に対して、その解釈として「意志がいつも現在である」と述べていると考えられる。もちろん、あくまでもショーペンハウアーは、意志の〈現象〉の形式が常に現在であると述べているのであり、西田が、〈意志それ自身〉が常に現在であると述べるのは誤釈であるとの評価も成り立つ。しかし、そうした評価は、意志が実体的な根拠であり、現象に先立って独立自存するという、一般に流布している、しかしすでに本書で斥けられた解釈に基づくものであろう。実際には、ショーペンハウアーにとって、「意志」とは、いかなる意味でも根拠／底ではない。ゆえに、意志と現象とは一体（ないし西田の用語で言えば「統一」）的にのみ存在している（さらに言えば、本書第二章第四節で見たように、現象の生成と意志の初発は底無しに一つである）。そして西田はこのことを精密に理解した上で、この理解を西田なりに敷衍して、意志の〈現象〉ではなく「意志」自身が「いつも現在である」と述べていると言えよう。逆の視点から言うなら、西田の理解するところによれば、「意志」の本質は、いかなる意味でも根拠とならずに、ないしは根拠律によらずに、現（-在）に現象するその活動それ自身にある。それゆえに先の同じ引用箇所において、「意志の本質は……現在における現在の活動にある」と述べられたのである。

以上の考察に基づけば、西田のこのショーペンハウアー理解は、単なる誤釈であるどころか、むしろショーペンハウアーにおける〈根拠／底無き意志〉のありようをさらに発展的に理解したものと言いうる。そして、「我々に最も直接なる意識現象はいかに簡単であつても意志の形を成して居る。意志が純粋経験の事実である」（NKZ: 1.

59)、あるいは「意志は我々の意識の最も深き統一力であつて、又実在統一力の最も深遠なる発現である」(NKZ: 1, 110) と述べたのは、以上のような西田の見解に基づくものと思われる。[16]「純粋経験」としての「唯一実在の唯一活動」ないし「統一力」は、すでに本章第一節において、西田自身の思考の内にも確認されたように、原因や目的といったいかなる根拠も持たず、一切の背後・根底を持たない仕方で自らを創造する(現象させる)活動である。そして西田は、唯一活動(統一力)のいわば〈底〉の無さに焦点を当てて、〈底無き唯一活動〉それ自身を、彼のショーペンハウアー理解に基づきつつ、「意志」と呼び、それを「実在統一力の最も深遠なる(ありのままの)発現」と述べたと考えられるのである。事実、西田は、「凡て理性とか法則とかいつて居る者の根本には意志の統一作用が働いて居る」(NKZ: 1, 39) とした上で、意志それ自身はもはや他によって包容され説明(根拠)づけられることが無い故に、その限りにおいては「盲目」(NKZ: 1, 40) であると言う。この際、理性と意志とは「其根底を同じうする」(NKZ: 1, 39) とも言われるように、この「盲目」とは、理性法則が妥当する一々の現象のそのさらに背後に、法則と矛盾する非合理的な「盲目」の働きが実体としてあることを意味しない。すなわち、西田が提示するのは、「意志」とは、その背後・根底/根拠に何ものも有しない働きであるということに他ならないのである。

したがって、こうして唯一実在の唯一活動(統一力)が意志の事実として我々に生きられ経験されるとみなされることは、唯一活動が合目的的に展開する活動であるとみなされることを意味しない。西田は、「宇宙の万物が尽く合目的に出来て居る」ことを証明するのは「頗る難事である」とする(NKZ: 1, 98)。また、たとえ「此事が証明せられたとしても我々は此世界が偶然に合目的に出来たものと考へることを得る」(同) とし、実在が、原因・目的といった何らかの根拠に基づき、それにしたがって成立し展開するという見方をあくまでも斥けている。むしろ西田は、すでに見てきたように、いっさいの実在を、いわば〈根拠／底の無い〉意志の活動として捉えている。しかも、西田は、いっさいは「純粋経験」としての「唯一実在の唯一活動」において存在するとした上で、この「純粋経験」の活動について、「意志の要求と実現との間に少しの間隙もなく、其最も自由にして、活発なる状態」（NKZ: 1, 14）とみなしていた。すなわち、西田は、いっさいがまさしく〈底無き意志〉の自由（実現・充足）において成立し、それとして我々に経験され生きられると捉えているのである。

四　意志の否定と自己認識――「知的直観」

前節で明らかになったように、西田は『善の研究』において、いっさいの実在が、〈底無き意志の自由〉の実現において成立するとみなし、それがまた我々の生（経験）の真相であるとした。しかし西田によれば、我々の自己は、通常、自らのありようを、そして実在のいっさいを、底無き意志の活動として認識し自得してはいない。西田は、「意識の分化発展するに従ひ主客相対立し、物我相背き」、人生に欲求の挫折としての「苦悩」が生じると述べる（NKZ: 1, 172）。すなわち、自己と他との個性の相違が現実化することで、自己が自らと（世界における）他とを互いに独立自存するものとみなし、そして当の自己は自らによって自己の欲するところを為しうる、すなわち自らを根拠として生き存在しうるとして、その実現を意欲する、そうした倒錯が生じるのである。

西田は、自己のこの倒錯した意欲を、「客観的世界に対して主観的自己を立し」（NKZ: 1, 155, 171）ていくことと表現している。しかしこうした倒錯は完遂することが不可能である以上、「之〔主観的自己〕に由りて前者〔客観的世界〕を統一せんとする間は、その主観的自己はいかに大なるにもせよ、その統一は未だ相対的たるを免れない」（NKZ: 1, 171）のであり、そこにはかえって、充たされない欲求への苦悩や絶望が生じることにもなろう。これに対して西田は以下のように述べる。「自己の真摯なる内面的要求に従ふといふこと、即ち自己の真人格を実現するといふことは、客観に対して主観を立し、外物を自己に従へるといふ意味ではない。自己の主観的空想を消磨し尽して全然物と一致したる処に、反つて自己の真要求を満足し真の自己を見る事ができるのである」（NKZ: 1, 155）。すなわち、西田からすれば、我々の自己が自己を根拠として生き、存在しようと意志するその在り方が消磨され否定・廃棄されることによってのみ、我々の自己は、底無くして現れる一なる経験の場のありのままに開かれ、〈底無き意志〉の活動において自己を認識し実現する。それは、西田によれば、「偽我を殺し尽して一たび此世の慾より死して後蘇る」（NKZ: 1, 168）とも言うべき出来事であり、根底的には、絶対的な「神」に面することで自己の存在が根拠の無いものとしてあらわになるという宗教的な事実において成立するものである。西田によれば、「神」とは、「宇宙の根本」（NKZ: 1, 173）であり「宇宙の内面的統一力」（NKZ: 1, 176）のことである。そして、宇宙（唯一実在の唯一活動）の現象の背後・根拠にいかなるものも存在しない以上、こうした「神」は、諸々の現象を超越した何らかの根拠ではありえない（NKZ: 1, 182）。西田は、クザーヌスの「無」の概念やベーメの「無底」の概念を参照しつつ、神とは「無」であるとみなす。それは、「有を離れたる無は真の無ではない」（NKZ: 1, 190）という意味で、神は現象を離れた根拠／根底では無いとみなすこと、そして神は「唯その能く無なるが故に、有らざる所なく働かざる所がない」（NKZ: 1, 100）とみなすことを意味する。

したがって、「神すらも失つた所に真の神を見る」（NKZ1, 192）とも述べられるように、我々が神に面するとは、我々の自己の存在を根拠づけるものとしては、自己の内外のいずれにおいてにせよ、いかなるものも、神すらも存在しないという事態に徹底的に面することである。そして、この事態には自己自身に拠るのでは決して面することができないという事実に徹することである。西田によれば、このことによってこそ、我々の自己は、自己を根拠とする意志の徹底的な否定を実現して〈底無き意志〉をそれとして認識し、その自由・自己実現を現実化するのである。すなわち、西田の言う「宇宙の根本」「実在の内面的統一力」としての「神」とは、我々の自己の自己根拠的な意志への否定によって、我々の自己において〈底無き意志の自由〉を開き、あらわにするというその活動全体のことであり、この意味において、まさに〈底無き意志〉の活動それ自身である。「自然の現象より人類の歴史的発展に至るまで一々大なる思想、大なる意志の形をなさぬものはない、宇宙は神の人格的発現ということになる」(NKZ: 1, 182)。

以上をふまえれば、すでに考察したように、およそいっさいの実在が、元来、〈底無き意志〉の唯一活動において成立しているゆえに、自己根拠的意志による主客の対立・衝突の事態も、実際には、底無くして自と他が直接に一である〈底無き意志の自由〉から離れているものではないこととなろう。そしてそのことがあらわになった時、当の主客対立・衝突の事態は、自他の排他的な対立・衝突としてのそれではなくなるであろう。そこに底無き仕方で実現される事態は、何らかの同一的根拠/基盤の下での共存とも、あるいは同一的根拠の構築をめぐっての闘争とも異なる事態であり、むしろ、自己と他者とが、互いに相違し対立しつつも現に共に有ることそれ自身を、いかなる根拠による保証も求めずに端的に肯定しあう事態であろう。

ゆえに、自己根拠的な意志の否定によって、我々の自己が〈底無き意志〉の活動において自己を認識し実現するとは、主客統一と主客対立との二項対立を超えており、かえって両者を一つに実現する活動それ全体を認識し実現することである。別言すれば、この認識は、「唯一実在の唯一活動」としての〈底無き意志〉のその唯一性・統一性が根源的にあらわになる経験それ自身である。西田はこうした経験を「知的直観 intellektuelle Anschauung」（NKZ: 1, 40）と名指す。ここで西田が言う「知的直観」とは、シェリングやフィヒテの「知的直観」概念に影響を受けていると考えられるが、[17] しかし根本的には彼独自の仕方で提出されたものである。西田によれば、彼の言う「知的直観」とは「時間、空間、個人を超越し、実在の真相を直視する」（NKZ: 1, 42）ような状態であるが、またそれは、「一種特別の神秘的能力」によるものではなく、「普通の知覚と同一種であつて、其間にはつきりした分界線を引くことはできない」ものである（NKZ: 1, 41）。すなわち、西田の言う「知的直観」とは、時間・空間の形式において可能となる感性的・知覚的直観を超えて、そうした時空の形式もそこにおいて可能となる「意志」の統一性それ全体を直接に知るものである。ただしそれは、その都度の具体的な事実のありのままの経験（当然それは知覚をも含む）を根源的に実現すること以外ではありえず、それを超越した「特別の神秘能力」による経験のことを意味しない。したがって、西田は、「実在を直視すると云ふも、凡て直接経験の状態に於ては主客の別はない、実在と面々相対するのである、独り知的直観の場合にのみ限つた訳ではない」（NKZ: 1, 42）と述べ、「真の知的直観とは純粋経験に於ける統一作用其者である」（NKZ: 1, 43）と述べる。ゆえに、「知的直観」とは、我々の自己が唯一活動（統一作用）としての〈底無き意志〉の活動において自らのありのままを経験し認識・自得することであると共に、そもそもこの〈底無き意志〉の活動それ自身が、我々の自己を通して自らのその全体をありのままに認識し実現することである。

事実、西田は、「知的直観」を主題化するに際して、ショーペンハウアーの「意志の否定」の思想を参照している。「ショーペンハウエルの意志なき純粋直覚と云ふのも天才の特殊なる能力ではない、反つて我々の最も自然にして統一せる意識状態である……それで知的直観とは我々の純粋経験の状態を一層深く大きくした者にすぎない、即ち意識体系の発展上における大なる統一の発現をいふのである。学者の新思想を得るのも、道徳家の新動機を得るのも、美術家の新理想を得るのも、宗教家の新覚醒を得るのも凡て斯かる統一の発現に基づくのである」（NKZ: 1, 42）。ここでのショーペンハウアーへの参照は『意志と表象としての世界』第三巻の内容をふまえたものである。本書第一章第四節で考察したように、「純粋」な「観照（Kontemplation）」「直観／直覚（Anschauung）」（WI, 218）とは、ショーペンハウアーによれば、認識客観を根拠律においてではなく、ただそれ自身に即して把握するような認識であり、別言すれば、根拠律のあらゆる形式を超えて永遠不変のイデアを把握する認識であった。もとより、こうした「純粋」な「直覚」は、芸術的認識として現実化するものであり、意志の否定の暫定的・過渡的な段階に止まるものとされていた。しかし西田は、この点については特に拘泥せず、それが不変的なもの（西田の用語で言えば「統一」ないし「全体」）の認識であることに着目している。すなわち、本章の問題意識に基づけば、西田は「知的直観」を論じることで、「意志の否定」において実現する、〈底無き意志〉による自らの統一的全体についての〈自己認識〉のありようを考究していると言えよう。それではこの〈自己認識〉とはどのような成立構造を有するのであろうか。節を改めて考察しよう。

五　意志における活動性と静性

すでに本章第二節で見たように、唯一活動（統一力）としての底無き意志の活動において、我々の自己は他に開かれながら底無き〈一なる場〉を形成しており、別言すれば、自己と他とははじめから互いに他をそしてこの事実全体をおのれ固有の仕方で反映し表現しつつ存在している。このことは、底無き意志の活動自身がそれ全体としてはじめから自己表現的に成立しているということに他ならない（たとえば宇宙は「神の表現」（NKZ: 1, 178）

であると述べられる）。すでに見たように、「真の知的直観とは純粋経験に於ける統一作用其者」（NKZ: 1, 43）なのであり、底無き意志の自己認識としての「知的直観」とは、底無き意志の自己表現的な活動をそれとして自得し遂行することに他ならない。西田は、「知的直観」の例として、「熟練せる行動」や「画家の興来り筆自ら動く様に複雑なる作用」を挙げているが（NKZ: 1, 43）、それは、「芸術家の精巧なる一刀一筆は全体の真意を現はす」（同）とも言われるように、一瞬一瞬、底無き意志の作用の統一的全体を表現し把捉することに他ならない。しかも、西田自身が、「知的直観」における統一性・全体性の把捉を「生命の捕捉」（NKZ: 1, 43）と端的に名指しているように、日常の知覚も熟練した行動も、およそ我々の自己が自己として〈生きる〉そのいっさいにおいて、一々の〈この瞬間〉が、〈この自己〉による、そして底無き意志全体による、自らについての表現であり認識であると言いうる。[18]

ただし、この際にさらに注目すべきことは、西田が、この自己認識について、「知識及意志の根底に横はれる深遠なる統一を自得する」ことであると言い換え、しかも「〔意志の〕欲求も之を動かすことはできぬ」と述べていることである（NKZ: 1, 45）。[19] ここでは、底無き意志の自己認識としての「知的直観」は、意志それ自身によっても揺るがすことのできないものであることが述べられている。これはいかなることを意味するのであろうか。すでに見たように、底無き意志の活動とは、この活動の根拠／根底にいかなるものも存在しないような自己活動である。この際、こうした底無き自己活動は、自らを創造するという面から捉えれば、無限の自己活動であると共に、永遠にそうした活動で在り続けるという意味では、決して流れ去ることのない静的統一を有する。この静性は、活動性によっても流れ去らせることのできないものであり、むしろその活動性がそれであるために不可欠な統一性であり静性である。しかも、意志のこの静的な統一性・同一性とは、「純粋経験の統一」は「動いて動かざるもの」(NKZ: 1, 186) であるとも言われるように[20]、意志の活動と独立に、ないしそれに先立って存するものではなく、ただ意志の活動性と相即する仕方でのみ成立する。すなわち、意志の根底/根拠にいかなるものもなく、また活動を離れたいかなる超越的実体・基体も実在しないそれゆえに、この底無き意志は自己活動性と静的統一性とを自らの両面として有するのであり、またそうした両性を有する限りにおいて、底無き意志がそれとして成立しうるのである。

西田からすれば、底無き意志の活動のこうした成立構造のうちに、底無き意志の「自己認識」としての「知的直観」が成立する所以もまた存する。なるほど、「知的直観」とは、底無き意志の自己表現的な活動をそれとして自得し遂行することによって実現する。とはいえ「知的直観」は、ただ底無き意志の自己活動性・自己創造性に基づくのみによっては成立しえない。というのも、それでは、「知的直観」の内容は、底無き意志の活動それ自身によって随意に創造・創作したり改変したりできることになるからである。しかし、底無き意志の活動が自らをまさにそうした活動として認識する内容は、底無き意志がそれである限り、永遠不変に前提され妥当するものに他ならない。この認識内容は、底無き意志自身が随意に改変したり無化したりすることのできるものではなく、いわばこの意志が失うことのできないものである。こうしてみれば、自己認識としての「知的直観」とは、まさしく「いかなる論理の刃も之に向ふことはできず、いかなる欲求も之を動かすことはできぬ」ような、すなわち、底無き意志の自己活動性・自己創造性からは導出できないような静的統一性・不変性を包含していると言わねばならない。

したがって、自己表現的である底無き意志の活動が、自己活動性と静的統一性との相即のうちに成立することにおいて、別言すれば、この活動における一々の自己表現が、活動自身が包含する静的統一性の表現となっていることにおいて、活動の自己認識としての知的直観が成り立つ。逆に言えば、活動において静的統一性を自得し表現するこの「知的直観」が成立しない限り、自己表現的に成立する〈経験の一なる場〉としての〈底無き意志〉の活動が、それとして現実化し我々の自己に生きられることもまた有り得ない。以下の西田の叙述はこのことを提起するものである。「意志の根底にも知的直観がある。我々が或事を意志するといふのは主客合一の状態を直覚するので、意志はこの直覚に由りて成立するのである。意志の進行とはこの直覚的統一の発展完成であつて、その根底には始終此の直覚が働いて居る、而してその完成した所が意志の実現となるのである。我々が意志に於て自己が活動すると思ふのはこの直覚あるの故である……それで古人も終日なして而して行せずといつたが、若し此の直覚より見れば動中に静あり、為して而も為さずと云ふことができる」（NKZ: 1, 44-45）[21]。

以上の考察において、西田の「知的直観」の議論を検討することで明らかになったのは、西田は、「唯一実在の唯一活動」を底無き意志として捉えた上で、その自己認識の構造を、底無き意志の活動がその両面として有する活動性と静的統一性の緊張関係から明らかにしているということである。そしてこの活動性と静性とは、そのどちらかが他方の根拠／底となることはなく、いかなる位相においても両者はその成立を底無く同じうしている。ここに、本章冒頭に掲げた問い、すなわち、いかなる根拠／底も無くして成立する意志の自己認識の構造を、その妥当性を明らかにする仕方で解明するという問いへの西田の回答を見ることができる。しかも、西田の以上のような考察によって、意志の自己認識と我々のこの〈自己〉の自己認識とは、〈自己〉の経験の事実が、一瞬一瞬に「唯一実在の唯一活動」としての意志全体を表現し認識するという仕方で、一つの事実をなすことも明らかにされたのである。

とはいえ、以上のような西田の議論においては、実際にはなお課題も残されているように思われる。西田は前掲の引用箇所で以下のように述べていた。「意志の根底にも知的直観がある。我々が或事を意志するといふのは主客合一の状態を直覚するので、意志はこの直覚に由りて成立するのである。意志の進行とはこの直覚的統一の発展完成であつて、その根底には始終此の直覚が働いて居る……」。ここでは、底無き意志の活動は、意志の「根底」に静的統一性を把握することに「由りて」可能となり、意志の動的な「進行」はこの静的統一の把握の「発展完成」であると述べられている。しかし、こうした記述は、たとえば「すべて意識の統一は変化の上に超越して湛然不動」(NKZ: 1, 186)といった静的統一性についての記述と相俟って、静的統一性を底無き意志の活動における動性と峻別しその根拠とみなす傾向を有してしまっている。なるほど、正当にも、西田は、底無き意志の活動の静的統一性を、この活動において、この活動と切り離さずに主題化しようとしてきた。だが、同時に『善の研究』においては、両者を不当に峻別する傾向もまた残存している。その結果として、西田は、両者の内的関係について、こうした記述以上にさらに立ち入って解明を行うことができていない。したがって、底無き意志の自己認識が、この底無き活動の直中においてどのように静的統一性と関わり、それを表現し認識しうるのか、さらに言えば、或る自己認識が活動の内で静的統一性を確かに表現し認識していることをどのように証示しうるのか、といったことについての立ち入った考察は『善の研究』には見られない。

実際、西田は次の体系的著作『自覚に於ける直観と反省』(一九一七年)において、底無き意志の活動における活動性と静的統一性との内的関係を改めて解明しようと試みる。(22) そしてこの考察の成果が結実したのは、西田の独創的な哲学体系である「場所の論理」の立場が提出された『働くものから見るものへ』(一九二七年)においてである。西田はこの著作の中で、意志の活動の「自己認識」ないし「自覚」について論じつつ、以下のように述べている。「自覚の意識の成立するには「自分に於て」といふことが付加せられねばならぬ。知る我と、知られる我と、我が我を知る場所とが一つであることが自覚である。自覚に於ては結果がまた働くものである……我々の自覚の本質は、我を超越したもの、我を包むものが我自身であるといふことでなければならぬ。此故に働く我に於ては、昨日も今日も一である」(NKZ: 4, 127-28)。この叙述が示すように、西田は、意志の活動(働き)としての自己とそれを「超越」し「包む」静的な統一性・同一性との関係について、活動とその自己認識とがそこにおいて成立する「場所」を主題化しつつ考究する。[23] 次に、『働くものから見るものへ』に収載された諸論文とりわけその中心的な議論が展開される論文「場所」における西田の議論について考察していこう。

六　底無き活動の「場所」——『働くものから見るものへ』

本章で考察してきたように、西田は、いっさいは「唯一実在の唯一活動」としての「意志」の活動において成立しているとした。この「意志」は、活動の根底/根拠にいかなる静的実体(本体)も存しないような底無き活動であり、したがって、活動自身が自らで自らを維持し統一性・同一性を持つような自己活動であった。西田は「場所」論文では、こうした活動を「無限に働くもの」「純なる作用」「本体なき働き」などとも言い換える。ただし西田によると、こうした「純なる作用」は、もはや単なる「働き」(活動)では有り得ない。「真に純なる作用といふのは、働くものでなく、働きを内に包むものでなければならぬ」(NKZ: 4, 219)。すなわち、西田は、「純なる作用」がそれとして成立するのは、働きを包む「場所」としてであるとする。ただし西田によれば、この「場所」はまたあくまでも働きと一なる仕方で成立するのであり、その意味で「無」ないし「真の無」としての「場所」である。以下ではこうした「真の無」としての「場所」について検討する。[24]

これまで西田は、いっさいが意志としての無限なる働きとして存在すると主張してきた。このことは、別言すれば、存在するのは「純なる作用」であると主張することを意味する。とはいえ、いまや西田によれば、この主張それ自身は、実は存在する（＝有る）ものすなわち無限なる働きと、存在しない（＝無い）ものすなわち働きでないものとの対比・区分を前提として成り立っているものである。すなわち「我々が有るといふものを認めるには、無いといふものに対して認めるのである」（NKZ: 4, 218）。しかし西田は、「有るといふものに対して認められた無いといふものは、尚対立的有である」（同）とも述べる。いま述べた、無いもの・働きでないものも、実際には、存在しないという一つの〈状態〉であり、働きで無いという在り方を取り続けているものである。換言すれば、この意味での「無いといふもの」は、有るものの内の一種であり、働きの一種に他ならない。このように見てくると、やはり存在する（有る）ものは広義の無限なる働きすなわち「純なる作用」のみであるようにも考えられてくる。

しかし、西田によれば、いやしくも無限なる「純なる作用」が〈存在する＝有る〉という認識が成り立つ限り、この認識は、働きと働きでないものとの区別、ないしは、〈存在する＝有る〉と〈存在しない＝無い〉との区別を捉える限りにおいて成立するものに他ならない。この際、この〈無い〉とは、前段落で考察されたような「無いといふもの」（対立的有）とは異なり、もはやいかなる意味でも働きとしての「有」とはならず、しかもいっさいの「有」が「有」となることと不可分であるような〈無い〉である。ゆえに、西田からすれば、無限なる働きとしてのいっさいの「有」は、いかなる意味でも働きにならない、ないしは存在するものとならないような〈無い〉との関係において、すなわち「真の無」との関係において成立し生じるものである。しかも「有」が成立するのは、この「真の無」とは別のどこかにおいてではない（そうだとすれば、この無は前段落に見たような有に対する無であり「対立的有」である）。そうである以上、「有」はこのいわば「真の無」を場として、真の無〈において〉成立するものに他ならない（したがって後述するように虚無の状態とは真の無ではなく、対立的有である）。西田は、「真の無はかゝる〔対立的〕有と無を包むものでなければならぬ、かゝる有無の成立する場所でなければならぬ。有を否定し有に対立する無が真の無ではなく、真の無は有の背景を成すものでなければならぬ」（NKZ: 4. 218）と述べる。

したがって、「真の無」は有を、ゆえにまた対立的有である限りの無をも「包むもの」であり、その意味で有の「成立する場所」である。[25] ただし、いっさいの有がそこにおいて生じ包まれるこの「場所」としての「真の無」とは、有としての働きに先立ってその根底に存在するようなもの、すなわち、働きの何らかの根拠／底をなすようなものではありえない。働きの根拠をなすものが、有としての働きを成立させるとするなら、それは働きに先立って何らかの状態がまず有って、その状態が現象するということ、別言すれば、潜在的「有」が現実的「有」へと移行することを意味する。しかし「真の無」とは、かえってそうした「有」のいっさいを成立させる場所に他ならない。ゆえに、有としての無限なる働きが成立する「場所」とは、いかなる意味でも働きの根底／根拠ではないものであり、そうしたいっさいの根底／根拠の無を意味する。すなわち、それは、働きに先立つ（虚）無の状態ではなく、いかなる潜在性をも否定し、いかなる意味での〈有ること〉をもいわば絶した無である（この無は、働きとしての有と対立・区分関係にある「相対的な無」すなわち「対立的有」ではないという意味において、しばしば「絶対的無」とも言われる）。西田が、「有を否定し有に対立する無が真の無ではなく、真の無は有の背景を成すものでなければならぬ」と述べていたように、逆説的にも、むしろ働きの背景（根底）は、背景（根底）が無いという仕方で成立していると言われるべきなのである。

したがって、働きが成立する「場所」としての「真の無」とは、西田によれば、「一方から見れば、すべての働きを超越して単に永遠なるものと考へられねばならぬと共に、一方から見れば、すべての場所を含むが故に、無限に働くものと考へられねばならぬ。即ち一言に云へば、自由を以て属性とするものである」(NKZ: 4, 245–246)。すなわち、真の無とは、それがいかなる意味でも働きとしての有ではないという意味では、永遠の無、永遠の静である。しかし同時に、この無は、働きに先立って独立に存在するような根拠ではない。この意味では、逆説的にも、この永遠の無は、働きを成立させ生じさせつつ、またその限りにおいて、永遠の無である。「純なる作用」ないし無限なる働きは、働きを絶した永遠の無とただ一つのことをなしてのみ、成立している。このことを西田は、「純なる作用」は働きを包む「場所」として成立すると述べたのである。換言すれば、「純なる作用」は、その背後・根底にいかなるものも有さずに、いわば底無く(無において)働くのであり、その意味において何ものにも規定されず、「自由」である(上掲引用箇所の他に NKZ: 4, 240 も参照[26])。

そして、西田によれば、以上のことは、「純なる作用」が自覚的に成立していることを意味する。すでに明らかであるように、その都度の一々の働きが生み出され現れることに先立ってないし独立に、働きの本体ないし働きの全体といったものは存在しない。「特殊なるものは一般なるものの部分であり、且つその影像である。併し一般なるものは特殊なるものに対して、何ら有の意義を有するのではない、全然無である」(NKZ: 4, 227)。全体としての無限なる働きそれ自身は、それがいかなる「根拠/底」でも「無」いゆえに、個々の特殊なる働きにおいてのみ自らを持つ。したがって、西田によって、「場所其者も無となる時……本体といふ如きものはもはや何処にも求めることはできない、唯自ら無にして自己の中に自己の影を映すものがあるのみである」(NKZ: 4, 247)とも述べられるように、無限なる働きは、個々の働きにおいて自ら全体を映し表現すると共に、そうした自らの像（影）以外のどこかにその本体として自らを持つのではなく、むしろただ自らの一々の「影（像）」においてのみ自らを持つ。

いまや明らかになったのは、底無き「純なる作用」とは「自ら無にして自己の中に自己の影を映す」という仕方で成立することである。したがって、いっさいは「本体なき影像」ないし底無き影像である。このことは、西田によれば、「一々が自己が自己を映すもの即ち自覚的なものでなければならぬ」(NKZ: 4, 248) ということを意味する。ここで言われる「自覚」とは、「自己の中に自己の影を映す」ことである。すなわち、「自覚」とは、自己について省みた或る特定の内容（像）が、自己全体を映し表現していることである。したがって、底の無い「純なる作用」が、「自ら無にして自己の中に自己の影を映す」とは、この「純なる作用」が、そもそもはじめから「自覚」的に成立しているということであり、逆に言えば、我々の自己が自己を自覚し、この自己として生きることは、この「純なる作用」において成立するということを意味する。

以上、『働くものから見るものへ』における西田の議論を考察してきた。それでは、底無き意志の活動における自己認識の成立構造を、この認識が有する妥当性を証示しつつ解明するという、前節で残された課題は、どのように果たされるのであろうか。節を改めて考察しよう。

七　底無き活動の自覚としての「直観」

以上で考察してきたように、西田が提示したのは、「純なる作用」が、いっさいの働きと有を超越し、いかなる根拠でもない真の無の場所において底無く成立するという事態である。こうした西田の思考は、「純なる作用」

ないし無限なる働きを自己根拠的な活動とみなすことを徹底的に斥けることで、「純なる作用」の底無き成立の構造それ自身を深く明らかにするものである。すなわち、「純なる作用」が自ら以外のいかなるものにもよらずに自らを生じ創造するという自己活動の側面と、「純なる作用」が底無くして（真の無において）自らを創造する自己活動であることは永遠に同一不変であり、活動はそのことを無化するような根拠／底を持たないという超越的な静（統一・同一）の側面との内的関係を解明するものである。両者は、〈底無くして〉自らを〈創造する〉活動の両側面なのである。

西田はこうした立場に立つことで、「真の無の場所に於ては意志其者も否定せられねばならぬ、作用が映されたものとなると共に意志も映されたものとなる」（NKZ: 4, 271）と述べ、「もはや働くといふことの意味もなくなる、唯見るといふの外はない」（NKZ: 4, 219）とも述べる。もちろんこうした「見る」とは、働きを廃棄するものではなく、むしろ働きを「包む」ものであり、働きと一つのこととしてのみ成立する。「見るもの」とは、「見ることが働くことでもあるもの」に他ならないとも言われる（NKZ: 4, 250）。すでに見たように、底無き「純なる作用」は、働きないし活動であると共に、永遠なる静においてあり、その意味で、「永遠なるものの影」である。「真の無の場所に於ては……動くもの、働くものはすべて永遠なるものの影でなければならない」（NKZ: 4, 271）。西田からすれば、この静性ないし永遠性に焦点を当てれば、「純なる作用」は、ただ「永遠なるものの影」を「見ること」すなわち「直観」として生きられると言われるべきである。[27] なるほど、西田は『善の研究』において、自己根拠的な意志の否定・廃棄によって、底無き「唯一実在の唯一活動」が現実化するとして、この活動を「意志」と呼んだ。しかし西田は、いまやこの底無き活動がそれを包む超越的な静、すなわち永遠の無において、かつこの無と一に成立するということに焦点を当てて、以下のように述べていた。「真に純なる作用といふのは、働くものでなく、働きを内に包むものでなければならぬ」（NKZ: 4, 219）。したがって、底無き「純なる作用」がそれ自身として捉えられる時、それはもはや単なる働きと理解されてはならない。このことを強調するために、西田は、むしろ今までの著作では「意志」と呼んできたこの活動を、「永遠なるものの影」を「見ること」すなわち「直観」と呼ぶに至ったのである。

西田のこうした思考は、底無き「純なる作用」の自覚（自己認識）とその妥当性の成立構造を明らかにするものでもある。すでに見てきたように、底無き「純なる作用」は、それ自身が「自ら無にして自己の中に自己の影を映す」という仕方で成立するものであり、そこにおいては一々が「自己が自己を映すもの即ち自覚的なもの」として成立する。すなわち、「純なる作用」ないし〈底無き自覚の作用〉の根底にはいかなる本体も存在せず、「純なる作用」全体もそれにおける個々の働きも、自らの個々の「影」ないし「像」において自らを映じ表現するという仕方で自らを持つ。このことにおいて、純なる作用全体の自覚とそれを生きる一々のこの〈自己〉の自覚とは、元来ただ一つのことをなしている。逆に言えば、〈この自己〉の自覚においてのみ、底無き「純なる作用」全体の自覚が現実化するのである。これに加えて、すでに考察したように、「純なる作用」がこうして底無くして自覚的で有ることとそれ自身は、純なる作用の活動性を超越している。ゆえに、こうした自覚の内容は、純なる作用の活動によっても揺るがすことのできない妥当性を有するものと言いうる。〈この自己〉の自覚とは、さらには〈この自己〉の一々の〈この瞬間〉における自覚とは、「純なる作用」の直中において、この活動によっても流し去ることのできない内容、いわば西田の言う「永遠なるものの影」を認識することに他ならないのである。(28)

＊　＊　＊

それでは、以上の考察を、改めて本章の問題意識に照らしてまとめ直してみよう。まず気づかれることとしては、ショーペンハウアーにおいて、底無き活動の自己認識は、あくまでも意志のそれとして問題とされるべきものである。それに対して、西田はもはやそれを〈意志〉の自覚（自己認識）とは呼ばず、「見ること」ないし「直観」としての自覚と呼んでいる。この事実は、『善の研究』では、ショーペンハウアーに強い影響を受けて〈底無き意志〉の思想を提起していた西田が、『働くものから見るものへ』に至り、自らの立場を転換したものとも受け取れる。しかしこの新たな立場においても、西田がいっさいの実在を〈底無き活動〉とみなしていることに変わりはないであろう。ここで重視されるべきことは、意志か直観かという用語上の問題ではなく、かえって西田が、〈底無き活動〉は単なる活動に留まらず、実は超越的な静性と一つの事態をなしているという事実を提示している点にある。西田が提示したのは、その根底にいかなる根拠も有しないような無限なる活動は、まさにこの活動が活動であることそれ自身において、この活動を超越する静性（永遠性）と一つのことをなすということである。

そして、いかなる根拠も有しないままに成立しているような、活動性と静性（永遠性）とのこの底無き〈一〉においてこそ、活動自身によっても揺るがすことのできない真理性・妥当性を有した「自己認識」もまた成立しうる。逆に言えば、無限なる活動のこうした「自己認識」が成立することは、この活動において、活動性と静性とが底無き仕方で一つであること（活動が自己根拠的におのれの活動性に基づくものではないこと）を証示している。それゆえに、底無き活動は、自覚／自己認識を有するものでない限り、〈底無き〉活動たりえないと言いうる。

本章第一節で検討したように、ショーペンハウアーは、意志が自らの根拠／底の無さを認識し、底無き自由を実現するとしたものの、意志のこうした自己認識が成立しうる所以を、意志自身の成立構造に即して明らかにすることはなかった。これに対し、ショーペンハウアーの言う〈底無き意志〉の自己認識の成立構造へのこの問いを実際に遂行しようとするなら、〈底無き意志〉において、活動性と静性とは、そのどちらかが他方の根底とならずに、底無き一をなすという構造を解明すべきであること、このことを西田の思考は示しているのである。

この際、西田の思考の特性は、以下のような記述の内に表現されていると思われる。「自己同一なるもの否自己自身の中に無限に矛盾的発展を含むものすら之に於てある場所が私の所謂真の無の場所である」(NKZ: 4, 269)。すなわち、無限なる活動ないし「純なる作用」は、およそ自己自身によって働き、自らの存在根拠を持つような自己根拠的な「自己同一なるもの」ではなく、また、永遠なる静も、働きと独立に自己根拠的に存在するという「自己同一なるもの」ではない。むしろいっさいがこの自己根拠的な在り方を否定し超越する。このことにおいて、「純なる作用」の自己認識が成立しうるとみなすところに、西田の思考の特性がある。同じことを別の角度から言えば、西田の思考の特性は、「純なる作用」と「一々の自己」とが、自己完結的・自己充足的に自己同一を持つ在り方を超越していることを明らかにし、この〈自己〉の一々の瞬間における自己認識/自覚と、純なる作用の自己認識/自覚とが、底無く一つに成立することを示す点にある。

これに比すれば、たしかにショーペンハウアーにおいては、底無き活動が、活動(意志)に超越的な静性と一つのこととして成立するという構造を、意志が自己根拠的な在り方を超越しているという構造と結びつけて考察することが行われていない。[29] さらにまた、ショーペンハウアーにおいては、西田が行ったような(そして前章ではニーチェの思想を手がかりにして考察したように)、一々の瞬間・現在における〈この自己〉の働きに定位した解明も充分に行われてはいない。こうしてみれば、西田の思考は、ショーペンハウアーの〈底無き意志〉の思考を受けつつ、この思考の内では未展開に止まった考察、すなわち、活動の〈底の無さ〉における、超越的な静性と、自己根拠的な自己同一を超越した活動性とについての考察によって、〈底無き活動〉の自己認識の成立構造を明らかにしたものと言えよう。

もとより、西田の提示する〈底無き自覚／直観〉としての底無き活動〈純なる作用〉は、やはり「意志」と呼ばれてはならないのか、それともそれは名称上の問題であり、超越的な静性と一つであるような活動という意味で「意志」の語を使用する限りは、「意志」と呼ぶことに問題はないのかについては、別途考察する必要があろう[30]。ただし少なくとも、西田の〈底無き自覚／直観〉は、それがショーペンハウアーの言う「意志」の〈底の無さ〉をより徹底して明らかにする意味を有している点で、広義の〈底無き意志〉の思想を新たに展開するものと評価できよう。さらには、そもそも、西田が提示するような〈自覚／直観〉の成立構造、すなわち活動が単なる自己活動に留まらずに超越的静性と底無く一であり、それゆえに真の意味で〈底の無い〉仕方で成立するという構造こそが、ショーペンハウアーが提示する〈底が無い〉活動としての「意志」の成立構造であると理解することは可能であろう。この理解からすれば、〈自覚／直観〉は広義の〈底無き意志〉とも言いうるし、そもそも両者は同一の活動を異なる角度から見たものに過ぎないことになろう。以上の観点に立てば、西田の〈底無き自覚／直観〉の思想は、〈底無き意志〉の自己認識／自覚の成立構造の考察として大きな意義を有すると評価しうるのである。

第六章　底無き自覚と自由　後期西田哲学の「行為的直観」から

一　底無き活動の自覚とその実践性への問い

前章では、〈底無き意志〉の活動の自己認識がどのようにして成立するのかという問題意識のもと、初期・中期西田哲学を考察した。西田は、底無き活動とは、その活動性を超越した、しかしいかなる意味でもその根拠／根底とはならない「真の無」において成立する活動であることを明らかにした。そして、この底無き活動は、それ自身が「自ら無にして自己の中に自己の影を映す」（NKZ: 4, 247）という仕方で成立するものであり、そこにおいては「一々が自己が自己を映すもの即ち自覚的なもの」（NKZ: 4, 248）として成立する。[1] こうして、底無き活動はそもそも自覚的に成立しており、しかもこの〈底無き自覚／自己認識〉の内容は、「永遠なるものの影」として、活動自身によっても揺るがすことの出来ない妥当性を有することが明らかになった。

ただし、前章の考察では、西田の言うこうした「自覚」（自己認識）が、現実の世界での我々の自己の生において、実際にどのようなありようをなし、どのように生きられるのかについては、立ち入った考察をすることができなかった。西田はこうした「自覚」を「意志」と区別して「見ること」「直観」とも呼んでいるが、それでは、こうした「直観」は、ショーペンハウアーが、〈底無き意志〉の「自己認識」による「自由の出現」として提示した事態とどのように異なるのであろうか。というのも、なるほど、西田の〈底無き自覚／直観〉は、「永遠なるものの影」を見ることとともされたが、しかしそれは活動と独立に成立するものではありえず、したがって、この現実の世界の一々の出来事の生成消滅から独立し離脱する仕方で実現するものではありえない。ゆえに、この「直観」「自覚」は、単なる理論的な認識のありようを示すのではなく、かえって我々のこの〈自己〉の生における具体的な行為の実践のありようを示すものであろう。第二章で論じたように、ショーペンハウアーが提示した〈底無き意志の自由〉のありようは、現実の世界の一々の出来事の生成消滅とそこで生じる生の苦悩の直中において、なお自由を実現し「平安」「浄福」「明澄」を保つというありようであった（それは現実からの離脱を意味するわけではなかった）。それでは、西田の言う「直観」は、現実の世界と生における苦悩や意志の自由と、どのような関わりを持つのであろうか。

西田と激しい論争を繰り広げた田邊元は、よく知られるように、『働くものから見るものへ』およびそれを体系化した中期西田哲学の著作『一般者の自覚的体系』に対して、「現実と隔離した静観諦観を将来する恐がありはしないかと疑はざるを得ない」[2]との批判を行った。そして西田はこの批判に応答しつつその後の思索を展開していった。この事実からも明らかになるように、西田の言う「直観」としての「自覚」が現実の世界と生の内でどのような実践的性格を持つのかを明らかにすることは、中期そしてとりわけ後期西田哲学にとって、最重要課題の一つであった。前章での考察をふまえて、本章では、西田において、底無き活動の「自覚」としての「直観」は、苦悩に充ちた具体的な現実の世界と我々のこの〈自己〉の生、ならびにそこにおける「自由」とどのように関わるのかについて、この問題を主題的に論じた後期西田哲学に眼を転じて考察してみたい。そしてこの考察を通して、〈底無き意志〉の思想の新たな展開の可能性とその意義とをさらに考究してみたい。

二　〈限定するものなき限定〉としての自覚

後期西田哲学の円熟期に刊行された『哲学論文集　第五』（一九四四年）に収載された論文「自覚について」は、「自覚」の成立構造を集中的に考察したものである。またそれ以降に出版された『哲学論文集　第六』（一九四五年）と『同　第七』（一九四六年）収載の諸論文では、この考察がさらに精密に展開されている。本章では原則としてこの『第五』から『第七』をテクストとし、補足する必要がある場合にはその他のテクストも参照することにしたい。

前章で考察してきたように、西田によれば、底無き活動としての実在は、「自ら無にして自己の中に自己の影を映す」ことで自らを自覚する仕方で成立する。またそこにおいて我々の自己も自己を自覚し、実在のこうした構造を自覚する。後期西田哲学は、こうした自覚において、個としての我々の自己と、自己がそこにおいて生きる（そして死する）現実の世界とがどのように関わるのかについて考察を展開する。その際、特徴的なのは、「個々の事実は何処までも限定するものなき限定として、唯一絶対の事実であると共に、それは何処までも無基底的として消え行くものでなければならない」（NKZ: 10, 494）と述べられることである。西田は、個としての我々の自己の生が唯一度生まれ、永遠に消滅するものであることを強調する。そして同時に、我々の自己に対する他者の生の関係を主題化する。西田は、「創造的世界は一面に生滅の世界である」（NKZ: 10, 521）とし、「一度的として消え去ることを条件として、自己が成立する」とした上で、それは、自己が「他の為に自己自身の消滅を自己存在の理由として成立する」（同）ことであると述べる。[3] 以下で考察していこう。

前章では註においてしか触れることはできなかったが、実は『働くものから見るものへ』でも、西田はすでに「真の場所は単に変化の場所ではなくして生滅の場所である」（NKZ: 4, 219）と述べている。[4] 我々の自己の自覚においても、いっさいの実在においても、その活動の根底（基底）に活動を支持するいかなる本体・基体もなかった。ゆえに、この底無き活動の一々のことは、何らかの基盤／基底によってその存続を保証され根拠づけられることはできず、その都度生まれ永遠に消滅すると言わねばならない。いまや西田は、現実の世界における我々の自己のありように焦点を当て、この「生‐滅」性を、現実の自己の生のありようとして主題化していく。[5]

前章第六節以降で見たように、西田は、我々の自己が自らを自覚するということは、自己が自らを映すことであり、表現することであるとみなしていた。別言すれば自覚は、自らについてその都度の特定の仕方で「限定する」ことである。すなわち、「自覚」とは、他のものではなく自己について表現し限定することで、自己の像を形成することである。しかもそれは、自覚することと独立に、この活動に先立ってまず我々の自己という〈もの〉が存在して、そうした限定する〈もの〉が自己を限定することではない。自覚することと離れて自己は成立し得ず、自己とはまさしく自覚することそれ自身を意味するからである。ゆえに、先に見た引用箇所にあるように、自覚することとは「限定するものなき限定」であり、それは、限定の活動の根底／基底にいかなる実在も先立たない仕方で成立するような「唯一絶対の事実」である。

だが、前章第五節以降での考察によって明らかであるように、以上のような理解によるだけでは、自覚の成立構造は十分には明らかにならない。というのも、『働くものから見るものへ』に至る西田の思索が示しているように、そもそも、自覚がこうして（基）底無き自己限定の活動であるということそれ自身は、この活動が随意に無化したり改変・創作したりできないことであり、その意味で自己限定の活動に対して超越的だからである。実際、中期西田哲学と同様に後期西田哲学もまたこの超越性ないし静的同一性を主題化する。しかしその際、この超越性ないし静的同一性は、自己限定の活動としての「唯一絶対の事実」が永遠に消滅せざるを得ず、この永遠の消滅によってのみ自らの同一性を持つということを示すものとして主題化されている。西田は、事実が事実自身で自らを限定することは「永遠なる自己消滅の約束に於て自己が成立する」（NKZ: 11, 9）ことであると述べる。それでは、我々の自己の自覚が永遠の消滅によってのみ自己の同一性を持つとはいかなることであろうか。

右に述べたように、自覚とは、限定するものなくして限定することであり、底無き〈限定〉として成立する。したがって、自覚とは、特定の仕方で「限定」された個別的内容を有する事実であり、「個」としての事実である。ただし、そもそも「個（個物）」とは、他の個と互いに区別しあい関係しあうことによってその個である。それはいかにして可能となるのであろうか。すでに述べられたように、限定するものなき限定は、いかなる基底も持たないゆえに、一方でなにものもそれに先立たない「唯一絶対の事実」であると共に、他方でいかなる基盤も有さずに、一度現れて永遠に消滅するものである。そしてこの消滅は、新たな「唯一絶対の事実」が取って代わって生じることをまた意味しなければならない。さもなければ、「唯一絶対の事実」は消し去られずに何らかの状態で存続していることになるからである。そうだとすれば、唯一絶対の事実が永遠に消滅するとは、そのことでこの事実が二度と現れない唯一無二の個性を有するものになるということである。しかもそれはまた、新たな事実が、消滅する事実に対してそれと異なる個性的な唯一事実であることにおいてのみ可能となることである。「単なる一度的な事実は、事実でもない。個物は個物に対することによつて個物である」(NKZ: 10, 497)。

したがって、西田は以下のように述べる。「絶対に個物的なるものは、限定するものなき限定として、……事実が事実自身を限定する、一度的な事実、絶対の事実と考へられるものでなければならない。絶対に無基底なるが故に、それは一度的として消え去るものでなければならない。消え去ることによつて生きるもの、……でなければならない」(NKZ: 10, 491)[6]。自覚としての「唯一絶対の事実」が永遠に（絶対的に）消えゆくことは、それと異なる個性的な唯一事実が生じることと同一のことである。すなわち、自覚の事実は、それが底無き「限定するものなき限定」であるがゆえに、自らの永遠の消滅を条件として（ゆえにまた自らに先立つ他の事実の永遠の消滅を条件として）生じると言いうる。したがって、一つの個性的な「唯一絶対の事実」が生じるということは、それに対し他の事実の唯一の個性も際だつことによってのみ、すなわち正確には、無数の事実が互いに関係しあい他の代替不可能な個性を際だたせあうことにおいてのみ、可能になっていると言いうる。「一度的なる唯一の事が成立すると云ふことは、事が自己否定を媒介として成立することであり、……事と事とが結合すると云ふことでなければならない」(NKZ: 11, 9)。

したがって、一度的なこの「唯一絶対の事実」が生じ現在することと、「限定するものなき限定」の事実が互いにその唯一無二の個性を際だたせ合うこととは、直接に一つの事態をなすのであり、またこの事態は、先立ついかなる根拠／底も無しに「無基底的」に（この意味で「絶対的」に）生じる。このことを西田は、「絶対の事実」は「他の絶対的事実に対して立つ」と逆説的に述べる。「個物が何処までも自己自身を限定するものとして、絶対的事実となると云ふことは、単に無基底的に消え行くと云ふことではなくして、絶対否定を媒介として、他の絶対的事実に対して立つことでなければならない」（NKZ: 10, 497）。上述からも明らかであるように、この事態は、諸々の事実が一つの基底の上に相対的（並列的・同列的）に並び立ち、互いに限定しあうなどといったことを意味しない。自覚の「唯一絶対の事実」が「他の絶対的事実に対して立つ」とは、一度的なこの「唯一絶対の事実」が「無基底的」に生じ現在すること以外のどこかで生じることではない。事実が互いに他に対して立ち、互いにその唯一無二の個性を際だたせ合うことは、自覚の一度的で唯一的な事実が「無基底的」「絶対的」に現在することとそれ自身に表現される仕方でのみ成立する。他の事実に対して立つ一度的な自覚の事実は、いかなる意味でも相対的ではない「唯一絶対の事実」である。かつこの「絶対の事実」に対して立つ一度的な事実がまた相対的ではない「絶対的事実」である。

以上の考察に従えば、「一度的事実」（それは「無基底的」である）が現在するとは、「唯一的なるものと唯一的なるものとが、相互否定的に結合する過程」（NKZ: 10, 511）に他ならない。それは直接的な「直観」として成立すると西田が述べるように（同）、無数の個の自己形成は、各々の個が互いに異他的であり、共通のいかなる底も無くいわば隔絶したままに、〈直接〉に一つの出来事をなすのである。したがって、その都度の自己の自覚の事実は、自己の全体と世界のいっさいとを限定・表現しつつ一度的に現れて永遠に消え去るものである。そして、自己には、このことの他に、自己の同一性を根拠づけ支えるいかなる基底もないのであり、自己はいわば表現的な対応において自己同一を有する。以上のことから、西田は、自覚は「何処までも無基底的でなければならない」と共に、「それ自身がいつも全世界を表現してゐなければならない」（NKZ: 10, 527）と述べるのである。

したがって、自己の「自覚」とは、他の個が唯一の個として自らを形成するということであり、またその限りでのみ生じる事実である。逆に、無数の個が各々唯一の個として、ひいては個の事実の体系としての世界全体が世界全体として、自らを限定し形成することは、我々の自己が自己を形成し、個としてのこの自己となること以外のどこかで起こることではない。ゆえに、我々の自己の自覚とは、あくまでも他とは異なるこの自己の内における事実であり、いわば自己の外に出ることのない仕方で成立していると共に、同時に、自己の内を超えている「世界」が自らを形成する事実である。したがって、我々の自己が自己によって自覚することは、自己の消滅を条件として超越的な世界を表現することであり、逆に世界を表現することが自己を自覚することである。別言すれば、「自覚」とは、「自己が世界を表現すると共に、世界の自己表現の一立脚点である」（NKZ: 11, 149）と言いうるような構造を有して成立している。したがって、我々の自己が自覚するとは、世界全体がそれ全体として自己を表現し形成するその「一中心」「一焦点」として自己を形成し、世界を形成することに他ならない。言うなれば、無数の個は「何れも自己自身が一つの世界として、他の一つの世界に対する」（NKZ: 11, 377）。各々の個は、自らの外に出ることがないような、正確には、そもそも〈内－外〉がないような全き「一つの世界」であり、かつ相互に他の働きを表現し、個の体系である全一なる世界を表現していると言いうるのである。

三　自覚の矛盾的自己同一

ただし、自覚において、「自己が世界を表現すると共に、世界の自己表現の一立脚点である」という構造が成り立つとみなされる際に注視されるべきことは、この「自覚」は、世界と自己（他と自己）との相互協働・相互限定の活動それ自身と単純に同一視されてはならないということである。仮に自覚という事態が、世界と自己（他と自己）との協働的な相互限定活動それ自身のことであり、したがって自覚とは、この活動が自らで自らを維持し形成する事態であるとされるなら、それは自覚を、自己充足的に現前する活動として、すなわち、自らの内に自らの根拠・基底を持つ活動として捉えることに帰結するであろう。そうであるなら、自覚は、自らの内に完結したものにおける内在的な自己発展にすぎず、互いに還元不可能である世界と自己との、ないしは無数の個と個との間に存する差異性・異他性も解消されてしまう。西田は、「真にそれ自身によつて有る実在」について、それを「過程的に一と多との相互限定として考へるとする」なら、「それでは自己同一と云ふものはない」(NKZ: 10, 488) と述べる。すなわち、各々の自己（個別的多）と世界（全体的一）の相互限定活動それ自身を単に実在とみなすなら、実在が実在として（自己同一的に）成立することは不可能になると主張する（なお筆者は、自覚の成立構造についてのこの思想は、後期西田哲学でも、とりわけ『哲学論文集　第五』以降で真に確立されたと考える。そしてこのことをもって後期西田哲学において「（絶対）弁証法」の論理から後述する「矛盾的自己同一」の論理への〈転回〉が生じており、後者こそが西田哲学の円熟期の論理であると捉えている）[7]。

以上から明らかになるように、西田によれば、我々の自己と世界とは、それ自身において自らの成立根拠を持つような自己同一によらない仕方で、自己同一を持つ。すなわち、実在は、世界（全一）を基底として自己同一・統一を持つのでもなく、我々の自己（個多）を基底として自己同一・統一を持つのでもない。また全一と個多の相互限定によって自己同一を持つものでもない。西田は、こうしたありようを、「多と一の矛盾的自己同一」と呼ぶ（この「矛盾的自己同一」について、その矛盾の意義を徹底し強調する際には「絶対矛盾的自己同一」とも言われる）。この「矛盾的自己同一」とは、それについて西田がしばしば「自己自身の中に自己同一を有たない」「絶対の他において自己同一を有つ」とも表現するように、自己を根拠として自己の中に自己を持つような自己同一によらない、それに〈絶対に他なる〉仕方での自己同一のあり方ないし形式を指す。

したがって、「矛盾的自己同一」は、自己根拠的に存在する「もの」同士の自己充足的自己同一（いっさいの実在の自己内完結的合一）の状態を意味するものでは決してない。「単に自己自身の中に自己を有つ世界、単なる内在的世界は、矛盾的自己同一的世界ではない。……多と一との絶対矛盾的自己同一の世界は、自己自身の中に自己を有たない、此故に矛盾的自己同一である」（NKZ: 10, 409）。ここで西田の言う「矛盾」とは、互いに一方が他を否定することなしには自らが成立すること（自らを肯定すること）ができないような関係を指す。すなわち、自己根拠的ではない自己同一は、自己が他を否定して自己を肯定することが、他が自己を否定して他自身を肯定することと一つのことをなすという意味で、否定性を介した「矛盾的」な自己同一である。「矛盾的自己同一」とは、自己根拠的な自己同一を否定し、したがってその意味においての「自己自身の中に自己を有つ」ことを否定しているような、すなわち、自己根拠的な自己同一に「矛盾的」に実現しているような「自己同一」のあり方である。

前章第六節以降で考察したように、西田は、自覚（直観）の底の無さを、無限なる働きが成立する「真の無」の「場所」として問題にしてきた。そして本章の考察が示すように、後期西田哲学は、この「場所」を、個としての自己の「自覚」ないし「直観」が一度的に現れ永遠に消え去ることに即して、すなわち自己の自覚の「生滅」に即して捉える。西田は以下のように述べる。「一々の事が唯一の事として、何処までも事が事自身を限定する。無限なる事の世界は、……何処までも生滅の世界として、無限に動き行くと共に、矛盾的自己同一的に、何処までも事に対する世界として、無限なる事の含まれる世界でなければならない。無の場所の世界でなければならない」（NKZ: 11, 9）。すなわち、無限なる「動き」（働き）の「（無の）場所」とは、自覚の事実において、自己活動と、それを超えた仕方で（すなわち消滅させられることを条件として）この活動が与えられることとが一つに成立することそれ自身である。それは、底無き自覚の活動が「無限に動き行く」ものであり、いかなる意味でも固定的・安定的な基盤／底を持たないということである。かつそれと共に、その都度の個々の事実が、「唯一絶対の事実」としてまさに一度現れて永遠に消滅しつつ、それによって他の事と対し関係し続け、自らによっても流し去ることのできない固有の個性的な事実としてあり続けるということである。「無限に動き行く」世界と自己の生は、このことを通して、自らを表現し自らであり続ける。したがって、西田によれば、底無き自覚の活動の「場所」は、いまや「矛盾的自己同一」的に成立するそれである。そしてこの主張は、「矛盾的自己同一の極限に於ては、個物的多は底なき事実とならねばならぬ」（NKZ: 10. 372）とも言われるように、現実の世界とそれを生きる我々の自己の〈根拠／底の無さ〉を明らかにするものである。

西田は、以上の考察によって、底無き活動の現実的なありようを、いかなる固定・安定もなしに消滅し「無限に動き行く」その直中において自己同一を持つ世界として明らかにした。それでは、こうした考察をふまえることで、「自覚」ないし「直観」は、現実の世界と生の内でどのような実践的性格を持つものとして明らかになるのであろうか。

四　行為的直観の世界とその「動揺」

前節で考察したように、底無き活動として成立する現実の世界において、個としての自己は「底なき事実」である「自覚」の事実として成立する。そしてこのことは、個としての自己は、先立つ個の消滅と自ら自身の永遠の消滅とにおいて、他の個と互いの代替不可能な個性を際だたせあいつつ成立することを意味した。それは別言すれば、我々の自己の一々の営みは、すでに消滅して二度と現れない過去の事実と、現在の事実の消滅によって現れる未来の事実とがその個性を際立たせ合うような事実として成立することを意味する。西田は、こうした自己のありようを、その実践的・行為的な側面からは「行為的直観」と呼ぶ。「我々の自己は、自己自身を表現する世界の自己表現点として、行為的直観的である。……自覚には、何等かの意味に於ての行為的直観がなければならない。行為的直観なき所に自覚はない」(NKZ: 11. 135)。この際、「直観」とは、過去にすでに形作られたものを受動的に受け取るないし「見る」ことを意味し、「行為」とは、過去にすでに形作られたものに働きかけることで、未来に向けて新たなものを能動的に形作ることである。そして行為的直観とは、この両者が独立自存するのでもなく、どちらかが他に先行するのでもなく、「見ることが働くことであり、働くことが見ることである」(同)ようなありようを指す。その上で、上掲の「我々の自己は……行為的直観的である」とは、西田によれば、我々の自己が歴史的現実の世界において「作られて作る」存在であるということを示している。以下では、西田のこうした思想について見ていこう。

西田によれば、我々の自己の行為は、文化的・物質的・生物的など、およそ広い意味における、すでに形作られた世界において可能となるのであり、すなわち形作られた過去によって規定・限定される限りにおいて成立している。しかし、過去によるこうした限定は、まさに過去が過去である限り、過去が現在において過ぎ去り消滅していることと一つの事態をなす。ゆえに、西田が、「プリズム分析の前、無色の光の中に七色があつた。併しそれは分析によつて現れると云ふ意味に於てあつたのである」(NKZ: 11. 33)とも述べるように、かえって、現在における自己の新たなる行為によって、過去は過去としてその固有のありようを浮彫りにし、あらわにすると言いうる。

たとえば単純に、我々の自己が目の前の物を動かすという場合でも、物は単に我々の自己の意のままになるものではない。自己は、すでに形作られているその物の性質・機能にあくまでも従わなければならないのであり、この意味では、その物が我々の自己の動きを限定している。しかし同時に、その物のすでに形作られた性質・機能とは、その物の他の存在との関係を意味するものであり、したがって、実際に我々の自己がそれに働きかけ、動かすことによってのみ現れ、発揮されるものである。物がスムーズに動いている時、自己が物を動かすことと物が自己を動かすこととは、共に一つの動きをなしてそもそも直接に一つの出来事であり、また両者が直接に一つである限り、私が物を動かすという出来事が実現している。この事態において実際に起こっているのは、すでに形作られた物と、新たな出来事を形作る主体としての自己という二つのものが各々独立にそれ自身で存在し、それらが関係しあっているという事態ではない。かえって、物が自己を動かし、自己が物を動かす場ないし事実が、自己と物との間の異他性を保持しつつ、それ全体としてそれ自身で生じている。

以上では、自己が物を動かすという単純な例を見たが、このありようは、自転車に乗る、料理を作る、建物を建てる、音楽を合奏する、人と対話をする、組織のありようを変革するなど、すでに形作られた世界において（様々な技術を使って）我々の自己が行為するその一々において成り立っていることであろう。こうした行為においては、まさにそれが実現している現場において、すでに形作られていたもの（道具・素材・関係など、そしてそれらの背景にある環境・文化・法則・制度・社会構造など）と新たに形作る自己とが、互いに他を介し、しかも互いに他に還元されることなしに、一つの事実をなしており、まさしくこの事実全体がそれ自身で生じている。

ゆえに、我々の自己の行為の一々において見出されるのは、過去にすでに形作られたありようをまず受け取り見てから、その後に自己が自己として能動的に働きかけるのでもなく、また働きかけてからその後に見るのでもなく、「見る」ことは直ちに「働く」ことであり、「働く」ことは直ちに「見る」ことであるような、「行為的直観」のありようである[(8)]。そして、このことが示すのは、すでに形作られた世界（過去）も、それに働きかけ、新たに物事を形作る我々の自己（現在における未来への形成）も、それ自身において自己充足的・自己完結的な自己同一を有さないということである。したがって、現実の世界における我々の自己の行為の営みは、他によらずに自らによって生き、自らの行為を為しうるという、そうした自己根拠的な自己同一が否定されることによってのみ、「矛盾的自己同一」的に可能となる。

ゆえに、西田は、現実の世界について、「世界は個物的多と全体的一との矛盾的自己同一の世界である」とした上で、それは、「過去と未来との矛盾的自己同一的に、作られたものから作るものへ、作るものから作られたものへ」と移り行く世界であると述べる（NKZ: 11, 312-313）。またこの意味において、現実の世界は「作られたものと作るものとの矛盾的自己同一的に、現在が現在自身を限定する世界である」（NKZ: 11, 313）とも述べる。もちろんこのことは、形作られたもの（過去）と形作るもの（現在における未来への志向）とのいっさいが、無媒介に一つの〈もの＝実体・基体〉に融合し静的に調和してしまうことを意味しない。かえって、前節で考察したように、底無き「唯一絶対の事実」が、過去から未来に至る全世界を、しかしあくまでもこの事実自身の永遠の消滅を介して、表現するということを意味する。ゆえに、西田は以下のように述べる。「過去と未来の矛盾的自己同一として〔現在が現在自身を限定する〕絶対現在の世界と云ふのは、過去も未来もない静観的世界と云ふのではない。矛盾的自己同一を重心として、無限に自己自身の内に動き行く世界である」（NKZ: 10, 485）。現実の世界とは、過去も未来も、そして「唯一絶対の事実」としての現在の自覚（それは行為的直観として成立する）も、そのいずれもいかなる意味でも根拠とならず、基点・基底ともならないような仕方で、「作られたものから作るものへ、作るものから作られたものへ」移り行く、そうした無基底的な根拠／底無き創造活動それ自身に他ならない。西田はこの意味において、現実の世界とは歴史的現実の世界であると捉える。我々の自己の自覚とは、具体的には、歴史的現実における世界形成の実践であり、自己根拠的な自己同一の否定による行為の実践である。

ただし、ここでも注視する必要があるのは、現実の世界の以上のような運動・活動を、形作られた世界と形作る各々の自己との（あるいは形作られた世界を介した各々の自己の間の）協働的な相互限定活動それ自身と同一視するなら、前節でも考察したように、現実の世界の基底／根底に、自己根拠的な自己同一を想定する誤りを犯すということである。現実の世界は、その根底に根拠／基盤を持たないような、底無くして無限に「動き行く」世界である。その意味で、『哲学論文集 第二』（一九三七年）および『同 第三』（一九三九年）に見られる言葉遣いを援用すれば、現実の世界はいつも「動揺的」であり、それゆえに「混乱的」「滅亡的」ですらある（NKZ: 8. 453など）。西田が上掲の引用箇所で述べるように、世界は「矛盾的自己同一を重心として、無限に自己自身の内に動き行く」のであり、形作られた世界と形作る自己との相互関係がそこにおいて調和し安定するような自己充足的・自己完結的な自己同一はどこにも存在しない。その意味では、両者の相互関係は、絶えず混乱や滅亡の危機に瀕しており、互いの固有性を際立たせながら新たな世界を創造するというありようを容易に失うものである。次にこの点について考察しよう。

五　我々の自己の「我執」と絶対者

本章第三節で見たように、現実の世界において我々の自己は、「矛盾的自己同一」としての自己同一によって自己として生き、行為する。この自己同一とは、自己による行為が消滅を条件とすることを意味する。すなわち自己による活動と、その活動が自己にいかんともし難い超越的な仕方で与えられることとが一つのことをなす。したがって、現実の世界におけるこうした「矛盾的自己同一」のありようが「混乱」し「滅亡」するということは、元来は一つのこととしてのみ成立する、自己自身による内在的な自己同一と超越的に与えられる自己同一とが分離することを意味しよう。別言すれば、自己自身による自己同一の契機が実体化・絶対化され、単なる自己完結的・自己根拠的な自己同一となることを意味しよう。

この点について西田は、『哲学論文集　第三』所収の「絶対矛盾的自己同一」論文では、ショーペンハウアーの「生への意志」の思想を参照しつつ考察を行っている。西田はこの論文で、「矛盾的自己同一的現在として、自己自身を形成する世界は、多と一との矛盾的自己同一の世界であり、かゝる世界の個物として、何処までも自己自身を限定する我々は、無限なる欲求でなければならない、生への意志でなければならない」（NZK: 9, 188）と述べる。また同論文の他の箇所では、ショーペンハウアーの名前を挙げつつ、現実の世界を「労苦の世界」（NZK: 9, 19）と呼んでいる。すでに本書第二章で考察してきたように、ショーペンハウアーは、自らの欲求に基づいて世界を統御しようとする意欲を「生への意志」と呼んだ。それは、本来はいかなる根拠／底も有しない意志が自らに根拠を求めることに執着する、倒錯した意志であり、無限の苦悩に苛まれるものであった。したがって、ここで西田は、ショーペンハウアーの思想を援用しながら、上述のように、底無き現実の世界は調和的・自己完結的な自己同一を有さずに「動揺的」であるゆえに、我々の自己は、自らの内在的な自己同一を自己根拠的な自己同一となし、自己根拠的に行為し世界を統御しようとする傾向を必然的に持つこと、それゆえに世界は「苦」に充ちた世界であることを提起していると言えよう。この観点から、西田は、「各人の独断、各人の我執と云ふものが、此世界に本質的でなければならない」（NZK: 9. 301）とも述べる。

西田によれば、我々の自己における、自己根拠的な自己同一への執着すなわち「我執」は、そもそも我々の自己が自己根拠的な自己同一を本来有しないゆえに、自己自身によって（自己を根拠として）否定し断つことができないものである。そもそも自己根拠的な自己同一はどこにも存在しないゆえに、この「我執」は、形作られた世界を根拠にしても、あるいはそれと自己との相互限定を根拠にしても、否定し断つことはできないものである。こうしてみれば、我々に与えられる形作られた世界は、我々の「生への意志」の「我執」の障碍となったり、それを挫折に導いたりするものであるどころか、むしろ本質的にはそれを助長させるものでもある。「単に我々を外から否定するとか殺すとか云ふのなら、尚真に矛盾的自己同一的に与へられるものではない。それは我々を生かしながら我々を奴隷化するのである、我々の魂を殺すのである」（NZK: 9. 201）。すなわち、我々の自己は、形作られた世界に面して、自らの自己根拠的な意志の充足を与えてくれるもの（＝根拠）ないしは、この意志の無化を導いてくれるもの（＝根拠）を自らによって獲得しようとすることで、かえって自己根拠的な意志を増大させていく。そしてそのことに我を失い、魂を絡め取られてしまうことで、我々の自己はそうした「生への意志」の魔力の中毒となり奴隷となり、果てしない苦悩の連鎖の内に自らを追い込んで閉じ込めてしまうのである。「行為的直観的に我々の個人的自己に与へられるものは、単に質料的でもなく、単に否定的でもなく、悪魔的に我々に迫り来るものでなければならない。……真理の仮面を以て我々を誑すものでなければならない」(NZK: 9, 205)。

『哲学論文集　第三』において、ショーペンハウアーに共感しつつ語られた、我々の自己の本質的な「我執」は、『第五』以降では以下のように述べられる。「我々はいつも自己が世界を映すことによつて世界を形成すると考へて居る。我々の自己が、個なるかぎり、斯く考へざるを得ない、自力的である。そこに我々の自己そのものの存立に深い矛盾があるのである、不安があり、苦悩があるのである。この矛盾は、自己の力によつて除去し得られるものではない。何となればそれが我々の自己自身の存在であり、自己の生命の本質なるが故である。それは道徳的力行を以てしても不可能である。何となれば、道徳的行為は、かゝる矛盾的自己同一に基礎付けられた過程なるが故である。此に人間の宗教的要求の根底がある」(NKZ: 11, 140)。ここで西田は、我々の自己が、自己自身の力によって自らを是正し、その我執を廃しようとする限り、それは自己を根拠として自己と世界とを統御しようとする態度に基づいており、別言すれば、自己の自発的な主体性に信頼を置き、それを根拠ないし基底に置く態度に基づいていると指摘している。我々の自己が行為的直観において自己として生き、行為することは、根本的には、自己に根拠を置くこのような態度がその徹底的な挫折を通して崩壊することによって現実化するものである。

なるほど、我々の自己の行為は、自己根拠的自己同一の否定による行為的直観としてのみ成立する。しかし、ともすれば、我々の自己の行為は、特定の次元・条件（目的や範囲など）を前提にし基盤／基底にして、その限界内で自己根拠的な自己同一を否定するにとどまっている。そして、そうした行為をそのまま重ねていくことで、自己が自らに根拠を持たないことが見失われ、自己の主体性に自己根拠的な自己同一を見出す執着が芽生える。

また、ついにはその倒錯が自己の生全体を被い、現実の世界と自己の生が苦悩と煩悶に充ちることも起こる。したがって、我々の自己の行為は、いかなる次元・条件下であれ、自己に根拠を置く態度の徹底的な挫折と崩壊の経験から端的に成立しているものであってはじめて、「行為的直観」としてのありようを真に現実化すると言いうる。

この際、こうした挫折と崩壊の経験とは、我々の自己の底に根拠／基盤となるいかなるものも無いことの現実化であり、我々の自己は実際には跡形もない存在であることの自覚に他ならない。こうした自覚は、いわば我々の自己の「永遠の死」「永遠の無」の自覚である。西田は、この自覚とは、「絶対者に対する」ことであるとする(NKZ: 11. 395)。すなわち、この自覚は、絶対者ないし神に面する宗教的な事実として実現することであるとする。というのも、そもそもこうした自覚は、自己根拠的な自己同一を基盤として可能なことではなく、したがって我々の自己によっても、世界のいかなる存在者によっても可能なことではない。またそれは、形作られたものと形作るものとの相互限定の活動としての「行為的直観」が自らに基づいて内発的に実現しうるものでもない。このことに焦点を当てれば、自覚とは、自己や世界および行為的直観を超越した仕方で可能となることである。[9] それゆえに西田は、自覚は、根本的には、自己と世界を超越した「絶対者」に対することで可能になると言い表すのである。[10]

西田によれば、そもそも「絶対者」「神」とは、すべての存在者(有)をあらしめるゆえに絶対者であり、その意味で「絶対の有」であるが、しかしそれは、底無き「唯一絶対の事実」としての我々の自己の自覚に先立って、それ自身で自己充足的・自己完結的に存在するような〈もの＝実体・本体〉ではない。それはいかなる意味でも、有の基底にある存在ではありえないゆえに、そもそも絶対者とは「無」である。正確には「絶対の無なるが故に絶対の有である」（NKZ: 11, 398）。したがって、西田は以下のようにも述べる。「絶対は、自己の中に、絶対的自己否定を含むものでなければならない。而して自己の中に絶対的自己否定を含むと云ふことは、自己が絶対の無となると云ふことでなければならない」（NKZ: 11, 397）。すなわち、絶対者とは、自己（個的多）においても世界（全体的一）においても、その相互限定としても、また絶対者自身においても、自己根拠的な自己同一を絶対的に否定する仕方で、我々の自己の自覚の事実を底無く開くことそれ自身である。「私の神と云ふのは、……自己自身に於て絶対の否定を含む絶対矛盾的自己同一である」（NKZ: 11, 405）。神ないし絶対者は、いかなる意味においても〈底／根拠〉をなすものではなく、ゆえにそれは実在（有）ないし自覚の事実とそれに先立つ基底という対立区分を超えている（したがって、神の創造の以前に神が存在するかという問いは誤っている）。絶対者は自己根拠的にいっさいを成立させるようなものではありえない。したがって、底が「無」である「絶対（者）」における「絶対的自己否定」とは、底無き自覚の事実に先立って絶対者が存在し、それが事後的に自身を否定するということを意味していない。絶対者とは、〈底〉となることを否定しつつ、我執を本質とする我々の自己を含むいっさいを底無く肯定することそれ自身である。その意味で西田は、絶対者を、自己（個的多）と世界（全体的一）とを自らにおいてあらしめている真の一として「絶対的一者」とも呼ぶ。西田が、「私は絶対的一者と云ふものを基底的に考へるのではない」（NKZ: 10, 531）と述べるように、この「絶対者」「絶対的一者」とは、世界の自己表現の一焦点としての自覚の事実が、いかなる意味でも自己根拠的にではなく〈底無くして〉自らを生じ開くこと、そのことそれ自身に他ならないのである。

以上の考察をふまえれば、我々の自己の自覚が世界の自己形成・表現の一中心であるという事態は、それが自己に根拠を求めることの徹底的な否定・転換において現実化するという観点から見れば、「我々の自己の一々が……絶対的一者の自己表現として、一者の自己射影点となる」（NKZ: 11, 403）こと、つまり我々の自己が「絶対的一者」の自己表現の一中心・焦点として成立することに他ならない。そして、このことは、以下で見るように、「行為的直観」として成立する自覚の根本的な現実化は、我々の自己が絶対者から遠く隔たり、絶対者に近づこうとして背くことしかできないことの徹底的な現実化によることを意味する。すでに考察してきたように、我々の自己は、自らに本質的な我執を、すなわち自己自身の主体性に信頼を置き根拠を求めることを、自らによって廃棄することができず、自ら廃棄しようとしてもさらにその我執を深めざるを得ない。西田自身の言葉遣いで言えば、我々の自己は「絶対的一者」に対して「何処までも背く我々の自己」「逃げる我々の自己」（NKZ: 11, 435）である。そのことは、我々の自己の底に根拠／基盤となるいかなるものも無いという、自己の「永遠の死」「永遠の無」を示すのであり、まさにその事実において、いかなる意味でも根拠／底では無い「絶対的一者」の働きに応ぜしめられる。「我々は神なき所に真の神を見る」（NKZ: 11, 462）。したがって、絶対者の「表現」の一中心・焦点として成立する我々の自己の底無き「自覚」の事実は、自己が本質的に「生への意志」の我執に充ち、背反的で反逆的であることをいささかも離れることのないままに、絶対者と隔たったままに、「逆対応的」に可能となる。[11]「我々の自己自身の底に、何物も有する所なく、何処までも無にして、逆対応的に絶対的一者に応ずる」（NKZ: 11, 448）。

この際、我々の自己がこうして「絶対的一者」に応ぜしめられることは、現実の世界における我々の日常の生と別の次元で生じることではない。実際、西田は、我々の自己が「絶対者に帰する」ことは、「此の現実を離れることではない、却って歴史的現実の底に徹することである」と述べる（NKZ: 11, 423）。すなわち、絶対的一者の表現の一中心・焦点となるとは、歴史的現実の世界において、我々の自己の自己根拠的自己同一の否定による

「行為的直観」として自己の生を実現すること以外ではない。この意味では、歴史的現実の世界のいっさいの事物が、我々の自己の自己根拠的な自己同一を否定する力となる。そしてこのことは、「見ることが働くことであり、働くことが見ることである」という行為的直観の事実が成立することの内に、自らの証しを持つのである。したがって、絶対的一者に応ぜしめられることは、日々の日常の生（生命）において、現在の各々のこの自己を焦点として、過去から未来に至るいっさいの個の代替不可能な個性的人格を互いに際立たせることである。すなわち、各々の「人格的自己」を実現することである（NKZ: 11, 402, 403, 451 参照）。

六　自己の〈底無き自由〉

我々の自己の〈底無き自覚〉は、現実の世界における我々の自己の生において、どのような実践的性格を示すものとなったのであろうか。すでに本書第二章で考察したように、ショーペンハウアーは、自己根拠的な「生への意志」の否定によって、〈底無き意志の自由〉が実現するとした。それは、現実の世界の彼岸への移行ではなく、むしろ現実の世界における一々のことの生成と意志の初発とが底無しに一つになることであった。そこでは、喜びにあっては底無しに喜び、苦しみにあっては底無しに苦悩し、一々のことが生じ消え去るそのあるがままに即し尽くすことが、意志の欲するがままの自由であり「平安」「浄福」「明澄／明朗」である。ただし、ショーペンハウアーは、こうした底無き意志の自由において、現実の世界の生成と意志の自己実現とが一つのことをなす時、我々の自己の意志が世界をいかなる仕方で形成し創造していくのかについては、立ち入った記述をなしていない。しかし、一々のことがまさに底無く生成するということに存する、自己根拠的な自己同一（自己現前）への否定を徹底して見定めていくなら、西田が示したように、一々のことは、自己自身によって自己同一を持たず、かえって、形作られたものと形作るものとが互いのその個性を際立たせ合うような世界形成・創造において、すなわち「行為的直観」において（「矛盾的自己同一」的に）成立すると捉えることも可能となろう。

したがって、西田にとって、現実の世界における我々の自己の生は、それ自身が、歴史的現実における世界形成の実践であり、自己根拠的な自己同一の否定によって「矛盾的自己同一」的に実現する行為である。我々の自己の生とは、自らにおいて自己根拠的な自己同一を求めることを否定して、すでに形作られた過去の固有の内容が発揮されることと、未来に向けた新たな形成が為されることとが、換言すれば、必然と自由とが、底無き一つの「唯一絶対の事実」として生じることである。すなわち、我々の自己の底無き自由（即必然）の実現において、我々の自己の生は、過去から未来までのいっさいの個がその個性を浮き立たせ発揮する仕方で、歴史的現実を新たに形成・創造する営みとなるのである。

ただし、西田が指摘していたように、我々の自己は、自己自身の主体性に自己根拠的な自己同一を求める我執を、否定したくても自らによっては否定できない。自己の底無き自由は、それがいかなる自己根拠的な自己同一をも否定することで成立するゆえに、我々の自己自身を根拠としても、自己と世界の相互限定の活動を根拠としても実現できないことである。この事実を直視するなら、西田によれば、自己の〈底無き自由〉は、自己と世界を超越した絶対者に応じることで根底的に実現しうるものに他ならない。もとより、我々の自己の自由をこうして〈底が無い〉仕方で実現する絶対者とは、自己と世界の基底をなす自己根拠的な存在ではない。絶対者とは、いかなる根拠／底も否定することで、底無き自由を〈底無くして〉開くことそれ自身であった。したがって、我々の自己が、自らの我執を否定され、〈底無き〉自由を自ら生きうるのは、自己が、自らの現実の生にいかなる根拠も無いという自己の「永遠の死」「永遠の無」に、絶対者によって実際に直面させられることによってのみである。

とはいえ、このことは、我々の自己の自由が、我々の行為と無関係にただ受動的にのみ到来するものであり、そのためには現実の世界への働きかけを止め、いっさいを静観して待つほかない、などといったことを意味しない。絶対者に応ずることで実現する〈底無き自由〉は、我々の自己が意を尽くし、情を尽くしきった後、はじめて訪れるものである（NKZ: 11, 428）。西田は以下のように述べる。「矛盾的自己同一的存在として、我々の自己は〔受動的に映すないし見るという点で〕知的であり、〔能動的に形成するないし働くという点で〕意的である……我々の自己が自己の自覚の底に、かかる矛盾的自己同一に着眼した時、宗教的であるのである。故に宗教に入るには、何等かの途に於て一度絶対矛盾に撞着せなければならない。併し一旦自己の真に徹した時、それは神の呼声であつたのである」（NKZ: 11, 134）。すなわち、〈底無き自由〉の実現とは我々の自己によってでなくただ絶対者によって実現すること、しかし同時に自己が意志し行為することなしにいかなる自由も実現できないこと、この両者の矛盾に、自己が働き行為する中で徹していくことなのである。自己の我執（生への意志）の否定は、自己自身によってなしうるものではなく、かえって自己の意図・予期を超越して与えられるものではあるが、それはまた、自己の自己根拠的な自己同一を否定すべく行為することの直中においてのみ与えられる。我執への否定は、第一に、現実の世界において、自己が世界の事物を差配し統御しようとすることを否定し、形作られたものの固有性に従い、それを発揮しようと行為する「行為的直観」の直中で与えられるものである。それも、こうした行為の中で、自己の主体性に根拠を求めることの否定・滅却に集注していくことで与えられるものである。さらには、これらの行為を介して、我々の自己自身によってはこの否定・滅却がなしえないという自己の矛盾（自己の永遠の死・

無）に撞着しそれを凝視していくことの直中で与えられるものである（以上のことは本質的には一つのことであり、その限りで十全に生起する）。というのも、こうした仕方で自己の我執への否定が訪れることへと集注しているからこそ、意図と予期を超えた仕方で超越的に到来する、絶対者による否定と我々の自己の転換とが自覚され、現にこの身に感受されて現実化しうるのである（この到来は自覚に先立って、しかし自覚によって現れるという意味で有ったと言える）。

ただし、こうして底無き自己の自由が実現しても、それは、我々の自己根拠的な我執の根が根絶されることを意味しないし、世界が苦に充ちているありようが絶滅されることも意味しない。そもそも西田によれば、この自由の実現は、我々の自己が、自己によっては絶対者に徹頭徹尾背き、我執的である（生への意志を肯定する）ほかないことのままに、「逆対応的」に絶対者の底無き活動の一焦点・中心となることであった。西田は、こうしたありようを『哲学論文集　第七』などにおいて、「自然法爾」と名指している。すでに『哲学論文集　第三』刊行の後に出版した『日本文化の問題』（一九四〇年）において、西田は、自然法爾について以下のように述べている。「それ〔自然法爾〕には事に当つて己を尽すと云ふことが含まれてゐなければならない。そこには無限の努力が包まれていなければならない。併し自己の努力そのものが自己のものではないことを知ることである。自ら然らしめるものがあると云ふことである。パウロが既に我生けるにあらずキリスト我にありて生けるなりと云ふのと同様であらう。然もそれは外から自己を動かすのでも内から動かすのでもなく、自己を包むものでなければならない。否、絶対矛盾的自己同一として、我々の自己がそれに於てあるのである」（NKZ: 12, 369）。すなわち、底無き自由とは、我執を滅する無限の努力と、自己を超越した底無き絶対者の自己表現とが、〈底無く〉一つとなるという仕方で実現するのである。そこでは、我々の自己は、無限の努力を伴わざるを得ない苦に充ちた世界の直中で、自己を失い逃避したり無力になったりすることなしに、自ら自在に、生き生きと、我執を滅する努力に底無く徹しうる。そしてこのことは、すでに考察してきたことから明らかになるように、他の個と互いの固有の努力を際立たせあい、我執を滅する努力を現実化しあうこととしてのみ生じるのである（ただし、こうしたありようは決して「安定的」に実現するものではなく、一瞬一瞬が常に「動揺的」であり「混乱的」である）。

こうして、西田は、我々の自己が自己を根拠として我執（自己根拠的自己同一）を否定し自由を実現しようとすることの挫折・否定によって、かえって我々の自己の〈底無き自由〉が実現することを明らかにした。この〈底無き自由〉とは、苦に充ちた現実の世界においても、各々に固有の仕方で、自らの「無」「死」を凝視する無限の努力に、他の個と共に生き生きと徹するというありようを持つ。そして、こうした考察が可能となったのは、西田が、いっさいのものの〈底の無さ〉について、それを自己根拠的な自己同一の否定としての矛盾的自己同一として解明し、底無き活動が自己活動性を根拠としない仕方で自己同一を持つ（すなわち矛盾的自己同一者としての絶対者において自己同一を持つ）ことを洞察したからであると言えよう。ショーペンハウアーは、〈底無き意志の自由〉とは、一々のことが生じ消え去るそのあるがままに即し尽くす「平安」にして「浄福」「明澄／明朗」であるとしたが、現実の世界に即してこの事態をさらに積極的に解明することはなかった。これに対して上述のような西田の思索は、〈底無き意志の自由〉を提示するショーペンハウアーの思想の系譜を継ぎつつ、彼が立ち入ることの出来なかった、この〈自由〉の現実世界における実践的で創造的な性格を明らかにするものと評価できるのである。

第七章　意志の自由の脱－自性

シェリングの「Ekstase」をめぐって

一　ショーペンハウアーのシェリングへの態度

第四章から第六章では、ニーチェおよび西田幾多郎の哲学を〈底無き意志〉の思想を継ぐ系譜に位置づけ、ショーペンハウアーが考え尽くしていない問題について、新たな考察の展開を試みた。ただし、〈底無き意志〉の思想の系譜に位置する哲学は、この他に、ショーペンハウアー哲学に先立つ思想の中にも見出すことができよう。すなわち、ショーペンハウアー自身が影響を受けたベーメの思想とシェリングの思想とである。[1] 以下で考察していくように、彼らは、根拠を求める意志の否定による〈底無き自由〉の実現という思想を展開している。それでは、彼らの展開した思想とは詳しくはいかなるものであり、ショーペンハウアーは、それらにいかなる影響を受けたのであろうか。本書では、彼らの思想とショーペンハウアー哲学の関係を考察しつつ、我々が〈底無き意志〉の思想を展開するために、彼らの思想の中にいかなる可能性を見出しうるのかについて検討していきたい。

順序としては、まず、本章ではシェリングの思想を取り上げて検討する。先取りしておけば、以下では、ショーペンハウアーが必ずしも主題的に摂取していないシェリングの思想、すなわち〈おのれ自身の内にある〉ことの否定による自由の実現という思想に焦点を当てる。そのことを通して、ショーペンハウアーにおける「意志の否定」と〈底無き意志の自由〉の思想それ自身によっても、前章で西田哲学において考察したように、他者と共に現実の世界を創造する自己の〈底無き自由〉を積極的に解明する可能性が見出されることを示したい。その上で、次章では、この積極的な解明について、ベーメの「想像／構想（Imagination）」の思想を取り上げつつ、さらに詳しく追究していきたい（したがって、ベーメよりも後年に活躍したシェリングについて先に本章で考察し、そして次章でベーメについて考察することとする）。

まず以下では、ショーペンハウアーが、シェリングの思想にどのような態度を取っているのかについて概観しよう。その際には、本章の上述のような問題意識に基づき、根拠を求める意志の否定とそこにおいて実現する自由の思想とに焦点を当てて考察する。[2] ショーペンハウアーは、主著『意志と表象としての世界（正編）』の初版原稿を一八一八年に完成させる以前に、シェリングの多くの著作に親しみ、書き込みや読書ノートを遺している（HNII, 304-340. HNV, 143-149）。これらを見ることで明らかになるのは、ショーペンハウアーの読んだシェリングの著作の中でも、特に『哲学著作集（Philosophische Schriften）』第一巻（一八〇九年）が、ショーペンハウアーにおける意志の「根拠／底の無さ（Grundlosigkeit ＝無根拠性）」概念の生成に関して重要な意義を有しているということである。[3] そもそもこの著作は、「哲学の原理としての自我について（Vom Ich als Prinzip der Philosophie oder über das Unbedingte im menschlichen Wissen）」「独断論と批判主義についての哲学的書簡（Philosophische Briefe über Dogmatismus und Kritizismus）」『人間的自由の本質（Philosophische Untersuchungen über das Wesen der menschlichen Freiheit und die damit zusammenhängenden Gegenstände)』などを含むものである。たとえばシェリングは、「独断論と批判主義についての哲学的書簡」では、「知的直観（Die intellektuale Anschauung）」において、「直観する自己と直観される自己とが同一である」と述べている。[4] すなわち、菅原潤も指摘するように、「知的直観」とは、主観が客観の内に、かつ客観が主観の内におのれを失うような絶対的同一性の直観である。[5] そして、鎌田康男が指摘するように、[6] ショーペンハウアーは、こうした思想に対する共感を示す書き込みを彼の所蔵本に遺している（HNII, 309）。[7] また、鎌田がこれに加えて指摘するように、一八一二年に書かれた彼の遺稿（草稿断片）には、シェリングの「知的直観」の思想に一定の共感を示す記述が見られる。[8] そこでは、主観が客観を構成するのでもその逆でもなく、本来、主観と客観とはただその対立を超えた「一者（Eins）」として存在するのであり、それを把握するのは、同一律や矛盾律に基づく悟性的認識を超えた「知的直観」によると書かれている（HNI, 26）。

これらに加えて、とりわけ注目すべきと思われるのは、彼の所蔵本の『人間的自由の本質』における一節、「いっさいの根底に先立ち、いっさいの実存するものに先立って、ゆえに一般にいっさいの二元論に先立って、一つの存在者（Wesen ＝本質）が存在しなければならない。我々はそれを根源的根底（Urgrund）もしくはむしろ無底（Ungrund ＝底無し）と名指す以外にどのように名指せばよいであろうか？」の末尾に、ショーペンハウアーによってマークが付けられ、同頁下方の欄外には以下のような書き込みが遺されていることである。[9]「それ以外には有り得ない。なぜならこれは〔グノーシス主義の〕ヴァレンティノス派の言う深淵（ビュトス）の最も良い翻訳語だから」（HNV, 148）。この記述は、ショーペンハウアーが、存在するものの底無き「深淵」、すなわち存在するものの〈根拠／根底の無さ〉という知見をすでに模索しつつあり、しかもその一つの実例をシェリングのうちに見出していたことを示していよう。また、ショーペンハウアーが、彼の学位論文『充足根拠律の四方向に分岐した根について』（第一版、一八一三年）においても、意志の底の無さの思想に関連して、シェリングに対する共感を表明している事実も重要である。高橋陽一郎が明らかにしているように、ショーペンハウアーは、意志が根拠律を超えた仕方で現象すること（外に出ること＝Heraustreten）を意志の叡智的性格と同定するが、その際には、『人間的自由の本質』における、根拠律（因果性）を超えた自由なる行為についてのシェリングの議論を参照し、それに賛意を表しているのである。[10] 以上の事実によって、以下のようなショーペンハウアーの姿を読み取ることも可能であろう。それは、先立ついかなる根拠／根底も無い仕方で存在するもの（とりわけ究極的ないし絶対的な存在者）を認識する「知的直観」という思想をシェリングの著作から読み取りつつ、存在するものの根拠／根底の無さの思想を熟成させていったショーペンハウアーの姿である。

　ところが、主著『意志と表象としての世界（正編）』初版の完成を経て、後年に及ぶと、主著（正編）において確立した立場から、シェリングの「知的直観」概念は強く批判されることになる。たとえば『意志と表象としての世界（続編）』（一八四四年）では、以下のように述べられる。「哲学者の用心すべきことは、神秘家の流儀に入り込むこと、たとえば知的直観など……によって、あらゆる認識が永遠に近づき得ないところのもの、せいぜい否定によってのみ示しうるものについて積極的な認識をみせかけることである」（WII. 702）。さらにショーペンハウアーは、学位論文の修正第二版（一八四七年）においても、「独断論と批判主義についての哲学的書簡」や、おそらくは『人間的自由の本質』における、「根底（Grund）の本質は、また同様に実在するものの本質は、ただあらゆる根底に先立つもの、すなわち端的に見られた絶対者、無底（Ungrund＝底無し）でのみありうる」（VII: 407–408）[11] といった記述などを彼なりに解釈しつつ、「絶対的同一性」や「無底」などについての「知的直観」という思想は、認識能力を超えたものについての茶番であると断じている[12]。

ショーペンハウアーは、主著続編の第四十八章において、「神秘家」の立場と哲学の立場を対照させる。すなわち、「神秘家」は、自らの内的体験を自らの言葉によって語り出すのであり、その内容については、ただその言葉を信じることによって理解するほかはない（WII. 702）。それに対して「哲学」の立場とは以下のようなものである。「これ〔神秘家〕に対して哲学者は、すべての者に共通のものや、客観的ですべての者の前に在る現象、そして各々の者の内に見出される通りの自己意識の事実から出発する。ゆえに哲学者の方法は、これらのものすべてを反省し、そこに与えられている素材を総合的に判断すること（Kombination）である」（同）。すなわち哲学とは、すべての者に共通で客観的な事実から出発し、またそこから離れずに、この事実の本質的な成立構造を明らかにするものに他ならない。哲学の方法は、われわれに共通にないし客観的に与えられている事実に「内在的」な方法である（WII. 736）。したがって、それは神秘家のやり方とは厳密に区別されなければならない。哲学のこうした方法に比すれば、神秘家は、客観的な事実から出発することをせず、むしろそれから飛躍して、いわば超越的に、何らかの本質的事象を提示するのである。

このことは、ショーペンハウアーからすれば、「意志の否定」が主観－客観の形式ならびに根拠律の形式に基づく認識の及ばない事態である以上、それについて哲学では単に否定によってしか表現しえないということを意味する。これに対して、神秘家は、認識の及ばないそうした事態の「直接的な自覚（Innewerden ＝覚知）への導き」を示す（WII. 701-702）[13]。主著正編でもまた以下のように言われる。「哲学がただ否定的（negativ ＝消極的）に意志の否定としてしか表現できないものについて何らか積極的（positiv ＝肯定的）な認識を得ようとするなら、意志の完全な否定に達した一切の人々が経験したありよう、すなわち脱我（Ekstase ＝脱自）、忘我（Entrückung）、啓示（Erleuchtung）、神との合一（Vereinigung mit Gott）などの名で表されてきたありようを参考にするほかはない」（WI. 485）。これに加えてショーペンハウアーは、このありようは、それが主観－客観の形式を備えていないゆえに、厳密には認識とは呼べず、ただ自らが経験するほかないありようであると述べている（同）。

ショーペンハウアーからすれば、すべての者に共通で客観的・普遍的な認識とは、主客の形式および根拠律の形式に基づいて成立している認識である。哲学の方法はあくまでもこの認識から出発し、その本質的な成立構造を「内在的」に明らかにすることに留まるべきものである。[14] 主著によって立場を確立したショーペンハウアーによれば、主客形式ないし根拠律の形式を超えた「知的直観」を説くシェリングの思想は、哲学の方法を採ることを標榜しながらも、不当にも「神秘家の流儀」に入り込んでおり、「内在的」な認識の及ばない、すなわち超越的な方法でしか示し得ない事象を、あたかも「内在的」に示しているかのように振る舞うものである。

こうして見れば、ショーペンハウアーのシェリング批判の主旨は、M・コスラーも考察するように、[15] シェリングは認識の従う（主客形式と）根拠律の形式をそれが妥当しない領域にまで不当に適用しているとするものであると理解できよう。さらに、この理解を筆者が捉え直すなら、シェリング批判の主旨は新たに以下のように述べることができよう。すなわち、シェリングは「知的直観」における絶対的同一性や「無底」を、現象の根底（Grund）に成立するものとして、換言すれば現象の背後の成立根拠として措定しており、したがって、「生への意志」（根拠を求める意志）を放棄し去っていないというものである。そして、実はこのようにシェリング批判の主旨を理解することで、ショーペンハウアー哲学の立場について生じうる懸念を払拭することも可能になるように思われる。

生じうる懸念とは、以下のようなものである。ショーペンハウアーは、「意志の否定」とは、「意志の自由」が現象において出現することであるとしている。しかし、このことは、認識の及ばない「意志の否定」について、ある種の「積極的」な認識を不当に展開することにはならないのか、別言すれば、ショーペンハウアー自身が、根拠律の妥当しない領域に根拠律を不当に適用していることにならないのか、というものである。とはいえ、本書第二章第四節で論じたように、ショーペンハウアーにおいて、意志およびその自由は、いかなる意味でも現象の「根拠」としては捉えられていない。このことは、本節の問題意識から見れば、根拠律が妥当しない事態を、根拠律を適用せずにあくまでもそれとして提示する営みとして評価できよう。このことをふまえるなら、ショーペンハウアーがシェリング批判において問題としているのは、根拠律を超えた、いかなる意味でも根拠とならない領域を、不当にも根拠として措定していないかどうかという点にあると理解できよう。そしてこの点こそが、哲学がそれに留まるべき「否定的」な認識と、哲学が斥けるべき「積極的」な認識とを分けるものであると理解できよう。ショーペンハウアーからすれば、「否定的」な認識と言われるものは、現象（表象）ないし意志の根拠を想定してそれを語ることをしない認識を指すのであり、したがって、根拠律を超えた「意志の否定」を「意志の自由」の出現と説く彼自身の思想は、シェリングの哲学とは異なり、依然として正当にもこの「否定的」な認識に止まっているのである[16]。

そうだとすれば、ショーペンハウアーが、主著において、シェリング哲学の鍵概念である「無底／底無し／無根拠＝Ungrund」の語ではなく、「根拠の無さ（Grundlosigkeit）」の語を自らの思想の鍵概念としたことも理解できるように思われる。後者もまたシェリングが使用したことのある術語ではあるが、しかし、主著の記述の中で、ショーペンハウアーが「Grundlosigkeit」の語を使用するとき、シェリングを念頭に置いているふしは特に見られない。たとえばショーペンハウアーは、彼が所蔵した『哲学著作集』中の『人間的自由の本質』における記述、

「意欲（Wollen）が根源存在（Ursein）である」の箇所にアンダーラインを引いている[17]。ただしシェリングの叙述は、さらに続いて「そして意欲にのみ根源存在の一切の述語、すなわち根拠の無さ（Grundlosigkeit＝根拠／根底を欠いていること）、永遠、時間からの独立、自己肯定、が妥当する」[18]とある。しかしこの部分にはショーペンハウアーのアンダーラインはない。総じて要点や（肯定的にせよ否定的にせよ）関心を惹かれたセンテンス・単語に頻繁に線を引くショーペンハウアーは、ここでは「Grundlosigkeit」の語に反応を示していない（もちろんこの著作の他の箇所で「Ungrund」の語が登場する際には線が引かれている）[19]。したがって、少なくともこの語がシェリング哲学の文脈において受け取られたと想定する必要は認められない。実際、ショーペンハウアーの草稿において、意志のGrundlosigkeitについての定式化が見られるのは、シェリングの『哲学著作集』の読後からしばらく経っていると思われる一八一五年に記されたもの（HN I, 262）においてである[20]。

以上の事実とシェリングへの前述した批判とから推定されるのは、第一に、ショーペンハウアーにとっては、「Ungrund（無底／底無し／無根拠）」の概念とは、シェリングが、現象の「根底（Grund＝根拠）」をなすものとして根拠律に基づいて不当に提出したものであり、実質的には〈底の無さ〉を意味しておらず、ゆえにどこまでも斥けるべきものであったということである。第二に、シェリングのUngrundとは異なり、現象（と意志）の真の意味での〈根底の無さ〉を指し示す語として、ショーペンハウアーは、独自に「Grundlosigkeit」の語を採用するに至ったということである。したがって、ショーペンハウアーが、主著初版（一八一八年）で（Ungrundではなく）「Grundlosigkeit」ないし「grundlos」の語を使用するのは、シェリング（などUngrundの思想家の系譜）を継ぐという意識よりも、むしろシェリングでは、根拠を求めることそれ自身がその根から徹底的に廃棄されてはいないという批判意識によるものと理解できる。それでは、こうした批判は妥当なものであろうか。以下では、シエリングの思想について、それがなんらかの根拠を措定するものかどうかという問題意識を持ちつつ、考察していこう。

二　『エアランゲン講義』における永遠なる自由

前節では、ショーペンハウアーからの批判の主旨と思われるものを見定めた。とはいえ、ここで注目すべきことは、この批判は、彼が見ることはなかった『エアランゲン講義（Erlanger Vorlesung, 1820/21）』のシェリングの思想には必ずしも妥当しないということである。なるほど、ショーペンハウアーは、この講義録を読んでおらず、このテクストに関わる両者の影響関係は見出されない。しかし、このテクストにおいて、シェリングは、「Aufgeben（放棄）」「Ekstase（脱自／脱我）」「Freiheit（自由）」「Innewerden（覚知／自覚）」といった、くしくもショーペンハウアーと共通する用語を使用している。実際、L・ヒューンも指摘するように、[21] この『エアランゲン講義』における「Ekstase」の思想には、意志の否定と自由をめぐるショーペンハウアーの思索と特によく照応しあう思想が見出される。それに加えて重要であるのは、同講義を取り上げるなら、それもM・シュレーター版テクストのみならず、H・フールマンス編集の講義録をも参照するなら、シェリングが同講義で、それまで自らの思想の軸としていた「知的直観」をなぜ「Ekstase」として捉え直したのかが、より明瞭になるということである。そして、このことによって、シェリング哲学は、ショーペンハウアーの批判が妥当するどころか、むしろショーペンハウアーの思想から見てもなお学ぶべき豊かな内実を持つことが明らかになると思われるのである。

以下では、『エアランゲン講義』の「学としての哲学の本性について（Über die Natur der Philosophie als

Wissenschaft)」を考察対象としつつ、根拠／根底を求める意志の否定とそこにおいて実現する「自由」を提起するシェリング哲学の意義を解明したい。そして本章末尾では、以下で明らかにする両者の思想の関係には、ショーペンハウアーによるシェリング哲学理解とは異なる深い照応があり、またそこに意志の否定と自由をめぐる意義深い思想的可能性が見出されることを示したい。

まずシェリングは、人間の諸々の知の体系は、ともすれば相互に対立し衝突しあうとした上で、哲学がめざすべき体系、すなわちすべての知を統一する全体的な体系を可能にする原理とは何であるかを問う。そして、そうした原理とは、「衝突しているもの一切を調停へともたらす全体的なもの」（IX: 215）であり、しかも、それによって、実際に我々が知の統一的体系を実現していくような「全体的なもの」である。したがって、体系の原理は、体系的統一を実現し「一切を貫いて行く唯一つの主体（nur Ein Subjekt）」（同）それ自身に他ならない。だとすれば、この主体は、一切を貫いて行くと共に何もののうちにも滞留しない運動それ自身でなければならない。すなわちそれは、何もののうちにも留まらないという点で「無」であるが、しかし単に「無」であることに留まるのではなく、すべての内を貫いて働くという点で「一切」である（IX: 217）。この主体は、いかなる形態（Gestalt）の内へも閉じこめることができないような、把握できないものであり、定義できない無限なる運動である（同）。すなわち「絶対的主体（das absolute Subjekt）」である。

ゆえに、シェリングによれば、我々はこうした絶対的主体の運動にまで高まることで、真正なる哲学を展開することができる。そしてそのことを実現するには、「ここでは、有限なるもの、ないしはなお或る存在者（ein Seyendes）であるようなもの一切が見捨てられ（verlassen）なければならず、最後の執着（Anhänglichkeit）も消え去らなければならない。ここでは一切を放下する（lassen）ことが重要である」（IX: 217. シェリングは同箇所でこの「或る存在者であるようなもの」の内に「神」も入るとして、神をも捨て去り、放下することが重要であると述べる）。すなわち、哲学の原理となる絶対的主体に高まるためには、絶対的主体を我々が自らによって把捉しようと意志する態度それ自身を捨て去らねばならない。古来より言われるように、「それを手に入れようと意志する者（Wer es erhalten will）はそれを失うであろうし、それを放棄する（aufgeben）者はそれを見出すであろう」（同）。すなわち、「ひとたび一切を見捨てた者」ひいては「自ら自身が一切のものから見捨てられたことのあった者」のみが、無にして一切である主体の運動の深みを認識してきたのである（同）。

したがって、哲学において、この絶対的主体は、我々によっては定義できず把捉できない無限なるものとして、否定的・消極的に捉えられる。しかし、シェリングはこの主体について、さらに「積極的概念（der positive Begriff＝肯定的概念）」を持つことができるとする（IX: 219）。すでに見てきたように、そもそも絶対的主体は、無であると共にまた一切なのであり、単にあらゆる形態を超えているものではなく、一切の有限なる形態を貫いて動くものである。したがってこの主体は、それが把捉できない無限なるものであるからこそ、単に形態ないし形式が無いものにとどまらない。むしろそれは、いかなる形態にも縛られないものとして、それ自身、形態を拒むのではなく受け容れつつ、その都度その形態に打ち克って再び歩み出ると言われるべきである（IX: 219）。ゆえに「それ〔絶対的主体〕はそれ自身永遠なる自由（die ewige Freiheit）以外の何ものでもない」（IX: 220）と言いうるのであり、そうした仕方で我々はこの絶対的主体について積極的な概念を持つ。絶対的主体は、拒み斥けるべきもの、自らの妨げとなるものを何一つ持たない。すなわちそれは、不自由との対立次元にない「永遠なる自由」の運動それ自身なのである[22]。

以上のように、哲学の本性をめぐるシェリングの考察は、永遠なる絶対的自由それ自身への考究となる。その上で、彼は、我々は一体いかなる仕方で、この「永遠なる自由」をそのような運動として「覚知する（innewerden）」（IX: 221）ことができるのかを問う。まず提示されるのは、「等しきものがただ等しきものによって認識される」（IX: 221）という教説である。なるほど、上述のように、永遠なる自由それ自身は、我々によっては把捉し認識することができない。とはいえ、我々自身のうちに、永遠なる自由としての主体と何らか等しいものがなければ、それを原理として求めようと認識することすらできない。ゆえに、「かの永遠なる自由は、それ自身が我々のうちにある（in uns seyn）のでなければならず、それ自身が我々のうちで自らを認識するもの（das Erkennende von sich）でなければならない」（同）。すなわち、永遠なる自由は、我々のうちで自らを認識する運動である。したがって、それは我々をして永遠なる自由それ自身となるように迫ってくるものである。そこでシェリングは、我々が永遠なる自由それ自身となることがいかにして可能であるかを問う。これについて節を改めて考察しよう。

三　「Ekstase」における自由

上述してきたように、哲学の原理である「永遠なる自由」としての「絶対的主体」は、我々に由って／とってではなく、ただ永遠なる自由それ自身において／となってのみ認識される。したがって、シェリングからすれば、「哲学において重要なのは、単に私に由るような一切の知を超えて高まることである」（IX: 228）。この際、シェリングは、知ることを意志する限りは、永遠なる自由としての絶対的主体はそれ自身としては認識されないと述べ（IX: 228-229）、かえって、我々の自己が、「我は我としては知ることはできない、我は知ることを意志しない（ich will nicht wissen）」（IX: 229）として、その意味で「一切の知を放棄すること（ein Aufgeben alles Wissens）」（同）

によって、永遠なる自由としての絶対的主体が自らをあらわにすると主張する。

こうしてみれば、永遠なる自由としての絶対的主体は、我々の自己が自己に由って、すなわち自らを根拠として永遠なる自由を知ろうと意志する態度それ自身が放棄され否定されることによって、あらわになるものである。シェリングは、ここにおいて成立するのは、客体的・対象的認識とは異なる、直接的な「覚知（Innewerden）」であると述べた上で、それは「知（Wissen）」であるが、しかし我々の自己から見ればむしろ一つの「無知（Nichtwissen）」であると述べる（IX: 229）。したがって、永遠なる自由としての主体の認識・知ないし「覚知」とは、我々の自己自身を根拠とする一切の知と意志との放棄において、換言すれば、知るために自らに由り、自らを根拠としようとする我々の自己の意志それ自身の「放棄」ないし否定において実現するものなのである(23)。

シェリングによれば、こうした「覚知」は、今まで「知的直観（intellektuelle Anschauung）」（IX: 229）という語で表現されてきたが、しかし今やむしろ「Ekstase（脱自／脱我）」と表した方が妥当である（「忘我」や「恍惚」などとも訳されるが、むしろ「脱自」と訳する方がよいであろう。後述）。「Ekstase」とは、「我々の自我がおのれの外に置かれる、すなわちおのれの立場の外に置かれる（unser Ich wird außer sich, d.h. außer seiner Stelle, gesetzt）」（IX: 229）ことである。そして「こうした〔Ekstaseとしての〕自己放棄（Selbstaufgebenheit）の中で自我に絶対的主体が明らかになる」（同）。すなわち、シェリングによれば、「おのれの内にではなく、おのれの外に置かれることが、人間に必要である」（IX: 230）。そしてこのEkstaseは、プラトンが、幾分穏やかな表現を用いて、哲学の始まりとしての「驚き（Erstaunen ＝タウマゼイン）」としたものでもある（IX: 230）。あるいはシュレーター版講義録にはなくフールマンス編集の講義録にのみ見られる表現であるが、そうした「驚き」（としてのEkstase）において、「〈おのれ自身の内にある（das „In sich selbst sein“）〉のではなく、〈おのれの外に置かれる（das „Außer sich gesetzt werden“〉ことを人間は必要とし、かつ求めた[24]」とも言われる。

ここでは、絶対的自由の覚知であるEkstaseが、自我の消失や解消、（絶対的自由としての）絶対的主体への合一、などとは述べられずに、「おのれの外に置かれる」こととされている事実に目を向けねばならない。すなわち、Ekstaseとは、自己がおのれの外に（おのれのほかに）存在する何らかの存在者になること、換言すれば、自己が他のものになり、自己でなくなることを意味するのでは決してない[25]。フールマンス編集の講義録に見られる前掲の表現から明瞭になるように、かえってあくまでも「〈おのれ自身の内にある〉のではなく、〈おのれの外に置かれる〉」と言われたのであり、すなわちEkstaseとは、そのものがそれ自らの内にある在り方自身から離れることである。自己がおのれを失って自己と別の他の存在者になるのであれば、そこに現れるのはまた、その他の存在者において〈それ自身の内にある〉ものに他ならない。したがって、Ekstaseという名の下に言われているのは、自己においてであろうと他のなにものかにおいてであろうと、〈おのれ自身の内にある（das „In sich selbst sein“）〉在り方・次元・立場それ自体の「外に」出ることに他ならない。

すでに見たように、シェリングによれば、永遠なる自由の「覚知」は、自らを根拠として永遠なる自由を知ろうとする意志それ自身の放棄・否定によって実現するものであった。したがって、Ekstaseとは、自らの内に自らの行為と生の根拠を持ち、およそ自己がおのれによって〈おのれ自身の内に〉あろうとする、そうしたいわば自己根拠的で自己充足的な意志の立場が、別言すれば、おのれの内へ閉じようと欲する態度が、いかなる意味でも放棄され、我々の自己がこの立場の外へと離れ、解放されることである。こうして、自己根拠的な意志における「〈おのれ〉の立場」の外に置かれること（先の引用中の表現「unser Ich wird außer seiner Stelle gesetzt」を参照）、ないしはこうした立場から離れ解放されることは、自己根拠的な在り方を脱するという意味で「Ekstase

〈脱－自〉」である。「或る立場（eine Stelle）〔におのれが位置を占めること〕から離れることないしは解放されることがおしなべて Ekstase である」（IX: 230）。

したがって、Ekstase において、おのれの外に置かれ、自己根拠的な意志の立場から離れる時、もはや我々の自己は能動的とか受動的とかいった在り方を取らない。能動－受動という区分は、〈おのれ自身の内にある〉ような諸々のものを措定して、それらの間の関係を考えることで生じるものに他ならないからである。ゆえに、〈おのれの外に置かれる〉ことにおいて、自己は自己を喪失するのではないと共に、その自己は、永遠なる絶対的自由としての絶対的主体の働きを単に受容するのでもなければ、絶対的主体と別に能動的に働くのでもない。「これら〔絶対的主体ないし絶対的自由とそれを知る我々の意識〕は今や別でありながらも、分離されてはいない」（IX: 231）。〈おのれ自身の内にある〉限り、永遠なる自由としての絶対的主体と自己とはどこまでも分離されているが、〈おのれの外に置かれる〉とき、両者は異なりつつも直接に一つのことであり、そこに自由なる主体としての自己が実現するのである。

シェリングからすれば、このことが矛盾であり背理であるように思われるのは、いまだ〈おのれ自身の内にある〉ような自己根拠的な知と意志とに基づいているからに過ぎない。シェリングは、永遠なる絶対的自由それ自身はその原初において「Indifferenz（無差別／無関心）」であるとするが（IX: 226）、このことは、『人間的自由の本質』において、「無底（Ungrund ＝底無し）」が「Indifferenz」と言い換えられる（VII. 407）ことから鑑みても、永遠なる自由が「無底」的であり、いかなる「Grund（根拠／根底）」も無いことを主張していると解釈できよう。すなわち、永遠なる自由とは、いかなる意味でも、我々の自己の根拠／根底をなすものではなく、自己根拠的ではない。それゆえに、我々の自己の自由は、この永遠なる自由と〈根拠／底無き〉仕方で一つのことをなすのである。

こうして、我々は、自らを根拠とする知と意志とを放棄し否定することによって、〈おのれ自身の内にある〉ような在り方、自己根拠的な在り方を離れる。そしてそのことで、底無き永遠なる絶対自由の内で、一々の形態を取りつつも〈底無き自由〉の主体として行為する。シェリングは、知の体系を実現する哲学の可能性を探究する中で、この〈底無き自由〉を明らかにしている。そして、根拠を自らによって求めていく意志すなわち自己根拠的な意志の放棄・否定と、それによって実現する〈底無き自由〉とを提起する点において、シェリングの思想と、本書で明らかにしてきたショーペンハウアーの思想とは、緊密な対応を見せている。シェリングは、自己根拠的な意志すなわちショーペンハウアーが言う「生への意志」の放棄・否定が、根拠／根底としての絶対的なる存在者への合一を意味するのではないこと、むしろこの否定においてこそ、かえって我々は一々の形態（現象）において〈底無き自由〉を実現することを示している。もっともシェリングは、『エアランゲン講義』において、永遠なる自由それ自身は「意志（Wille）」とも呼びうるとするものの（IX: 221）、我々の自己が現実化する〈自由〉とその〈底の無さ〉については、〈意志〉のそれと名指すことを避ける志向を持っていると思われる（『人間的自由の本質』では「意志」ではなく「行（Tat）」の語が使われている）[26]。しかし、当該講義で提示される、我々の自己が現実化する〈底無き自由〉とは、ショーペンハウアーなら、〈底無き意志の自由〉と呼びならわす事柄と基本的に同一のものであると言うことができよう[27]。したがって、シェリングの〈底無き自由〉の思想は、ショーペンハウアーが与する〈底無き意志〉の思想の系譜に位置するものと評価しうる。しかも以下で考察するように、シェリングの思想は、こうした系譜の内で、ショーペンハウアーとは異なる固有の意義を有するものである。それではこの意義とはいかなるものであろうか。

四　自己根拠的な次元を超えて

前節末尾に提出した問いについて、ショーペンハウアーの思想が、シェリングの思想とどのような関係にあるのかをまとめつつ考察してみよう。ショーペンハウアーは、主著（正編初版）の思想を確立するに至る途上で、シェリングの思想を参照した。その際にショーペンハウアーは、存在するものの根拠／根底の無さの思想についてシェリングを参照しつつ、自らの考察を深めていった。しかし、主著の刊行以降、ショーペンハウアーは、シェリングの思想を、実際には未だ存在の根拠／根底を措定する思想に留まっているとして、厳しい批判を向けている。ただし、ショーペンハウアーが参照しなかった、シェリングの『エアランゲン講義』の思想は、こうしたショーペンハウアーからの批判への実質的な応答となっている。シェリングはこの講義で、自らに由って永遠なる自由を知ろうとする意志、すなわち自己根拠的な意志それ自身の放棄・否定によって、我々の自己は底無き永遠なる自由（としての絶対的主体）を直接的に「覚知」し、一々の形態を取りつつも底無き自由の主体として生きるとした。この際、この自由は、もはや「知的直観」ではなく、「Ekstase」として、すなわち〈おのれの外に置かれる〉こととして捉え直された。そして、まさしくこの捉え直しにおいて、シェリングは、あたかもショーペンハウアーの批判に応答するが如く、自己根拠的な意志の否定・放棄によって実現する、永遠なる自由の直接的な「覚知」が、〈おのれ自身の内にある〉在り方の外にあり、いかなる意味でも我々の自己の根拠となるものではないことを明確に示そうとしているのである。

とはいえ、ショーペンハウアー哲学の立場からは、本章で考察してきたようなシェリングの立場に対して、なお批判が向けられることも予想される。というのも、シェリングは『エアランゲン講義』において、「等しきものがただ等しきものによって認識される」（IX: 221）という教説を利用しながら、絶対的な永遠なる自由についての「覚知」の可能性を証示したが、この教説こそ、主著正編でショーペンハウアーが根拠律に基づくとみなした当のものだからである（ただしシェリングの考察を念頭に置いている証拠は見られない）。ショーペンハウアーは、第七十一節において、「等しきものがただ等しきものによって認識される」という命題が示す通り、我々は、「生への意志」の立場では、根拠律に従う表象としての世界について認識できるものの、意志の否定・廃棄についてはただ「無」として否定的・消極的に認識しうるのみであるとする（WI, 485）。すなわち、意志の否定ならびにそれによって実現し認識される意志の自由は、根拠を求める意志のありようの全き廃棄において、したがって、根拠律（根拠－帰結関係）を超えた仕方で現実化する。ショーペンハウアーからすれば、そもそも「生への意志」の根底／根拠には、「等しきもの」であれ何であれ、およそいっさいのものが存在し〈無い〉。

こうした観点からは、シェリングの思想には、なお批判が向けられる余地が残ると評価されるであろう。その批判とは、たとえ自己根拠的な意志の「放棄」を説いたとしても、この「放棄」によって意志が自己根拠的でない本来のありように「等しきもの」として永遠なる自由（絶対主体）を「覚知する」とされるのであれば、それは永遠なる自由（の覚知）を、意志の根拠／根底として措定していることに他ならないというものである。なるほど、こうした批判は、シェリングにおいて、永遠なる自由とはいかなる根底／根拠も有しない底無き自由であったことを顧慮すれば、必ずしも正鵠を射たものとは言えない。とはいえ、意志は、まずもって、この意志の根底／根拠の〈無さ〉に逢着し、それに徹底することにおいて、永遠なる自由の覚知を実現するという思想が、シェリングにおいて、より適切にないし明確に表明されるべきであることは指摘されてよいであろう。

これに対して、シェリングが提起する、〈「〈おのれ自身の内にある〉のではなく、〈おのれの外に置かれる〉」という「Ekstase」の思想は、ショーペンハウアーの著作では明示されておらず、摂取されずに終わっていると考えられる。主著正編の記述では Ekstase の語は見られたが、特にこうした思想への言及はなされていない。だが、この思想は、我々が〈底無き意志〉の哲学としてのショーペンハウアー哲学の新たな展開の可能性を理解する上で、固有の意義を持つ。そもそも、ショーペンハウアーの思想も、意志の「根拠／根底の無さ（Grundlosigkeit）」を明らかにしつつ、根拠を求める「生への意志」の自己転倒・倒錯の「放棄」「否定」によって、一々の現象における自由（現象と意志の初発が一となる、必然にして自由）が実現することを明らかにするものである。その限りにおいて、この思想はまた、シェリングが説くような、自己根拠的な〈それ自身の内にある〉ことの徹底的な放棄・否定の思想であると捉えることも可能であろう。根拠を求める「生への意志」とは、とりもなおさず、おのれによって自らを実現しようとする、すなわちおのれによっておのれ自身の内にあろうとする、自己根拠的な意志にも他ならなかったからである（本書第二章第二節において、生への意志が自己根拠的な意志を顕在化させるありようを示した）。そうであるとするなら、ここから以下のような発展的解釈を引き出すことができるであろう。すなわち、ショーペンハウアーの言う、意志の否定とそこにおいて実現する〈底無き自由〉とは、自己根拠的で自己完結的・自己閉鎖的な〈おのれ自身の内にある〉ことの次元から離れているものであり、それゆえに、能－受、ひいては内－外、多－一といった関係の内になく、それらを超えているものである。そこには、永遠なる自由（絶対的主体）と個としての我々の自己とが、ひいては我々の自己と他者とが、単に合一するのではなく（それは〈それ自身の内にある〉ものである）、しかし一つの自由を生きるありようが明らかにされている。そして、ここから、ショーペンハウアーにおける意志の否定と自由の（宗教的な）次元においても、能受・内外・多一を超えて、個としての自己と他者とが互いに働きあい、形成しあう関係が、積極的に解明される可能性が生じるのである。

なるほど、ショーペンハウアーは、こうした解明を主題的には行っていない。しかし、こうした解明において明らかになるのは、現実の世界に消極的に関わるのではなく、この世界を積極的に形成し創造していく個としての自己と他者の生のありようとなるはずである。そしてこのありようは、自己根拠的な次元から離れた、〈底無き自由〉の現象（＝現実世界）〈における〉出現を提示するショーペンハウアー哲学にとって、ぜひとも考察しなければならないことである。次章では、さらにこうした解明を進めるべく、ベーメにおける〈底無き意志〉の思想を取り上げ、それとショーペンハウアー哲学との関係を検討していきたい。

第八章　意志の自由と想像／構想の活動

ベーメの「Imagination」を手引きとして

一　ベーメとショーペンハウアー

本章では、前章までの考察をふまえつつ、ショーペンハウアー自身が影響を受けたベーメの思想を検討し、またこの思想とショーペンハウアー哲学との関係を解明することで、〈底無き意志の自由〉の思想のさらなる展開の可能性について考究していきたい。以下では、まずショーペンハウアーがベーメの思想にどのような態度を取っているのかについて概観しよう[1]。

M・コスラーが詳しく報告しているように[2]、ショーペンハウアーは、主著『意志と表象としての世界（正編）』を執筆するに至る過程で遺した断片などにおいて、ベーメについて何度か言及している[3]。たとえば、一八一三年頃までに記されたものを見ると、ベーメの『神智学書簡集（Theosophische Send-Briefe, 1618-1624）』所収の第四十一書簡・追伸十三項における、「あたかも母胎の中に安らぐ子のように自らの意志のうちに静かに存し、おのれの内なる根底、すなわち人間がそこから生まれるところの根底へと教導される者は、地の最も高貴なる者であり、地の最も富める者である」（TS. 148）という記述について、「輝かしい」「崇高な」「神々しい」といった賛辞を与えている（HNI. 52. HNII. 352）[4]。以下で考察していくように、ベーメは、あらゆる存在者を「一者」としての神の「唯一なる意志」の現れとする思想を展開していくが、この思想が、やはり意志を「一者」と呼んだショーペンハウアーにとって高く評価しうるものであったことは想像に難くない[5]。

しかし、ショーペンハウアーは、主著刊行を経て後年になると、ベーメの思想について批判的な評価を下すようになる。たとえば一八五三年に記された断片において、ショーペンハウアーは、エリウゲナ、シェリングなどと共にベーメの名を挙げつつ、彼らは、絶対者ないし神が展開して世界が発生するという主旨の叙述を行っているとして、こうした説明は、自然法則（あるいは根拠律）が適用できない領域にそれを適用しているものとして誤っており、自分自身はそうした試みからは無縁である旨を述べている（HNIV-II, 10）。そもそも前章で論じたように、ショーペンハウアーは、主著刊行以降、シェリングの「知的直観」ないしは「無底（Ungrund ＝底無し）」の思想について、それは現象の根拠（Grund ＝根底）を措定する思想であるとの批判に至った。このことをも顧慮すれば、ベーメへの上述のような評価は、ベーメが「一者」としての神の「唯一なる意志」を「無底（底無し）」と呼ぶことを念頭に置きつつ、しかし彼は結局、神を世界の「根拠／根底」として措定してしまっているという評価であると理解できよう[6]。

とはいえ、ショーペンハウアーが遺した同時期の断片には、ベーメの著作『万物のしるし』における、いっさいの実在を「一者」としての神の意志の現れとして解明する叙述について、肯定的に参照する記述も見られる（HNI. 145）。そしてこの記述は、主著第三巻第四十四節の註においてもそのまま掲載されている。したがって、上述のような批判にもかかわらず、ベーメにおける「一者」としての意志の思想に、ショーペンハウアーが主著においてもなお影響を受け、共感を抱いていることは確かであろう。実際、先行研究においても、たとえばA・ウィークスは、万物を意志の表象ないし「鏡（Spiegel）」とするショーペンハウアーの思想は、万物を意志の外化であり、意志の「しるし」であるとするベーメの思想に極めて深く相応するとしている。(7) またM・コスラーも、あらゆる存在者が意志の「鏡」であるとの思想が、両者の思想の核心部に見られることを指摘している。(8) とはいえ、以上の研究は、ショーペンハウアーが、「生への意志」の否定によって意志が現象において底無き自由を実現するという思想を展開していることについて考慮したものではない。また、これらの先行研究においては見られないものの、ベーメが解明した「一者」としての意志の万物における外化・現実化の活動について、それを「一者」における我々の自己の「構想（Imagination ＝想像）」の活動として再解釈するなら、ベーメの思想は、〈底無き意志の自由〉の思想のさらなる展開に向けて大きな示唆を与えてくれると筆者は考える。ベーメの思想はかならずしも筋道立って展開されてはおらず、また様々なビジョンによって複雑に彩られつつ進められるが、本章では、〈底無き意志の自由〉の思想のさらなる展開の探求という問題意識のもとに、必要な限りにおいてベーメの思想を考察していきたい。

二　底無き「唯一なる意志」

ベーメは多くの著作において、世界の創造主としての神とはどのようなありようを持ち、どのような原理を持つのかを明らかにすることから考察を始める。その中でも、『恩寵の選び（Von der Gnaden-Wahl, 1623）』は、「神は無にして一切（das Nichts und das Alles）であり、神は世界と全創造がそのうちに横たわる唯一なる意志（ein Einiger Wille）である」（GW. 5）といった叙述に代表されるように、神のありようを「意志」として考究するもので、本章の問題意識から見て大変興味深いものである。以下ではこの著作を主たるテクストとして取り上げ、必要な限りにおいて関連する他の著作を取り上げることとしたい。

『恩寵の選び』の第一章では、以下のように述べられる。「神は何かあるものへの傾向性を持たない。なぜなら神に先立っては、そこへと神が傾きうる何ものも、悪も善も存在しないからである。神はそれ自身においては無底（Ungrund ＝底無し）であり、永遠なる無（ein ewig Nichts）として、自然や被造物に対する意志すらも持たない」（GW. 4）。ここでベーメの述べていることは、創造主たる神に先だっては何ものも存在しないゆえに、神には、神に先立つ原因・目的・価値などによって何かへと動かされるといったことがない、ということである。したがって、神は、自らがそれに由来して存在するような「根底（Grund ＝根拠／基盤／原因）」、すなわち何らかの傾きをもたらすような根底／根拠を一切持たないと言いうる。ゆえに神は、ただ神自らの内においてのみ存在し、おのれ以外の何ものへも向かうことがない、すなわち、神自身以外の何ものに対しても顕現しないと言いうる。その意味において、神それ自身は、神以外のすべてのものにとって、「無底／底無し」の「無」であり、引用箇所にあるように、永遠の静寂として「永遠の無」である。神がそれ自身においては「無底／底無し」であるとは、神が神であることに先立って「無底」なるものが（あるいは「無底」性が）存在するという意味ではありえない。むしろ、神が神であることに先立って存在するようないかなるもの（性状）もないということに他ならない。

さらにベーメは、神とはそれ自体として「唯一なる意志」そのものであるとする。ベーメは、前掲のように、「神は無にして一切であり、神は世界と全創造がそのうちに横たわる唯一なる意志である」と述べた上で、神としてのこの「唯一なる意志」とは、「自ら自身において自らを把捉し、見出し、そして神から神を産む」(GW, 5) と述べる。すでに見たように、神は「無」「無底」であり、ただ神自ら自身の内においてのみ存在する。そしてこのことは、神に先立つなんらかの「根底」に由来してのことではなかった。すなわち、神はただ根底／根拠なく自らとして存在するのであり、神は自らの本質を根拠として自己原因的に存在するのではない。この意味では、神はいわば自らであることを根拠無く自らにおいて受け取り見る、「見出す」と言いうる。そしてこのことは、神はこうして自らを見出すことにおいて神であり、自らを見出すことに先立って神であるわけではないことを意味する。したがって、神とはもともと、自らを見出すことによって自らを自らとして「産む」ものとして神である。別言すれば、神とは、「見出す」ないし見ることによって自らを「産む」ないし形成すること、あるいは形成することによって見ることとそれ自体である。

この際、神が自らを見ることによって自らを形成すること、ないしは形成することによって見ることとは、そもそもなぜ可能となるのか、との問いが生じよう。また、形成することと見ることとは神においてなぜ一つの事として成立しうるのか、との問いも生じよう。しかし、こうした問いは、すでに神が神であることの何らかの根底／根拠を想定するものである。これに反して、ベーメが提起しているのは以下のことである。すなわち、神が何らかの目的・理由・原因といった（傾きをもたらす）根底を持たず、その意味において「無底」であるなら、それは、神は、自らを見ることによって形成する、ないし形成することによって見ることとして存在するということである。かつこのことがすべてに先だって、いかなる根拠も要せずに端的に成立しているということである。そもそも神が「無底」である以上、神の自己形成・自己創造は単なる「自己原因」的なそれと同一視されてはならない。むしろこの自己形成とは、自己による自己形成でありつつ（それだけであるなら自己原因的である）、同時に自らを自らとして〈受け取り見る〉ことであり、両者が一つの事として成り立つような自己形成なのである（すなわち自己原因的・自己根拠的な在り方を超越している自己形成である）。

以上の考察から明らかになることは、ベーメからすれば、自らを「見出す」ないし見ることと自らを「産む」ないし形成することとは、もともと唯一の根源的事態の両側面をなす、ということである。そして彼はこの根源的な力動的事態を「意志」と呼ぶのである。別言すれば、ベーメの言う「意志」とは、自己原因的・自己本性的な活動とは異なる、根拠／根底無くして自らを見、自らを生む活動であり、その意味での底無き自己産出・自己形成の活動それ自身の名に他ならないのである。[9] それゆえに、ベーメは、前掲のように神が「唯一なる意志」であると述べた上で、「神は光でも闇でもなければ、愛でも怒りでもなく、永遠なる一者である」（GW. 5）と述べる。神とは、上述のように、ただ自らを見ることによって自らを産み自らである、底無き自己産出・形成としての「意志」のことであってみれば、それは自ら以外の何かに向かったり関係したりすることのない、ただ自らにおいて自らに向かう「唯一なる意志」であり、その意味で「永遠なる一者」に他ならない。ゆえに、ベーメにとっては、神による世界の創造も、神以外の何かへの創造ではない。むしろこの創造は、「唯一なる意志」の自己産出において、この「唯一なる意志」において生じていることなのである。

だがそうだとすれば、以下のような疑問もまた生じよう。すなわち、そもそも、絶対的なる創造主としての神は、自ら以外の何かに向かう傾きを持つことはなく、ただ自らにおいて自らに向かうのであれば、神のこうした底無き「唯一なる意志」としての活動と、現実の世界や我々の自己が創造され存在することとは、どのように関係するのであろうか。このことを明らかにするにあたり、最初に、ベーメが、底無き「唯一なる意志」において収縮する力と顕示する力とが働くと主張することについて見ておきたい。ベーメは『汎智学の神秘（Mysterium pansophicum, 1620)』において、「無底とは永遠なる無である。だがそれは欲動（Sucht）として永遠なる初めをなす」（MP. 97）と述べ、「意志」は「欲動から出でる」（同）と述べる。「欲動」とは、意欲し続ける力であるが、それはベーメによれば、意欲が実現して止むことをあくまでも拒む「渇望（Begehren）」（MP. 99）である。この「欲望」「渇望」は、「渇望は強烈な牽引力である」（同）とも述べられるように、自らの意欲が解消されたり発散されたりすることを前にしては、それを拒んで、意欲し続けることに留まろうとする力であり、意欲自身の内へと牽引（anziehen, ziehen）し、収縮（inziehen）していく力である。ベーメによれば、他方で、意欲を実際に「意志」として現実化することで意欲を実現する方向、すなわち「意志」における「顕示（Offenbarung）」の方向がある。「欲動」とは、それに反して、その方向から引き下がる、ないし引き戻る方向への、そして究極的には、静寂ないし「無」へと何処までも牽引し、収縮ないし凝固していく方向への働きであり、すなわち「無底／底無し」への働きである。この意味で、「欲動」とは「無底／底無し」がそれに留まろうとする原初的な働きである。

とはいえ、ベーメは、顕示への意志と欲動と、「いずれかのものが、より先立って存在するのではない。両者は共に始原を持たず、また常に一方が他方の原因であり、永遠なる靭帯（Band）である」（MP. 98）とも述べる。なるほど、欲動のような内向的ないし牽引的契機のみでは、意欲し続けることができないであろう。また内向ということそれ自身が、意志における顕示との対向関係において成り立つのであり、ただ単独では成立しないであろう。欲動は、それが意欲を維持し続ける働きである限り、単に内向し収縮するのではなく顕示との緊張関係の内にある。それは意欲の絶えざる持続と活性化の働きとして機能しているからこそ欲動として成立しうる。逆に言えば意志は、顕示への意志と欲動との力動的関係のなかで、欲動によりながら、それを統御し顕示に向けて生かしている働きであるとも言いうる。それゆえに、ベーメは「意志は欲動における理知（Verstand）である」（同）

と述べていると考えられる。

こうしてベーメは、「欲動」がまずあってそこから「意志」が顕れるとしているのではなく、むしろ欲動と意志とを、いかなる前後関係もなしに力動的な同時関係にあるものと捉えている[10]。換言すれば、両者は、「唯一なる意志」がそれである限りにおいて持つ力動的な両契機に他ならない[11]。そもそも、上述したように、唯一なる意志とは、自らを見ることにして自らを産む活動それ自身であるとするなら、この意志は、常に新たに働き、自らを顕示し続ける限りにおいて意志であると共に、そうして働きながら、自らから流れ去らず自らに内向的に引き戻り、自らに留まり続ける限りにおいて、意志であると言いうる（言い換えれば、意志は自らが実現されて解消し胡散霧消することを否定し、意志として働き続けることに留まり引き戻る限りにおいて、意志である）。すなわち意志は働くことにおいて自らの同一性を維持する限りにおいて、意志である。欲動と顕示への意志とを、意志の力動的な両契機とみなすベーメの議論は、意志のこうした自己同一性の構造を言い当てるものと理解することができる。

以上、底無き「唯一なる意志」は、内向的な欲動と顕示への意志との力動的な関係において、常に新たに働きつつ自らの同一性を維持し続けることを見た。続いてベーメは、こうした「唯一なる意志」は、自己把捉的ないし自覚的な構造を持つことを示し、さらには、この意志は像形成（想像ないし構想）の働きそれ自身であることをも示していく。そしてそのことで、神の底無き「唯一なる意志」としての活動と、現実の世界や我々の自己が創造され存在することとの関係を明らかにする。次節以降、ベーメのこうした思想を明らかにしていこう。

三　神の「Imagination」

ベーメは、底無き「唯一なる意志」について『恩寵の選び』では以下のように述べている。「（1）無底的意志（der ungründliche Wille）は永遠なる父と呼ばれ、（2）そして、見出され、把捉され、産み出された無底の意志（der gefundene, gefassete, geborne Wille des Ungrundes）は、その産み出された子、ひとり子と呼ばれる。……（3）そしてこの把捉された子または存在（Ens＝有）を通しての外発（Ausgang＝発出）は、霊（Geist）と呼ばれる」（GW. 5）[12]。ここで述べられていることは、底無き「唯一なる意志」は、自らの内に向かい、自らを把捉することで、把捉され（gefasst＝決意され）見出された意志を産むこと、そして、そうした自己把捉ないし自覚を介して、意志は意志として自らを顕し外に働き出るすなわち現実化するということである。このことは、そもそも意志とは、自らの意志するところの内容を把捉／決意し、それを実現する働きそれ自身であるということを指すと考えられる。すなわち、意志はもともと自己把捉的・自覚的である限りにおいて意志として成り立っているのである。こうしてみれば、意志において内向的・牽引的な力（欲動）と顕示的・外発的な力（意志）とが力動的な関係をなすということは、意志が自覚的であるということに他ならない。

ただし、注意すべきことであるが、「唯一なる意志」がこうした三位一体的構造を持つことは、意志は、自らが働く前に、まず意志する内容を見出し、把捉／決意し、それを自らの前に対象として置いて、それに従って働く、ということを意味しない。前節で考察したように、底無き「唯一なる意志」とは、自らを見ることにして自らを産む（形成する）ことであり、そうした活動の実現・実行それ自身である。そしてそれに先だってはいかなる根底も存在しない。したがって、意志が新たに意志し働くことは、まさに自らの意志する内容を把捉し見ていることなのであり、また意志する当の内容をじかに把捉／決意することとは、それを実行し実現することと直接に一つの事態である。意志することと、その内容をそれとして見ることないし把捉／決意することと、意志の実現・実行（外発）とは、力動的に連関しつつただ一つのことをなしている。したがって、父・子・霊とは、具体的には一つの活動における三つの契機・側面なのであり、「唯一なる意志」としての神とは、そうした一つの力動的な自己実現活動それ全体であると言いうる。すなわち上掲の引用箇所において、ベーメは、底無き意志、把捉／決意された意志、外発／発出する意志、の三者を、自覚的に成立する「唯一なる意志」における三つの構成契機とみなし、それを神の三位格性の構造に即して、父なる意志、子なる意志、霊なる意志、と捉えているのである。こうした事情から、ベーメは、「無底の唯一なる意志（der Einige Wille des Ungrundes）は、三種の働きに分開（scheiden）しつつ、しかもどこまでも一なる意志にのみとどまる」（GW. 7）と述べ、また三種の働きはすべて「唯一なる力」（同）であるとも述べる。他の箇所でもベーメは、「唯一なる神は……自らを三性そのものの内へ導き入れる。すなわち自らの可捉性（Faßlichkeit）へと導き入れる。……しかもそこに分割や分裂があるのではない」（GW. 6）と述べている。したがって、こうした叙述によってベーメが提示しようとしているのは、唯一なる神（としての意志）がまず始原としてあって、それが自らを把捉し、見ることで、事後的に三つの働きないし契機に分裂するという事態ではない。三つの働きの成立が、「唯一なる意志」の事後的な分裂によるのであれば、「唯一なる意志」それ自身が三つの契機の根拠／根底となり、無底／底無しではないことになるからである。ベーメの以下のような叙述は、こうした解釈を支持するものである。「父と子と霊は内的に互いを見る、また見出す。そしてそれは神の智慧（Weisheit）もしくは観照（Beschaulichkeit ＝直観）と呼ばれる」（GW. 5）。「神は自ら自身において永久に唯一のことのみを意志し行う。唯一の神は父・子・聖霊へと、神を顕示する智慧へと、自らを産む。唯一なる無底的な神は、自ら自身においてこのほかに意志することは何もない」（GW. 13）。三種の働きは、底無き「唯一なる意志」が自ら自身を「観照／直観」し、自らをそれ自身として自覚しつつ実現するその構成契機に他ならない。そして、この「唯一なる意志」は、三種の働きの力動的な関係において自らを自覚し実現するその限りにおいて「唯一なる意志」であり、それとして自己同一を有していると言われるべきである。

こうしてみれば、意志の自覚性を明らかにするベーメの三位一体論的考察は、底無しの「唯一なる意志」の自己性（Selbheit）ないし自己同一性のありようを明らかにするものに他ならない。ベーメは以下のように述べる。「父とその子（自己性の場所としての）とは、唯一なる神、唯一なる意志である」（GW. 7）。あるいはこのようにも換言される。「神の可捉性（すなわち三性）は、……神の永遠なる意志の心（Hertz）ないし座（Sitz）と呼ばれる」（GW. 6）[13]。すでに見たように、「唯一なる意志」としての神の三性とは、意志することと、その内容を見ることないし把捉／決意することと、意志の実現・実行（外発）とが力動的に連関しつつただ一つのことをなす事態を意味する。しかも、そもそも底無き「唯一なる意志」とは、前節で考察したように、つねに新たに働きながら、自らに留まり、自らの同一性を維持し続ける活動それ自身であった。するといまや意志のこの自己同一的活動は、意志が同一にして統一的な意志として把捉されつつ働く（外発する）ことを意味すると言えよう。それはいま挙げた二つの引用のうちの前者に見られるように、自己性・自己同一性を持ちつつそこにおいて働くこととも言いうる[14]。あるいは後者のように、意志し、自らを把捉し見、自らを実行するという三性が同時的である活動を実現することそれ自身が、意志がただ一つの同じ活動で有り続けるという意志の自己同一性の成立の座（場所）であるとも言いうる。すなわち、意志が自らについて把捉／決意し自覚し実現することと、意志が自己同一性を持つこととは、ただ一つのことの相異なる両面に他ならない。意志の自己同一性は、意志の活動に先在したり独立自存したりするものではなく、あくまでも働くことの直中における「心」すなわち統一的中心・重心である。それは静止的ではなく力動的・活動的な自己同一性に他ならない。

以上で考察したように、意志がこうして自覚的な活動それ自身であるということの内には、前節で見たような、働くことの中で自らに留まり同一性を維持するという、顕示（意志）と牽引・収縮（欲動ないし自然）の力動的連関が存している。逆に言えば、こうした力動的な連関全体は、唯一の自覚的な意志活動それ全体のことに他ならない。ここでは、いかなる根底／根拠にも拘束されずに意志が自ら自身で自覚的に働くことと、根拠のいかなる基礎づけもないままに、ゆえに意志自身が根拠となることをも否定する仕方で自らを受け取ることとが、直接に、唯一なる底無き意志活動をなしている。それゆえに、ベーメは、意志の自己直観／観照（智慧）が意志の働きの遂行であると述べたのである。

以上のように、ベーメにおいて、神は底無き「唯一なる意志」であり、それは、意志、把捉／決意、外発の同時性の活動それ自身である。そしてこの「唯一なる意志」では、意志の底無き自己直観／観照（智慧）が、根拠によらない意志の自己産出・形成の働きの遂行である。そして以下で見るように、このことのうちに、神による世界と人間の創造の出来事も存する。

まず、直観／観照ないし智慧に焦点をあてるなら、『神智学の六つの要点（Sex puncta theosophica, 1620）』に述べられているように、意志は、自らを見る「一つの眼」（6T. 4）、「自己自身の形像（Bildniß）がそこにおいて見られる鏡のごときもの」（同）であり、「永遠なる眼の鏡」（6T. 5）にたとえることができる。すなわち意志の自己直観／観照とは、自らを見、把捉する像を産み形成することと捉え直すことができる。そして、西谷啓治が指摘するように、[15] こうして意志を像形成（構想／想像）として捉えるところに、ベーメの特徴的な考察が見られる。ベーメは『恩寵の選び』において、神の直観／観照あるいは智慧の中に、神の三性を産む像が導き入れられる（観照における三性の「範形化（Fürmodelung）」とも述べられる）とした上で、そこで理解されるべきは「把捉される被造的な像（ein faßlich creatürlich Bilde）」ではなく、「神的な想像活動（die Göttliche Imagination = 神の構想／形象化の活動）」であると述べる（GW. 8）。すなわち、ここで言われる神の像（自己形象）とは、神自身から分離され、神の外において把捉される対象的な形象ではなく、神の想像／構想（すなわち自己形象化／像形成）活動の遂行それ自身において力動的に見られる形象である。そしてベーメは、この「想像」の活動に創造の始原と根源的なありようが存すると述べる（同）。それでは、神の想像活動における力動的な形象の構想とはいかなることを意味するのであろうか。

上述してきたように、そもそも神とは、「唯一なる意志」であり、それは、底無くして自らを見ること（直観）において自覚的に自らを形成し、自己同一をなす活動である（意志の自己性・自己同一性は、力動的なそれであり、あくまでも働きにおいて見られる「心」ないし統一的中心であった）。唯一なる意志が自らの意志する内容を把捉し形象化することと、この意志の活動の実行とは、ただ一つのことである。このことは、力動的に見られる形象以外の何処かに「唯一なる意志」（神）の活動が存在するわけではないということである。そして、神の自己形象が力動的に見られる形象であるとは、まさにこの事態を提示するものと考えられる。すなわちそれは、一々の自己形象の背後ないし根底にはいかなるものも無いということを意味する。別言すれば、意志とは、一々の形象を映しつつ形象と直接に一つであるような底無き「眼」ないし「鏡」であることを意味する。したがって、神の想像／構想活動において、一々の力動的な自己形象・像は、「唯一なる意志」としての神の一切を集約し形象化しているのと言えよう。神の想像／構想活動における一々の形象は、それであるままにただちに「唯一なる意志」のそれ全体であり、いわば永遠である。逆に、一々の形象と離れてどこにも一なる全体・永遠はないのであり、一々の形象はその都度異なり、新たでありつつ、しかもつねに一（自己同一）にして永遠である。したがってベーメは、「想像」とは、たとえば「智慧」において「一者のうちに、諸力の無限の多性が唯一の永遠なる眼差しとして現れる」(GW. 18) ことであると述べる。換言すれば、形象の一々の出現に先立つもの、それと別に存在するものがないゆえに、唯一なる意志のその都度の想像活動が、一切の永遠なる初めにして終わりである。したがってベーメはまた、『神智学の六つの要点』において、永遠にして一なる意志ないし神の三性としての「神性の本質」は、「無底的な深みの至る所にあって、始まりがそのまま終わりを持つ一つの輪または眼のようである」(6T. 7) とも述べるのである。

以上のように、ベーメは、神の力動的な形象の想像とは、「一者のうちに、諸力の無限の多性が唯一なる永遠なる眼差しとして現れる」ような事態であるとみなしている。そして、この事態は『恩寵の選び』においては以下のように述べられる。「永遠なる（唯一の）智慧のうちのあらゆる力、色彩、奇跡、存在が均しい重みと尺度において、諸々の独立特性（Eigenschaften ＝私的性質）としてでなしに理解される。そしてそれはあらゆる存在者の存在の唯一なる根底として理解される」(GW. 6)。さらに以下のようにも述べられている。「点火された蠟燭を見て欲しい。そうすればあなたは、神的存在と自然的存在の両者を示す比喩を見るであろう。蠟燭のなかではすべてのものが互いに一つの存在（Wesen）をなし、油脂、火、光、空気、水、土が均しい重みで差別（Unterschied ＝区別）なしにある。……ここでは蠟燭のうちにいかなる差別も認められず、これが火、これが光、これが空気、これが土だと言うことはできない。……だがこれらの独立特性のすべてがそのなかに、しかも認識による差別化なしに、含まれている。というのも、それらの独立特性はすべて均しい重みで和合（Temperatur）のうちにあるからである」（GW, 17）。

本節で考察してきたように、神の唯一なる意志の想像／構想活動では、その一々の力動的な自己形象・像において一切が集約されており、換言すれば、一切の存在が一つの形象・像をなす仕方で存在している。そのことは、右の引用にも見られるように、ベーメからすれば、想像活動の一々の瞬間の一々の形象において、すべての存在が各々の特性を有しつつ互いに礙（さまた）げなく全体として「和合」しているということを意味する。そして、このありようは、この全一なる和合と別に何らかの根底／根拠が存在するのではないゆえに、いっさいの存在が、元来その在るとおりに在るありようである。加えて、このありようとは、「すべて均しい重みで和合のうちにある」とも言われるように、目的や何らかの基準といった根底／根拠によって優劣・軽重を測られることのない、つまり、いかなるものも価値の「差別／区別」を受けることのない仕方での和合に他ならない。言うなれば、傾きないしヒエラルキーの下においてではない、底無き和合である。したがって、一々の形象におけるこの和合は、それを導き根拠づけるものを背後に持たないそれゆえに、他に類を見ない代替不可能な仕方で、力動的に見られ、形成される。すなわち、その都度の唯一無二の形象において、すべての存在は、どれもが欠くことのできない固有性を有しつつ、その都度に固有なる仕方での和合をなし、またそこに自らのあるがままを実現する。こうして見れば、神の想像とは、その都度に固有の一なる和合において自らを見、形成することに他ならないのである。

四　底無き和合の共‐想像／構想

ただし、ベーメによれば、前節に考察したような、神の智慧ないし観照（直観）における想像／構想においては、一切の諸力や本質はいまだ可能的に分開されているだけである。それだけでは、いわば被造界の範型ないし言葉の構想である。ここでは、諸々の力や本質が肉体性を持ち、ひいては時間の内で現実化するという位相が、すなわち言葉の受肉化の位相が現実化していない。そもそも一切のものの底無き和合の構想は、単に可能的に分開されたもの同士の和合の構想に限局されるものではない。むしろそれがより十全に自らを徹底し、より強い力で自己を全うするのは、各々に固有なる特殊者として現実的に分開されたもの同士が互いに礙げなしに働きあう和合においてである。神におけるこうした分開は、天上界、ひいては人間界を産出し創造するに至る（『恩寵の選び』第四章、第五章においてこうした創造が述べられる[16]）。それは、個々の特殊なる意志への分開とその礙げなき和合の産出を意味する。

こうした創造が生み出される理由について、ベーメは『万物のしるし』で以下のように述べる。「神はより完全になるために創造を産み出したのではない。むしろ神の自己顕示へと、大いなる喜び（Freude）と栄光（Herrlichkeit）へと創造を産みだしたのである」（SR, 231[17]）。この際、神によるこうした創造の産出は、目的論的に理解されるべきではない。さもなくば、何らかの目的が神の根底に存することになるからである。むしろこの引用に見るように、それは真の意味の顕示として、ただ「神の自己顕示」から来ることである。すなわち創造の産出は、神が唯一なる意志の自己形成の活動にして自己直観／観照であり（ここにすべてを自ら形成する栄光とすべてを受け取り見る観照の喜びとが存すると解釈できよう）、つまり自己構想の活動であることを、それ自身によって十全に現実化する事態であると理解されるべきである。

こうしたベーメの創造論においては、天上的存在者（天使）にせよ、人間にせよ、それが底無き神において成り立っているゆえに、神からも自立した自由を持つものとされる。ベーメは、自由なる意志に存する天使たちは「無底的に自由なる意志の一特殊者」（GW. 42）であるとする。神すなわち底無き「唯一なる意志」は、想像／構想＝形象化の活動それ自身であった。そのことは、一々の形象化とその形象における和合の産出とに先立って存在する根底はなにものも無いこと、そしてこの意志は、こうした形象化の活動それ自身において、自らの全体を見、自己同一性を持つということであった。したがって、「唯一なる意志」の想像とは、一々の形象において、個々の特殊な意志が、互いに自らの一切をもって他を生かしつつ、各々が代替不可能な均しい重さをもつ全一なる和合を構想すること以外ではありえない。逆に言えば、個々の特殊なる意志が自らの全体を一切の意志の和合において構想することとは別に、その背後に唯一なる意志の活動があるわけではない。すなわち、個々の特殊なる意志が自ら自身において自らを見、形成することと別にはいかなる意志も存在しない。ゆえにこのことは、特殊なる我々の自己の意志の側から見れば、自己の意志は何ものにも妨げられない、自由と自存を持つということである。ここに悪の意志の現実化可能性を見て取ることができる。

ベーメの記述によれば、分開は「和合を越えて我意（ein eigener Wille）へと出て行こうとせり上がり、自らを自らの内へと把捉し込み（infassen）、全体の意志から切り離し、妄想（Phantasey）へと導き入れる」（GW. 21-22）。そして「悪魔たちは根源態においては天使であって、自由な意志における和合のうちにあった」ものの、「彼らは行きたいところへ行こうとした」（B: GW. 46）のであり、その自由意志は「妄想」へと傾いたとされる。そこに神から離叛する悪しき意志が現実化する。「すべての悪しき意志は悪魔であり、悪魔とは我性（Eigenheit）へと自己を把握した意志であり、全体存在から離叛した意志であり、妄想である」（GW. 16）。すなわち、無数の特殊なる意志の自立性が現実化することで、一つの特殊なる意志が、自らについて、他に孤立・離存的な独立特性を持つ存在へと「唯一なる意志」（における他の特殊なる意志）から分離して把握することも現実化する。ベーメは上記のように、意志のこうした想像／構想＝形象化の活動を「妄想」と呼ぶ。

ベーメは、誤った偽りの想像／構想すなわち「妄想」について、『神智学の六つの要点』では、「自らの想像（Imagination）によって他のものを自らの内へと、自らの独立特性へと導き入れる」（6T. 31）ことと述べる。またそこに「高ぶり（Hoffart）」が生まれ、「自ら自身の中から主（Herr）を作り出す」（6M. 90）ことが現実化すると『神秘学の六つの要点（Sex puncta mystica. 1620）』においても述べられる。和合において礙げなしに一であり互いに他において存在する諸々の意志は、自らを自らにのみ基づくものとする意志の自己孤立化・閉鎖化によって、互いに独立特性を持つものとして分離しあい、敵対し、相容れず脅かしあうものとなる。こうして自らのみに基づこうとする意志、いわば自己根拠的たろうとする意志は、他の意志を支配・領有し、自らに引き込むことで、自らを保有し、確固とした不壊の自己性・自己同一性を持とうとする。特殊なる意志は、こうした排他的・閉鎖的な「我性」の自己性・自己同一性において自己を把握することで、主我的・我執的な「我意」となり、形象における和合の構想を、自らひとりを主とする限りにおいて実現しようとするのである。しかし、それは、もとより不可能な企てであり、神の栄光（の下での歓喜・救い）は隠され、特殊なる意志は果てしない苦悩を自らへと引き入れることになる。

こうして、天上の天使達の意志は、ひいては肉体性を有するに到った我々の自己の意志は、和合を産出することも、「主」たろうと欲する高ぶりを自らに引き入れることも、自由に選び取ることのできる存在である。とはいえそれでは、なにゆえにこれらの意志は主へと高ぶり、神から自らを切り離し、我性へと自らを握り込む悪しき妄想をわざわざなしてしまうのであろうか。それは、まさしく「唯一なる意志」が、顕示への意志と、牽引・収縮としての欲動ないし渇望〔自然〕との「力動的関係」において成立しているからであろう。特殊者の現実存在の分開に到ると、それまでの可能的存在の分開にもまして、各々の特殊者が他と区別して自らの自立的存在を保有しようとする、自己牽引・収縮の力が増大する。そこに、特殊者の妄想による悪への意志が現実化する条件が生じるのである。

ただしベーメは、神においてはいかなる意味でも悪への意志はないとする。『恩寵の選び』において以下のように述べられる。「言葉〔の受肉〕は、神の内において悪なのではなく、被造物のうちで、自己性（Selbheit）の〔主〕我的把捉（eigene Fassung）において、悪なのである。しかしまた言葉は、被造物が和合のうちにある限り、善である」（GW. 41）。したがって、ベーメはまた、悪への意志が生じることを計画し、それを欲するというようなことは神にはありえないと繰り返し主張する（GW. 4-5, 13-14, 57）。さもなくば、神の根底に目的を持ち込むことになろうし、また特殊者の「悪」の悪性を神の予定として正当化ないし解消することになるからである。底無き「唯一なる意志」の顕示が被造物への分開にまで達する時、そしてその条件の中で、各々の特殊者があくまでも自らの自由意志で妄想を行う時、渇望〔自然〕としての収縮・牽引がせり上がるのであり、そこにはじめて悪への意志が生じるのである。

そしてベーメによれば、各々の特殊者が、自己根拠的たろうとする意志すなわち我意によって「妄想」を選び取らず、自らと他との一切の全一なる和合を想像／構想することは、なによりも我意の「放下（Gelassenheit）」

によって可能になることである。ベーメは、『キリストへの道（Der Weg zu Christo, 1624, 1730）』において、「意志が徹底して自らを神に委ねる時、意志は自ら自身の外、あらゆる根底と場所との外に（außer allem Grunde und Stätte）沈潜する。そこでは神のみが顕れ、働き、意志する」（WC. 154）とみなし、そしてこうした「放下した意志」のうちに「神は住まう」と述べる（同）。また、同書の他の箇所では、特殊なる者は、自己性から出て神の意志において自らを放下するなら、そこでは「神と共に働く」（WC. 97）と言われ、あるいは意志の「放下」によって「意志は神の子となる力（Macht）を持つ」（WC. 101）とも言われる。そもそも、神の底無き「唯一なる意志」に一切を委ねるとは、特殊なる意志が自らを主とし根拠とする態度が、いかなる留保もなしに放棄・放下されることである。その際、特殊なる意志は、底無き唯一なる意志において、何らかの「根底」に基づくありかたの「外に」あるものとなる。それは、特殊なる意志がその固有性を失うことを意味しない。そもそも、「唯一なる意志」の想像とは、それ自身いかなる「根底／根拠」でもなく「無底／底無し」である。したがって、それは、個々の特殊なる意志の底無き和合における構想とただ一つのことをなすのであり、それが、特殊なる意志のありのままのありようであった。ゆえに、自己に根拠／底を持ち、ただ自己によって和合を妄想しようとする我意を「放下」するとは、底無き「唯一なる意志」の想像において、こうしたいっさいのものの底無き和合を実現することであり、そしてこのことこそ、特殊なる意志が自らの自ずから在るありようを実現し、自らの意志の充足を得ることである。

ベーメは、人間としての我々の自己におけるこうした底無き和合の想像の例として、さらに『万物のしるし』において以下のようなありようを挙げている。すなわち、「人間の心性には、有りとし有るものに向けてきわめて巧みにしつらえられた「しるし（Signatur）」が存在している」（SR. 6）が、「この「しるし」はあたかも何の音も出していないリュートのようである」(SR. 7)。そして、リュートの各々の弦が鳴らされる時、異なる音色による調和ある音楽が神の調べとして奏でられるとする(SR. 229)。この調和ある音楽が和合のありようであるとすれば、ここでは和合の構想によって見られる形象が、「しるし」と呼ばれていると考えられる。そして自己直観にして自己産出である「唯一なる意志」において、個々の特殊なる意志は、あたかも上記の「神の調べ」においてのように、その根底に何ものもない仕方で互いに働きあいつつ、各々が傾きなく均しき重みを持つ底無き和合を、いわば〈共‐想像(構想＝形象化)〉するのである。すなわち、ベーメが言う、我意の否定ないし放下による〈底無き意志の自由〉とは、底無き「唯一なる意志」において、個々の自己の意志が互いに他に代替不可能な重みを持ちつつ、礙げなく共に自らの意志の充足を得ることなのである。

五　意志の自由としての共‐想像／構想

それでは、以上のようなベーメの〈底無き意志の自由〉の思想との対照のうちで、改めてショーペンハウアーの思想を考察し、両者の関係を検討しよう。ショーペンハウアー自身は、主著正編第四十四節において、ベーメの『万物のしるし』を参照しながら、以下のように述べる。「我々は『万物のしるし』の中に意志の表現(Manifestation)の多様な程度とありようとを見る。意志は一切の存在において一にして同じものであり、あらゆるところで同じことを欲している」(WI. 259)。そしてショーペンハウアーは、当該箇所の註において、『万物のしるし』の第一章第十五、十六、十七節の中の、「自然には、内的な形姿(Gestalt)を外に顕さないようなものはない。内的なものは常に顕示に向けて活動している」(SR. 7)、「いっさいのものは〔おのれを〕顕す口(Mund)

を持っている。そしてそれは自然の言葉（Natur＝Sprache）であり、それにおいて一切のものが、自らの特性（Eigenschaft）を語る、そして常に自ら自身を顕示し表現する」（同）などの記述を典拠箇所として挙げている。

本書で考察したように、ショーペンハウアーにとって、根拠律に従う現実の世界の一切が、底無き意志の現象であり、「一者」とも言われる意志の客体性である。したがって、ここで「万物のしるし」としての「意志の表現」と指示されているものは、こうした意志の諸々の現象・客体性のことに他ならない。そしてショーペンハウアーは、しばしばこの客体性を、意志が自らを認識するための「鏡（Spiegel）」であると述べる。こうしてみれば、ショーペンハウアーにとって、「意志の表現」と理解される「万物のしるし」とは、意志がそれにおいて自らを認識するような像・形象のことに他ならない。そして実際、ベーメにおいて、「しるし」とは底無き「唯一なる意志」の自らについての形象・像であった。ベーメ自身、底無き「唯一なる意志」は、自らを見ることと自らを産出し形成することとが一であるような、想像／構想＝形象化の活動それ自身であるとみなした。また、この底無き想像活動は、個々の特殊なる意志が我意の放下によって、自ずから一切の意志の和合を形成することと唯一つのことであるとした。したがってベーメにおいて、「しるし」とは、唯一なる意志の想像／構想において見られる、特殊なる意志の底無き和合のことを意味していると理解できよう。そしてこの底無き和合の構想は、異なる音色による調和ある調べによって喩えられた。ショーペンハウアーが引用した箇所でベーメが述べていた「自然の言葉」も、同じく『万物のしるし』第一章において「ひびき（Hall）」とも言われており（SR, 4）、すなわちこうした調和ある「調べ」のことを意味している。

ベーメにおける「しるし」についてのこうした思想は、ショーペンハウアーは明示していないものの、彼の思考にも受け継がれているように思われる。そもそもショーペンハウアーが、意志の現象は意志の「表現」であり

「鏡」であると言うとき、この意志は、意志の自己表現ないし鏡としての現象に先立つ根拠／根底として存在するものではない。したがって、以下の記述もこのような意味で理解されるべきものであろう。「私は私の意志を、その個々の働きにおいてのみ、つまりすべての客観の現象する形式であると共に私の身体の現象する形式でもある時間の中でのみ、認識する。ゆえに身体は私の意志を認識するための条件である」（WI. 121）。すなわち、この「条件」と別に存在し認識するようなもの（根拠／根底としての意志）はそもそも存在しない。ショーペンハウアーは、他の客観と異なる私の「身体」とは、身体が表象でありつつ意志であることの「二重の認識（doppelte Erkenntnis）」（WI. 123）として成立するとも述べるが、この認識の成立以前に意志は存在しないと言いうる。

以上のようであるとすれば、意志とは、根拠律に従う世界の一々の形象を、根拠／根底なき意志の自己表現として認識し生きることとそれ自身であり、あくまでもその意味において、意志とは「一者」であり「唯一なる意志」である。したがって、ショーペンハウアーの言う「二重の認識」を、ベーメが提示した〈底無き想像／構想活動〉として再解釈することができよう。すなわち、上述の「二重の認識」とは、根拠律に従う形象を超えて何ものかを見ることではなく、意志の一々の自己形象化において自己の全体を見るような〈想像活動〉を遂行することに他ならない。端的に言えば、意志とは、自己の形象を形成することとそれ自身である。ショーペンハウアーの言う「意志」の本義は、身体が表象と意志との「二重の認識」において成り立つという時のその意志ではなく、むしろこの二重としての「一」、すなわち、個体としての我々の自己を根拠律によらずに直接に生きることにおいて現前する、「二重」としての「一（者）」それ自身であると言えよう。

そしてこのことは、ショーペンハウアーが、現象における〈底無き意志の自由〉の実現として提示した事態と同一のことである。本書第二章第四節で述べたように、〈底無き意志の自由〉とは、世界の一々のことの生成と

「唯一なる意志」の活動とが底無く一つであることを指す。それは、世界の一々のことにおいて、意志が自らのあるがままを実現し意志の自由と充足・浄福を実現するような事態であり、また、意志のあるがままを実現する本来的で根源的な自由と浄福の実現として、現実の一々のことが産み出されている事態である。ここでは、一々の形象の背後に根拠としての意志はない。いかなる根拠／底も無いゆえに、「一者」としての全一的な「唯一なる意志」と一々の自己形象化とは、根拠－帰結関係を超えた仕方で、いわば底無き仕方で、ただ一つのことをなす。したがって、ベーメが神の「想像／構想活動」への考察において示したように、〈底無き意志の自由〉とは、一々の力動的な自己形象・像が「一」なる意志の一切を集約し形象化する事態であると言いうる。そしてそれは、本章第二節で論じたように、個々の特殊な意志が、互いにその自らの固有性をあるがままに生かし、各々が等しくその代替不可能なかけがえのない重さをもって全一なる和合を〈共－想像／構想〉することであった。ゆえに、ショーペンハウアーの言う、現象における〈底無き意志の自由〉とは、ベーメが提示した、「唯一なる意志」における、特殊なる意志の底無き〈共－想像／構想の自由〉として理解し直すことができよう。すなわち、ショーペンハウアーの〈底無き意志の自由〉とは、個々の特殊なる意志が、一々の現象（形象）において礙げなく共に〈底無き意志の自由〉を実現し、自らの意志の充足を得ることであると解釈しうるのである。

以上の解釈に基づけば、かえってショーペンハウアーの思想には、ベーメの思想が有する難点を乗り越えていく思考があることも明らかになろう。ベーメは、すでに考察してきたように、創造主としての神の〈底の無さ〉の解明から、現実の世界そして我々の自己の生の解明に向かっている。したがって、ベーメの思想は、神を根拠／根底として想定することへの否定によって貫かれているが、しかしそうした否定に逢着するに際して、読者がまずは（たとえ根拠としての神に対してであれ）神への信仰を持っていることを想定し前提にしていると言える。

この点には、神を根拠として措定することの否定への道行きを自ずから複雑にし、見えにくくする難点が存するように思われる。それに対してショーペンハウアーは、根拠律に従う現実の世界と我々の自己への分析から、「一」なる意志の底の無さの解明に向かっている。こうしてみれば、ショーペンハウアーは、ベーメとは異なって神への信仰を前提とすることなしに、またそれのみならず、およそあらゆる思想・信仰を前提とすることなしに、底無き意志の自由を解明するという道行きを取る点において、より開かれた明瞭な議論を展開することができていると言えよう。

ただし、ここでは、本節の以上の考察の典拠となる記述が、主著正編第二巻におけるそれに他ならないことを看過してはならないであろう。これらの箇所において、ショーペンハウアーは、倒錯した「生への意志」の否定による意志のありのままの自由の実現に至ることで、意志＝一者がどのようなありようをなすことになるのかについて、明瞭な記述をなしていない。なるほど、鎌田康男が指摘するように、ショーペンハウアーは、学位論文とそれに基づく主著（正編）での考察において、意志の「構想力」とそこにおいて構想される「ファンタスマ」について豊かな考察を展開している。[18] しかし、こうした意志の構想（想像）が、「生への意志」の否定による意志の自由の実現においていかなる仕方で働くのかについては、ショーペンハウアーは明示していないと言えよう。

ショーペンハウアーによるベーメへの参照を検討すれば、ショーペンハウアーが、底無き意志の「想像」をめぐるベーメの思想を実質的に摂取していることは明らかである。そして上述したように、ショーペンハウアーがこうした摂取を行うのは、神への信仰を前提とせずに、意志の否定による〈底無き意志〉とその自由のありようを解明するという立場においてである。しかし、ベーメ自身の思想に見られるように、意志の否定（我意の放下）と底無き和合の想像／構想とを結びつけつつ、特殊なる意志の〈共‐想像／構想の自由〉を積極的に解明することは、ショーペンハウアー自身によってはなされていない。[19] 以下では、ベーメの思想の解釈という方法を離れて、むしろショーペンハウアーの立場からこうした解明を果たす可能性を追究してみよう。

まず念頭に置くべきことは、すでに明らかにしたように、底無き和合の〈共‐想像／構想の自由〉は、それを行う特殊者とりわけ各々の自己の独自性・特異性を解消するわけではないということである。むしろそれは、あくまでも固有なるこの〈自己〉の自由の実現でもあった。だが、こうした個としての〈自己〉の自己性とは、自己根拠的な「生への意志」の自己同一性と区別されなければならない。そもそも「生への意志」における自己の自己同一性は、一切を領有して〈自分は主として一切だ〉とする自己同一性に他ならない。その意味では、「生への意志」における自己は、逆説的にも自己を一般化し無内容にしてしまうものであり、別言すれば、自己を一切のうちのどれでもよい自己、代替・交換可能な自己としてしまうものである。事実、「生への意志」における自己の（主）我性は、むしろ次から次へと支配・領有へと駆り立てられ、我を失って他律的である。我性は、実はそれ自身としては、固有の個としての〈自己〉が有する自己同一性ではありえない。

そもそも、この我性は、自らとは独立に自己同一性を持つと見えるもの、すなわちその自己同一性の成立に自らが関わっていないと見えるものが何らかの仕方で自己の前に現れている時には、すでに働いている。たとえば、自己の視線に対して雲が現れると見られる時、雲の形象と共に、すでに排他的・閉鎖的な自己同一性が構想（形象化）されている。あるいは、自己の意志と他者の意志が相容れないと感じられる時、それぞれの閉鎖的な自己同一性が構想されている。そこでは、他と独立に自己自身によって自己であるという自己閉鎖的・自己根拠的な自己同一がすでに見られ、それとの区別・差別において他のもの（雲や意志）が見られている。ただし、こうした事態において、この自己根拠的な自己同一は、たしかに構想（形象化）されているものの、しかし客観化された対象的な形象として見られることはない。それは、むしろ一切の形象の背景ないし中心として働き、見られる形象である[20]。この際、こうして自己が自己根拠的な自己同一性を構想するということは、実際には、この自己同一性の維持に対する妨げや否定を拒む構えをつねにすでに構想していることを意味する。したがって、たとえば自己の視線に対して雲が現れる、自己の意志に対して他の意志が現れるなどと経験される時、そこにはすでに一切を差配しひいては領有しようとする「生への意志」における自己の（主）我性がすでに発動していると言わねばならないであろう。ゆえに、通常考えられるのとは異なって、この経験の中で理解されている自己同一性は、やはり我性であって、固有の個としてのこの〈自己〉の自己同一性ではない。

これに対して、ベーメが提起した自己同一性は、自己根拠的な意志の否定によって実現する、いっさいの特殊者の全一なる和合（すなわち唯一なる意志の自己形象化）において成立する自己同一性である。ベーメはこうした和合の例として、点灯した蠟燭においては、油脂、火、光、空気、水、土が、各々の特性を持ちつつ、かつ自らを根拠／底とすることを否定しつつ、この一つの点灯した蠟燭をなしているという事態を挙げた。また、リュートの各々の弦が鳴らされる時、各々が他と異なるその固有の音色によって一なる調和ある神の調べをなすという例も挙げていた。他にもベーメは、一人ひとりの自己の意志は、我意の否定によって、互いに神（としての底無き唯一なる意志）の「共－枝（Mit＝Aeste）」として自らを実現するとも述べている（GW. 3）。それは、あたかも花を咲かせ、実を結ぶ一本の樹において、大枝も小枝もそれぞれが異なるままに、他を妬むこと無く、互いに力を与えあうごとくである（同）。

こうした考察を考慮すれば、雲が現れる、互いの意志が相容れない、といった出来事が出来事として立ち現れることは、自己の視線や意志に対して生じることではなく、自己を含む一切の力・存在が、その成り立ちのもとから互いに分かち難く参与しあい、各々が欠くことの出来ない仕方でこの出来事を形作ることによると言えよう。それは、何らかの根拠／根底を俟って可能となることではない（さもなくばそうした根拠となるものの自己閉鎖的な自己同一性を措定し、それによって存在の価値差別がはかられることになる）。それゆえに、この出来事においては、初めから一切が力動的に互いに他のうちにある。すなわち、各々の力動的な自己同一性は、それに先立ついかなる根拠も無く、そもそも初めから各々の固有性を有しつつ他の自己同一性に開かれており、互いに他の固有性を享受する仕方で、〈共－生起〉的に成り立っている。したがって、自己の意志が自らの元来のあるがままのありようを発揮するということは、一切がその自己根拠的な自己同一性を否定しつつ互いに参与しあう底無き出来事（＝和合）が、一切の〈共－生起〉ないし〈共－構想〉によって現象（形象化）することである。自己根拠的な「生への意志」が否定され、この元来の〈共－構想〉が現実化する時、前述したような、雲が現れることと私が生きることとは、あるいは自己の意志が働くことと他者の意志が働くこととは、根拠／底無しに互いに他に開かれており、互いに他に対して欠くことのできないこととして、すなわちベーメの言う「均しき重み」を持って、唯一つのことをなしている。たとえば意志が相容れないという事態では、互いの意志の差違は差違のままでありながら、しかもそこでは〈相容れない〉ということは、互いの意志の礙げとならず、否定され克服されるべきこととしては現れない。かえって、それは、各々の意志のあるがままの固有性を、他と共に、他を介して実現する事態として現れる。そこにあるのは、自己と他者とが今ここに共に有ることとそれ自身を、いかなる「根拠／基盤（Grund＝底）」の保証もなしに、したがって「根拠」の共有が不可能なまでに異他的であるままに、端的に均しく肯定しあう事態である。そこでは、自己の意志が働くことと他者の意志が働くこととは、互いに他に還元できないような各々の固有性を発揮しつつ、唯一つの出来事を形作っている。

以上のように、我々の自己の意志は、自己根拠的な「生への意志」の我性を放下することで、他と共にないし他を介して、他の何ものでもないこの固有の〈自己〉の自己同一性を実現し、かけがえのない〈自己〉の意志のあるがままの働きを現実化する。そして、こうした固有の〈自己〉の自己同一性は、主我性への「妄想」が他ならぬこの〈自己〉によって構想される際のその前提ないし場をなしてもいる。自己の意志は、底無き〈共－構想〉において、自己根拠的で閉鎖的・排他的なありかたを離れ、他と共に根拠／根底の無い仕方で構想する。その際、自己の意志のこの〈底の無さ〉とは、自己の意志が現に構想し、存在することそれ自身は、それに基づいて他と比較されうるような根拠／根底（＝基盤／基準）を有しないということを意味しよう。自己の意志は、〈共－構想〉において他との比較を絶した仕方で、すなわち他の何ものもそれになり得ない仕方で構想している。したがって、各々の〈自己〉の自己同一性は、主我的で無内容な代替・交換可能なそれとしてではなく、何ものも代わることのできない底無き構想活動として成り立つ。正確に言えば、底無き構想活動の何ものも代わり得ない働き方＝型（としての力動的な形象）として成り立つ。ゆえに、我々の〈自己〉は、その底に何ものも無い自由の中に存在している。別言すれば、他の何ものも肩代わりすることのできない仕方で存在している。そうであるからこそ、自己根拠的な生への妄想によって自由を見失うか、あるいは、「生への意志」の否定において、いっさいのものが代替不可能な重みを持つ和合を〈共－構想〉し、かつそのことで、互いに代わり得ない仕方で他者と共に世界を創造し、底の無い自己の意志のあるがままを実現するか、一瞬一瞬にその岐路に立つのである。

なるほど、以上のような考察においては、他者と共に世界を創造していく〈自己〉を明らかにする端緒が開かれたに過ぎないであろう。そして、ショーペンハウアーの〈底無き意志の自由〉を、〈共－構想〉の出来事として豊かに再展開し再構築していくためには、ニーチェの場合のように、この自由が、個としての〈自己〉における一々の瞬間の特異性を肯定する意味を持つことが顧慮されるべきであろう。さらには、西田の場合のように、この自由が、意志に超越的な静性と一つのこととして成立すること、またこの自由は、具体的には、各々の自己が各々に固有の仕方で自らの「無」「死」を凝視する無限の努力に互いに徹しあうという意味を持つことが顧慮されるべきであろう。このことは今後の課題となる。

ただし、本章における考察によって、自己根拠的な「生への意志」の否定・廃棄による、意志の転換と底無き自由の実現とは、我々の〈自己〉の構想活動における転換に他ならないことが明らかになった。そしてこのことに大きな意義が存すると思われる。本章の考察で明らかになったように、ショーペンハウアーの言う、「意志の否定」による〈底無き意志の自由〉の実現とは、そしてその「平安」にして「浄福」「明澄／明朗」であるありようとは、自己根拠的な意志の否定によって、他者と共に、ないし他者を介して、代替不可能な個としての固有の〈自己〉の意志のそのあるがままを発揮することである。それは、我々の自己の意志が、底無き〈一なる意志〉の一々の自己構想／想像＝形象化のあるがままの働きを実現することである。すなわち、そうした底無き構想の一々の働きにおいて、いっさいの個の意志が、その固有性を保持しつつ、礙げ無き全一なる和合を実現することである。本節で明らかになったように、底無き和合におけるこうした自由の実現とは、自己の構想の活動〈の形象〉における偽りの自己閉鎖（根拠措定による主我化）がほどけ、我々の自己が、他の何ものも代わることのできない、かけがえのない仕方でこの構想を生きることであり、それも、〈共-構想〉の活動を他を介し他と共に生きることである。「生への意志」の否定による〈底無き意志の自由〉の実現という思想とは、我々の自己がこの〈自己〉として生きることの廃棄を促すものではない。かえって、我々の自己が何ものも代わることのできない、かけがえのない自らの生を生きるとはどのようなことなのかを指し示すものなのである。この思想は、他と共に在るかけがえのない〈自己〉の生が、〈底無き〉自己の生において実現することを解明する点で大きな意義を有しているのである。

結

本書では、ショーペンハウアーにおける意志の否定と自由の思想を中心軸として、〈底無き意志〉の思想の系譜を考察してきた。以下では、考察の詳しい過程については本文にゆずることとし、考察の成果のみを簡単に振り返り、まとめとしたい。

ショーペンハウアーをはじめ、本書が考察した思想家たち、ニーチェ、西田、シェリング、ベーメが展開した〈底無き意志〉の思想とは、自らが働き存在することの「根拠（Grund＝底）」を自ら自身のうちに求めるような「意志」が否定（ないしは廃棄・放下）されることによって、現実の世界における一々の現象の生成と、我々の意志が自らの欲するところを実現する自由とが、したがって意志の自己実現・充足とが、一つのこととして現実化するという思想である（これはショーペンハウアーで言えば、現象における「意志の自由」と「平安」「浄福」の実現という思想である）[1]。そこに見られるのは、現実の世界の一々の現象は、根本的にはいかなる根拠／底も無い仕方で生成するということ、そしてそれがあらわになることは、我々の自己の意志が元来それであるところの底無き意志としてそのあるがままに働くことであるという洞察である。意志とは、我々が直接にそれであり、それを生き抜いているところの、いかなる「根拠／底」も無くして働く活動の名である（したがってそれは主客対立や充足根拠律の形式を超えている）。意志とは、現実の世界の「根拠」として、世界と独立に存在するような実体ではない。意志とは、いかなる「根拠／底」も有さず、したがってそれ自身もいかなる意味でも「根拠／底」とはならない（自己根拠的ではない）という意味で、〈底無き意志〉である。意志のこの〈底の無さ〉とは、現実の世界とその生の〈底の無さ〉それ自身に他ならない。

ただし、上掲の思想家たちが、我々がそれであるところの底無き働きを「意志」と呼ぶ際には、以下のことも念頭に置いている。それは、この働きが、元来はそれ自身いかなる根拠も有しないにもかかわらず、我々の現実の生においては、根拠を求める際限の無い努力ないし意欲・渇望として、倒錯した仕方で現れるということである。とりわけショーペンハウアーの〈底無き意志〉の思想においては、実際の考察順序は、むしろこうした倒錯した意志すなわち「生への意志」（それは自己根拠的な意志に帰着する）が現に働き、我々の生が充足を得られずに苦悩に充ちていることがまず事実として見出され、そこから上述のような〈底無き意志の自由〉の思想が導かれるのである。正確には、現実の世界の一々の現象・表象が主客対立や根拠律の形式に従って成立することの分析から、この表象としての世界が、我々がそれであるところの〈底無き意志〉と表裏一体であることが見出される。そして両者の関係はいかなる意味でも根拠律を超えているにもかかわらず、現に我々の意志は根拠律に従って世界の内に、ひいては自らの内に根拠を求める「生への意志」として働いているという事実が見出される。その上で、自己根拠的な「生への意志」の否定によって、意志が、〈底無き意志〉としての自らのあるがままのありようを認識し実現することへと「転換」する道行きが示され、〈底無き意志の自由〉の思想が提示されるのである[(2)]。

以上のショーペンハウアーの思想に典型例が見出されるように、〈底無き意志〉の思想とは、意志が底無き働きであること、またこの底無き働きは、自らの〈底の無さ〉を見失って、自身の根拠／底を求める倒錯を生じうる働きであることを示すものである。この際、なぜ倒錯のこうした現実化が可能とならねばならないのかについては、もはや答えることはできない。というのも、もしもこうした〈なぜ〉に対する答えが存在するなら、意志には根拠が存在することになり、そもそもこの倒錯も意志の〈底の無さ〉も成立しえないことになるからである。意志は、自らが元来欲するところをそのままに実現する自由を得るのか、あるいはそれを見失って根拠を求める自己倒錯に陥るのか、両者への岐路に、いかなる根拠／拠り所も無いままに一瞬一瞬において立つ。そしてこうした底無き活動がそれとして成立することそれ自身が、元来の事実なのである。

だが、ショーペンハウアーの〈底無き意志〉の思想においては、「意志の否定」に強調点が置かれているため、現象における〈底無き意志の自由〉の出現のありようについての考察には不十分なところがある。もっとも、ショーペンハウアーが、現象における〈底無き意志の自由〉の出現を提起していることそれ自体にそもそも大きな意義が存している。そして、この意義は従来の研究では充分に注目されてこなかったことである。しかし、それを認めた上でも、ショーペンハウアーが、この自由とそれを生きる個としての我々の自己とがどのように関わるのかについて十分な議論をしていないことには問題がある。このことは指摘されねばならない。〈底無き意志の自由〉が、まさにいかなる「底／根拠」も無い仕方で、したがって一々の現象の底無き生成と一つのこととして現実化することに鑑みれば、ニーチェが考察したように、一々の現象を生きる現在の「この瞬間」の自己それ自身に定位して考察を展開することも可能であろう。すなわち〈底無き意志の自由〉とは、この瞬間のこの唯一の〈自己〉の生において実現する、必然と自由の一致としての〈自由〉であるとみなすことが可能であろう（第四章参照）。

これに加えて、以下のことも指摘できよう。すでに考察してきたように、ショーペンハウアーの言う〈底無き意志の自由〉が、底無き意志のあるがままを実現する自由である以上、この自由の実現は、意志のあるがままについての「自己認識」によって可能となる。しかし、ショーペンハウアーにおいて、〈底無き意志〉の自由と自己認識との関係については、考察が充分に行われていない。ただし、西田幾多郎における〈意志の自己認識／自覚〉の思想のように、底無き働きとは、その都度の現在の瞬間において、自らをそれとして映じ表現する「自覚」的な活動であることに着目するなら、現在のこの〈自己〉の〈底無き意志の自由〉とは、実は「意志の自己認識／自覚」とただ一つのことをなすことが明らかになるであろう（第五章参照）。

以上の成果をふまえた上で、シェリングやベーメの思想を参照しつつショーペンハウアーの〈意志の否定と自由〉の思想を考察してみれば、本書で明らかにしたように、ショーペンハウアー自身の思索からも新たに以下のような思想を読み取ることができる。すなわちそれは、〈底無き意志〉とは、一々の現在において自らをそれとして映じ自覚的に形象化するような〈底無き自己想像／構想〉の活動それ自身であるとみなす思想である。そして〈意志の自由〉とは、自己根拠的な自己同一とは異なる自己同一において成立する各々の〈自己〉の生を、こうした〈底無き想像／構想活動〉において、他者と共に現実化することに他ならないとみなす思想である（第七章、第八章参照）。この〈底無き意志の自由〉は、共通の「根拠／基盤」となるような理念や原理を有しない自己と他者とが、互いに他に還元できないような「均しい重み」をもって共に在り、互いに他を端的に肯定しあありようとして現実化する。それは、自己の意志が、他と共通の根拠に包摂されない仕方で、ゆえに他の何ものも代わることのできない仕方で、この〈自己〉の意志を生き、かけがえのない〈自己〉の生を実現することに他ならない。

こうして、自己根拠的な意志の否定によって実現する〈底無き意志の自由〉において、我々の自己は、一々のこの現在に、かけがえのないこの自己として自らが欲するところを実現し、自らの意志の自由と充足とを現実化する。しかしこのことは、現実の世界における我々の生から苦悩が無くなることを意味しない。かえってそれは、ショーペンハウアーや西田幾多郎の思想を検討することで明らかになったように（第二章第四節、第六章第六節参照）、一々のこの現在の出来事に自ずから即し尽くして、喜びにあっては底無しに喜び、苦しみにあっては底無しに苦悩することと言われるべきである。したがって、〈底無き意志〉の思想の系譜において示されるような、意志の否定によって実現する我々の自己の「自由」と「平安」「浄福」とは、苦悩から超然として見える、聖人の類い稀なるありようとしてばかり実現するものではない。むしろ典型的には、日々の生活において、他者と共に喜び、悩み、苦しみ、努力する我々の自己のそのあるがままの行状において実現するものである。(3) ここでは、聖人の行状と普通の人々の行状との区別はもはや問題ではなく、両者の対立図式は乗り超えられている。「意志の否定」とは、そしてそこに実現される〈底無き意志の自由〉とは、あらゆる苦悩や努力を超越することではなく、苦悩の存するその直中において、自己を見失ったり、生から逃避したり、あるいは生の活力を失ったりすることなしに、自己根拠的な意志を否定する無限の努力に、この〈自己〉に固有の仕方で、自ずから生き生きと徹していることに他ならないのである。

註

序

（1）この記述は『意志と表象としての世界（正編）』の第二版（一八四四年）以降に見られるもので、初版にも同趣旨の記述があるが、文言に若干の相違がある。このことについては後に本書第二章註（17）において触れる。

（2）現在、多くの優れた研究は、遺されたショーペンハウアーのノート・メモや、主著に先立って刊行された学位論文『充足根拠律の四方向に分岐した根について（Ueber die vierfache Wurzel des Satzes vom zureichenden Grunde）』の初版（一八一三年）を精査し、主著正編の叙述展開やそれに至るショーペンハウアーの思想の生成を内在的に跡づけることで、従来の非合理主義的・実体主義的解釈の誤りを明らかにしている。本書もそれに多くを負っている。これらの研究については本書の以下の考察において適宜言及し参照することにしたい。

（3）ショーペンハウアーの認識論は、カントの感性・悟性論とプラトンのイデア論の影響を受けている。その詳細と意義について、その他の哲学思想から彼が受けた影響とその意義とを含めて明らかにした著作として、以下の研究を参照されたい。Yasuo Kamata, *Der junge Schopenhauer*, Verlag Karl Alber, 1988.

第一章

（1）以下を参照。鎌田康男「哲学のショーペンハウアー的転回」、『ショーペンハウアー研究』創刊号、一九九三年、一一四六頁、Matthias Koßler, Die eine Anschauung – der eine Gedanke, in: *Die Ethik Arthur Schopenhauers im Ausgang vom Deutschen Idealismus*, herausgegeben von Lore Hühn in redaktioneller Zusammenarbeit mit Philipp

Schwab. Ergon Verlag. 2006, S. 357.

（2）鎌田康男、同前、および、齋藤智志「表象論の再構築」、齋藤智志・高橋陽一郎・板橋勇仁編著『ショーペンハウアー読本』、法政大学出版局、二〇〇七年、一八頁参照。

（3）「世界は私の意志である」（WI, 5）も一つの真理としてあげられる。これは客観のみならず、主観を根拠として独断的に措定することも排斥するテーゼであると言うことができよう。

（4）以下を参照。Arthur Schopenhauer, Ueber die vierfache Wurzel des Satzes vom zureichenden Grunde, in: Arthur Schopenhauer, *Sämtliche Werke*, Band 7, herausgegeben von Arthur Hübscher, F. A. Brockhaus, 1988.

（5）第二巻における同趣旨の叙述としては以下のようなものがある。「事物の個々の作用のその各々について、事物がまさに今、まさにここに作用せざるを得なかったという、その結果をもたらした原因を立証することはできよう。しかし、事物がそもそも作用すること、またまさにそのように作用することについては、いかなる原因も決して立証できない」（WI, 148）。「世界におけるいかなる事物も、それが事実存在していることの端的かつ一般的な原因を持っていない。ただ、それがちょうどここに、ちょうど今に、現に存在していることの原因を持っているだけである」（WI, 164）。

（6）鎌田康男は、ショーペンハウアーの主著に至る思想形成を辿る考察を行い、その上で「ドレスデン時代以降の「物自体」という語は、表象の世界の外に実体としてある物、という意味ではなく、表象の世界の内部にありながら、時間・空間的な生成消滅の変転を超えて、統一・安定を保つ、という意味に解すべきことがわかる」と主張する。鎌田康男「若きショーペンハウアーにおける「表象としての世界」の構想」、『武蔵大学人文学会雑誌』第一九巻第三・四号、一九八八年、六一頁参照。

（7）ショーペンハウアーの「一者」の思想については、ベーメの思想との関係において、本書第八章において詳しく論じる。

（8）高橋陽一郎は、従来の実体主義的解釈について紹介した上で、それに批判的検討を加えている。高橋は、ショーペンハウアーの書簡に見られる「私は意志実体については一度も語ったことはありません」という叙述を念頭に置きながら、主著正編（初版）の一見実体主義的な叙述や、中期以降に見られる、意志を実体と（比喩的に）名指す叙述について検討している。そして思想生成史的考察に基づき、これらの叙述は、意志をそれ自身で独立自存する最終原因（根拠）とみなすような実体主義に立つものではありえないとしている。以上、高橋陽一郎「ショーペンハウアー意志論の再構築」、鎌田康男・齋藤智志・高橋陽一郎・臼木悦生訳著『ショーペンハウアー哲学の再構築』、法政大学出版局、二〇〇〇年、二二三―二五八頁を参照。ショーペンハウアーにとって、物自体という語が実体的根拠を意味するものではないことについては、鎌田康男、前掲「若きショーペンハウアーにおける「表象としての世界」の構想」も参照されたい。

（9）こうした二重性の認識の構造については、本書第八章において改めて考察する。先取りしておけば、「私は私の意志を、その個々の働きにおいてのみ、つまりすべての客観の現象する形式であると共に私の身体の現象する形式でもある時間の中でのみ、認識する」（WI, 121）とするショーペンハウアーの記述をいかに解釈するかが問題となる。

（10）「イデア（Idee＝イデー）」の思想の生成については、鎌田康男、前掲「若きショーペンハウアーにおける「表象としての世界」の構想」、五六―六四頁、齋藤智志、前掲「表象論の再構築」、二一〇―二一八頁を参照。両論考は、イデアが決して実体的意味を有していないことを明らかにしている。

（11）高橋陽一郎、前掲「ショーペンハウアー意志論の再構築」、二三二頁。

（12）永遠不変なるイデアをそれとして認識するとは、見方を変えれば生成流動する現象の根拠にそうしたイデアを見出すこととも考えられる。したがって、本書第二章で考察する主著正編第四巻での議論を考慮すれば、イデア認識は根拠を求める意志の根本的な鎮静・否定にはなりえず、したがって苦悩からの根本的な救済とはなりえないこととなろう。

第二章

（1）ショーペンハウアーは、この問題は、誰もがじかに我が身のこととして関わり、無関心ではいられない問題であり、かつ、他のいっさいをそれに関係づけることが適切であるような問題とする（WI, 319）。
（2）意志の否定の一様相としての「共苦（Mitleid = 同苦／同情）」については、鎌田康男「若きショーペンハウアーにおける「意志としての世界」の構想」、『武蔵大学人文学会雑誌』第二〇巻第三・四号、一九八九年、二三―二六頁、および、伊藤貴雄『ショーペンハウアー　兵役拒否の哲学』、晃洋書房、二〇一四年、第八章を参照されたい。なお「共苦」については本書では第五章註（4）においても触れる。
（3）「生への意志」において根拠への執着を諦めることが何故起こるのかについては、それはあたかも「恩寵の働き」の如く現れるとも述べられる。後述を参照されたい。
（4）ショーペンハウアーは、意志の客体化の高位段階としての人間において、意志は、各々の個体が自らを「生への意志」の全体であるとみなす「エゴイズム（Egoismus）」において働くとする（WI, 391-392）。「生への意志」の本性とその自己矛盾の本質は、この自己根拠的な「エゴイズム」にあると言えよう。
（5）こうして提示される意志の自己認識については、そもそも根拠が無い意志が自らについての認識を持ちうる所以について、意志自身の成立構造に即して明らかにする必要があろう。これについては、本書第五章の考察を参照されたい。
（6）WI, 216ならびにWII, 740を参照。なおショーペンハウアーは、上述のように「人間においては意志が完全な自覚（Selbstbewußtsein）に達することができる。すなわち、意志が自身の本質を、それが世界全体に自らの像を映し出しているのにしたがって、明瞭に余りなく認識するまでに達することができる」（WI, 339）と述べていたが、同箇所で彼は、意志はこの「自覚」を自分自身に関係させることで、意志の「廃棄（Aufhebung）」や「自己否定（Selbstverneinung）」（同）を可能にするとも述べている。
（7）M・コスラーは、ショーペンハウアーの『パレルガ・ウント・パラリポメナ（Parerga und Paralipomena, 1851）』における以下のような叙述も参照し、意志の否定においてもなお意志が存立していることが認められていると解釈している。「生への意志の否定とは、ある実体の無化（Vernichtung einer Substanz）を意味するのではなく、単に意欲しないことの実現（Actus des Nichtwollens）を意味している。それは、今まで意志していたものがもはや意志しないということである」(Arthur Schopenhauer, *Sämtliche Werke,* Band 6, a.a.O., S. 331)。以下を参照。Matthias Koßler, *Substantielles Wissen und subjektives Handeln,* Peter Lang, 1990, S. 202.

(8) フランチェスコについての記述は、第三版になって加えられたものである。その意味については註(18)に述べる。

(9) Herald Schöndorf, Zum Pradox von Wille und Freiheit bei Schopenhauer, in: *Schopenhauer Jahrbuch,* 72. Band, Verlag Waldemar Kramer, 1991, S. 87.

(10) あらゆる観点から見て無である「否定的無(nihil negativum)」の完全なありようが「絶対的な無」である(WI. 484)。それは、根拠律(によって存在するもの)の否定という意味を含まない「無」にあたる。

(11) 鎌田康男は、ショーペンハウアーの「意志」には二つの契機があるとして、それを、表象世界の成立の超越論的制約としての「超越論的意志」と、盲目的な自己規定・存在構築としての「弁証的意志」と呼んでいる。その上で鎌田は、「意志がない、すなわち表象がなく、世界がない」という記述は、「超越論的意志」に関わるものであるとしている。鎌田康男、前掲「若きショーペンハウアーにおける「意志としての世界」の構想」、五—六、一八頁、および、同「構想力としての世界」、『理想』第六八七号、二〇一一年、一八頁を参照。

(12) ショーペンハウアーは、哲学の立場では、意志の否定はただ「否定的(negativ = 消極的)」な表現でしか示し得ないとしたうえで(WI. 485)、「意志がない、すなわち表象がなく、世界がない」と語っている。なお哲学の立場における「否定的」な表現とは、表象ないし意志のGrundを想定してそれを語ることをしない認識をさすと思われるが、主著最終巻最終段落は、この意味での哲学の立場を超える部分があるのかどうか、なお考えるべき所がある。これについては本書第七章で考察したい。

(13) Arthur Schopenhauer, *Sämtliche Werke,* Band 6, a.a.O., S. 331.

(14) 第三版(一八五九年)で書き加えられた註である。なおショーペンハウアーが主著初版刊行以前に読んだ仏典については、第三章註(3)を参照されたい。

(15) 高橋陽一郎は、意志の自由は、主著の当初の刊行時には、消極的に規定されていたが、それが後に「自存性」として肯定的に規定されるようになったと論じている。以下を参照。高橋陽一郎「ショーペンハウアー意志論の再構築」、前掲『ショーペンハウアー哲学の再構築』、二二三―二五八頁。これに対して本書は、主著刊行の当初よりこうした肯定的な規定内容が提示されていると捉えている。

(16) 山本幾生『現実と落着』、関西大学出版部、二〇一四年、三八一および四一〇頁。

(17) 初版（一八一八／一九年）では、「自由は現象の内的本質を廃棄してしまうが、現象そのものは時間の中になお存続し続ける」（初版、四一三頁）となっていたが、第二版（一八四四年）以降、本文中に引用したように書き改められている。それは、生への意志の否定が、いかなる意味でも根拠＝（根）底としての無を措定するものではないという主張をより明確にする意味を有していよう。

(18) この記述は、初版（一八一九年）と第二版（一八四四年）には見られず、第三版（一八五九年）になって書き加えられたものである。それは、生への意志の否定が、現実の現象の世界において自己の主体的な自由を実現し、自己の生の肯定を現実化するものであるという主張を明瞭にする意味を持っていよう。

(19) このことについては、西田幾多郎の思想を取り上げる第六章第六節において論じる。

第三章

(1) 伊藤貴雄「ヘーゲルとショーペンハウアー」、『ヘーゲル研究』第一八号、こぶし書房、二〇一二年、一〇二―一一四頁参照。なお、代表的な研究として以下のものを参照されたい。山下太郎『社会存在の理法』、公論社、一九八二年。Alfred Schmidt, *Idee und Weltwille*, Carl Hanser Verlag, 1988. Matthias Koßler, *Substantielles Wissen und subjektives Handeln*, a.a.O. なお伊藤氏からは、ショーペンハウアーに対するヘーゲルの思想的影響を論じた文献に関して教示を得た。

(2) 他にも『パレルガ・ウント・パラリポメナ』などに、ヘーゲル哲学への（必ずしも典拠が明確ではない）批判的コメントが見出されるものの、ヘーゲルからの思想的影響に関しては、現在までのところ文献的にはほとんど確かめられていない。以下を参照。Alfred Schmidt, a.a.O., S. 12. Matthias Koßler, a.a.O., S. 15-16, 245 (Anm. 2). ただしこのことをもって即断はできず、さらに詳細な資料研究が必要である。伊藤貴雄は、ショーペンハウアーが『大論理学』の根拠律の章に注目をしたのではないかと提起しているが、研究の新たな局面を開くものとして注目しうる（伊藤貴雄、前掲「ヘーゲルとショーペンハウアー」、一〇四頁以下）。

（3）ショーペンハウアーが接したインド思想の資料と当時の研究状況については、以下に負う。Urs App, Schopenhauer and China, in: *Sino-Platonic Papers* 200, 1997. ウルス・アップ（高橋陽一郎訳）「ショーペンハウアーのニルヴァーナ」、『理想』第六八七号、二〇一一年、六二―七六頁。なお、同論文によれば、ショーペンハウアーが初めて読んだ仏典は、禅者によって編集された四十二章経のバージョンの独訳である。

（4）ヘーゲルが接したインド思想の資料と当時の研究状況については、以下に詳しい。『ヘーゲルとオリエント』、科学研究費補助金研究成果報告書（基盤研究（B）課題番号21320008 研究代表者　神山伸弘）、二〇一二年。本書には、当該講義の「オリエント世界」の部分についての翻訳も収められている。

（5）ヘーゲル「世界史哲学講義」（一八二二／二三年）の引用・参照は以下を底本とし、略号PdWと頁数とを付記する。一五頁であれば（PdW, 15）と記す。Georg Wilhelm Friedrich Hegel, *Vorlesungen über die Philosophie der Weltgeschichte*, in: *Vorlesungen. Ausgewählte Nachschriften und Manuskripte*, Band 12, herausgegeben von K. H. Ilting, K. Brehmer, H. N. Seelmann, Felix Meiner, 1996. なお訳出にあたっては、前掲『ヘーゲルとオリエント』所収（四〇六―六八三頁）の翻訳も参照した。

（6）この時期のヘーゲルは、仏教とラマ教（チベット仏教）について明確な差違を設けずに理解している。ここでの仏教理解の特性を一八二七年の「宗教哲学講義」におけるそれとの異同も含めて考察したものとして、以下を参照。久間泰賢「一八二二／二三年「世界史哲学講義」におけるヘーゲルの仏教理解」、前掲『ヘーゲルとオリエント』、六三―八〇頁。

（7）ヘーゲル『大論理学（第二版）』の引用・参照は以下の全集版を底本とし、略号GWと巻数および頁数を付記する。第二一巻一五頁なら、（GW: 21, 15）と表記する。Georg Wilhelm Friedrich Hegel, *Gesammelte Werke*, herausgegeben von Friedrich Hogemann und Walter Jaeschke, Felix Meiner Verlag, 1968ff. なお訳出にあたっては以下の翻訳を適宜参照した。ヘーゲル（武市健人訳）『大論理学』上巻の一、『ヘーゲル全集』6a、岩波書店、一九五六年。

（8） この評価は、一八二七年の「宗教哲学講義」でも同様であると思われる。以下を参照。Georg Wilhelm Friedrich Hegel, *Vorlesungen über die Philosophie der Religion*, in: *Vorlesungen. Ausgewählte Nachschriften und Manuskripte*, Band 4, herausgegeben von Walter Jaeschke, Felix Meiner Verlag, 1985, S. 461.

（9） なおショーペンハウアー自身は、哲学とは、すべての者に共通で客観的な事実から出発し、またそこから離れずに、この事実の本質的な成立構造を明らかにするものであり、その意味で、自らの〈哲学の方法〉は、われわれに共通にないし客観的に与えられている事実に「内在的」な方法であるとする（WII, 736）。この「内在的」な方法の内実については本書第七章において考察する。

（10） ただし、意志の否定と自由に関する哲学的思惟の妥当性はどのように保証されるのかという問題は残るであろう。これについては、意志の自己認識／自覚の成立構造を考察する第五章を参照されたい。

（11） さらにヘーゲルからすれば、ショーペンハウアーが言う底無き意志の自由は、社会的な共同体とりわけ国家のありようにどのように関わるのかという問いが出されるであろう。実際、もしもこの自由が、国家との内的な関係を持たないとするなら、やはりそれは規定性を排除した、根拠としての「（虚）無」に基づくものに他ならないことになってしまうであろう。この問いに対しては、ショーペンハウアーの国家論を精細に論じた、伊藤貴雄の諸論考、とりわけ前掲『ショーペンハウアー』および前掲「ヘーゲルとショーペンハウアー」が示唆に富む考究を展開している。

第四章

（1） マティアス・コスラー（高橋陽一郎・伊藤貴雄訳）「非叡智的性格と経験的性格としての世界」、『ショーペンハウアー研究』第一九号、二〇一四年、五―二五頁を参照。

（2） ニーチェのテクストの引用・参照については、Friedrich Nietzsche, *Sämtliche Werke. Kritische Studienausgabe*, herausgegeben von Giorgio Colli und Mazzino Montinari, Walter de Gruyter, 1967-77, 1988 を底本とし、略号 KSA と巻数および頁数を付記する。第二巻一五頁であれば、（KSA: 2, 15）と表記する。なお、訳出にあたっては以下に

ある翻訳を適宜参照した。『ニーチェ全集』、白水社、一九七九—八七年。『ニーチェ全集』、筑摩書房、一九九三—九四年。新田章『ヨーロッパの仏陀』、理想社、一九九八年。

(3) 村井則夫『ニーチェ 仮象の文献学』、知泉書館、二〇一四年、一四三頁以下を参照。

(4) 同前、二二〇—二二一頁参照。なお村井則夫はこうした不整合を、ニーチェが「物自体としての意志」と「現象」というショーペンハウアーの形而上学的二元論の枠組みを採用している点に求めている(同頁参照)。この見解に基づくなら、ニーチェは、ショーペンハウアーの言う、「根拠(Grund)」無き〈意志=一者〉を現象の〈根拠〉と誤釈し、的外れな仕方で〈意志—現象〉の枠組みを用いて不整合な思索を展開していると言えるかもしれない。

(5) 同前、一二四頁参照。

(6) ニーチェは、ショーペンハウアーはこうした問いを提起したものの、答えるに際しては誤りを犯したとみなしているが(KSA: 3. 600-601)、それは誤釈に基づく不当な評価であると思われる。

(7) 同箇所で自由意志は自己原因の概念に基づくとされている。したがって、ここで言われる「自由」は、ショーペンハウアーの Grund 無き自由とは異なる意味で使われている。

(8) ニーチェは上述のように、「根拠(Grund)」の存在はねつ造されたものとしているが、しかしショーペンハウアーのように、とりわけ「根拠」を鍵概念にして思考しているわけではない。ただしニーチェの思考は実質的に「根拠」の想定への批判となっていると思われるので、以下ではそのような観点から跡づけていく。

(9) ニーチェのこうした思想の背景に身体論的考察があることについては、以下が示唆に富む考察を展開している。竹内綱史「ニーチェ——絶対の喪失という希望」、伊藤直樹・齋藤元紀・増田靖彦編著『ヨーロッパ現代哲学への招待』、梓出版社、二〇〇九年、二一七—五五頁。

(10) これについては、村井則夫、前掲『ニーチェ』、二五一—二五二頁、ならびに新田章、前掲『ヨーロッパの仏陀』、第五章における記述から多くの教示を得た。

(11) 村井則夫、前掲『ニーチェ』、二四九頁。

(12) 村井則夫は、「力への意志」の思想と「永劫回帰」の思想は相互に次元を異にしながら互いを補完し合うものとする（同前、二四九頁）。なおこの点について本郷朝香はやや批判的なコメントを行っている。以下を参照。本郷朝香「書評　村井則夫著『ニーチェ　仮象の文献学』」、『信仰と実存』、実存思想論集ＸＸＸ、理想社、二〇一五年、一八二頁。なお新田章は、「力への意志」の思想は「永劫回帰」の思想を前提にして成り立つとする（前掲『ヨーロッパの仏陀』、第三章）。

（13）永劫回帰を〈同一のもの〉ではなく、〈差異〉の回帰であることに着目した解釈として、以下のものを参照。Gilles Deleuze, *Nietzsche et la philosophie*, PUF, 1962.

（14）新田章、前掲『ヨーロッパの仏陀』、八〇―八三頁参照。

（15）Alexander Nehamas, *Nietzsche*, Harvard University Press, 1985, p. 174 ff.

（16）Ibid., p. 180.

（17）Ibid., p. 185.

（18）須藤訓任『ニーチェの歴史思想』、大阪大学出版会、二〇一一年、三二二頁参照。また須藤は、同時にこうしたありようを多数のパースペクティヴの統合であるとして、それを単なる整合・強調のそれではなく、遊びのある懐深い統合であると解釈している。

（19）竹内綱史、前掲「ニーチェ――絶対の喪失という希望」、四一―四三頁参照。なお本書では「超人（Übermensch）」について触れることはできなかったが、竹内は同箇所で、「超人」とは人間の徹底的な可塑性を明らかにする語であるとしている。

第五章

（1）前章で考察したニーチェの思想においても、底無き意志の自己認識の成立構造への問いを看取することは可能であろう。例えば村井則夫は、ニーチェにおいては、力への意志の自己表現としての解釈それ自身が、単なる相対主義に陥らずに、自らの仮象性を見抜くものとみなされていると指摘している（前掲『ニーチェ』、二五三頁参照）。ただし本書ではこの点には立ち入らず、意志の自己認識についてより直接にショーペンハウアーの思想から影響を受けた西田の思想を手がかりにして考察していきたい。

（2）本書第二章第二節で述べたように、ショーペンハウアーによれば、意志とは、主観と客観とが分かれない仕方で直接に知られる働きである。すなわち、意志において主観と客観とは直接に同一である。ただし、この意志が主客の形式において捉えられた位相、すなわち意志の客体化の位相においては、意志は客体化されたものに対する主観に相応すると言いうる。筆者は、ショーペンハウアーが引用文中に言う「ある観点では」とは以上のような事情を指すと考える。なお、意志と認識主観との関係については、以下の考察に示唆を受けている。高橋陽一郎「不安定な知性、不安定な表象」、『精神科学』第四六号、二〇〇八年、一〇三―一一六頁。

（3）鎌田康男は、ショーペンハウアーには、表象の認識に関わって、統一性・安定性を保つ認識の成立構造を示す議論があることを明らかにしている。鎌田康男、前掲「若きショーペンハウアーにおける「表象としての世界」の構想」、五四頁以下を参照。

（4）この〈自己〉において意志それ自身の構造について認識を得るという事態については、『意志と表象としての世界』の考察の中では、自己と他者を共に「生への意志」の苦悩を生きるものとして共感する「共苦（Mitleid）」の議論が参考になる。「共苦」については、マティアス・コスラー、前掲「非叡智的性格と経験的性格」、二〇―二二頁、および伊藤貴雄、前掲『ショーペンハウアー』第八章を参照されたい。ただしこの「共苦」は、ショーペンハウアーにおいては、あくまでも意志の否定に向かうその途上にあるものと位置づけられており（WI, 442-443）、底無き意志の自由それ自身の認識を指すものとは言えない。

（5）西田の『善の研究』の内容の詳細に関する筆者の理解については、以下を参照されたい。板橋勇仁『西田哲学の論理と方法』、法政大学出版局、二〇〇四年、第一章。

（6）西田幾多郎の著作の引用・参照に際しては、『西田幾多郎全集』、岩波書店、一九六五―六六年（第二刷）を底本とし、略号 NKZ と巻数および頁数を付記する。第二巻一五頁なら、（NKZ: 2, 15）と表記する。なお引用に際しては、原則として旧漢字を新漢字に改める。仮名遣いは原文のままとする。

（7）これについては、『西田幾多郎全集』（新編集版）、第一五巻、二〇〇六年、岩波書店、一一一頁を参照。

（8）上田閑照は、「疑う」ということ、および知識の確実性・真理性の基準としての直接性に関して、西田とデカルトの哲学的方法を比較検討しつつ、意義深い考察を展開している。上田閑照「経験と自覚」、『上田閑照集』第二巻、岩波書店、二〇〇二年、一五七―二〇二頁を参照。

（9）こうした議論は、直接的経験の単なる称揚ではなく、むしろ学問的方法としての批判主義を厳密に遂行しようとするものである。板橋勇仁、前掲『西田哲学の論理と方法』、二二一―三九頁を参照されたい。

（10）純粋経験の〈場＝field（Feld）〉的性格については、ロルフ・エルバーフェルトも指摘している。Rolf Elberfeld. *Kitarō Nishida (1870–1945). Moderne japanische Philosophie und die Frage nach der Interkulturalität*. Rodopi. 1999. S. 87.

（11）西田の言う「統一作用」「統一力」とは、統一と分化との統一としての活動を指すと考えられる。

（12）なお西田は、「純粋経験」のことをしばしば主客合一の経験とも名指すが、しかし本章で考察してきたように、それは単に主客を超越して無差別である事態を指すのではない。「純粋経験の直接にして純粋なる所以は……具体的意識の厳密な統一にある」（NKZ: 1, 11）とも述べられるように、「純粋経験」（ないし「事実と認識の間に一毫の間隙がない」ような「意識現象」）とは、単なる「合一」ではなく、主客の「統一」であり、それも統一（一）と分化（多）とを自らの両側面として有する「厳密な」統一である。

（13）西田はさらには以下のように述べている。「純粋経験に於ては未だ知情意の分離なく、唯一の活動である」（NKZ: 1, 59）。「元来我々の意識現象を知情意と分つのは学問上の便宜に由るので、実地に於ては三種の現象あるのではなく、意識現象は凡て此方面を具備して居るのである。……併し此三方面の中、意志がその最も根本的なる形式である」（同）。

（14）筆者は、ショーペンハウアーの意志論と西田の意志論との関係について以下の論考で考察したことがある。Yūjin Itabashi, Realization *or* Denial of Will: *Zen no kenkyū* and *Die Welt als Wille und Vorstellung*, in: *Kitarō Nishida in der Philosophie des 20. Jahrhunderts*, edited by Rolf Elberfeld and Yoko Arisaka, Verlag Karl Alber, 2015, pp. 265–276. 但しそこでは、両者の共通性に焦点を当てたので、意志の自己認識の問題をめぐる両者の相違については立

ち入って論じることはできなかった。

（15）　この記述の解釈については、すでに本章第一節において述べた。

（16）　ただし、西田がこうして「意志は我々の意識の最も深き統一力」であるとしたり、本文ですぐ後に触れるように「凡て理性とか法則とかいつて居る者の其の根本には意志の統一作用が働いて居る」（NKZ: 1, 39）、意志と理性とは「其根底を同じうする」（同）などと述べることは、何等かの仕方で実在の根底／根拠を想定しているのではないかとの懸念が生じる。これについては本章第五節で論じる。

（17）　『善の研究』における「知的直観」が、フィヒテやシェリングの「知的直観」概念から受けた影響については、大橋良介『西田哲学の世界』、筑摩書房、一九九五年、五一―五三頁を、また特にシェリングのそれからの影響については、松山壽一『知と無知』、萌書房、二〇〇六年、一七五―一七九頁を参照。

（18）　この事態は、一々のことにおいて、唯一実在の唯一活動（統一力）を自得し、「独立自全の一事実」から離れないこと、たとえば、前節で述べたように、自と他の間の対立の出来事においても、他の存在を端的に肯定し、他によって変換・転換されながら、我を失わずに、生き生きと生きていく（生命を持つ）ことを意味しよう。

（19）　この引用箇所で、西田は以下のように述べている。「宗教的覚悟とは、……知識及意志の根底に横はれる深遠なる統一を自得するのである、一種の知的直観である、深き生命の捕捉である。故にいかなる論理の刃も之に向ふことはできず、いかなる欲求も之を動かすことはできぬ、凡ての真理及び満足の根本となる」（NKZ: 1, 45）。ここで宗教的覚悟について述べられているのは、西田が、自己根拠的な「主観的自己」「偽我」それ自身の徹底的な否定・廃棄の出来事を、ないしはいわば自己のそうした転換の出来事を、絶対的な神との関係において生じる宗教的な事実であるとみなしていることによる。ゆえに、この引用箇所においては、最も徹底的な「知的直観」が主題化されているとみなすことができる。

（20）　この箇所は「意識の統一」について記述された箇所であるが、「意識の統一」とは、それが「主客合一の統一」であるとも言われるように（NKZ: 1, 171-172）、「純粋経験の統一」すなわち「唯一活動」のことであると解釈しうる。

（21）　ここで意志の「根底」と言われても、それは意志の根底に意志の根拠となる何らかの存在者があるということを意味しない。ただしそれでもなお「根底」の語が用いられている点については問題があると思われる。この点については後述する。

（22）『自覚に於ける直観と反省』における、意志の有する動性と静性との内的関係およびそれと自覚（自己認識）さらには哲学的思惟との関係については、板橋勇仁、前掲『西田哲学の論理と方法』第二章で論じたので、参照願いたい。そこでは、西田が参照した、新カント派のH・コーエン（Hermann Cohen）、H・リッケルト（Heinrich Rickert）、E・ラスク（Emil Lask）らの議論の詳細と、それに対する西田の応答についても併せて考察した。また、『自覚に於ける直観と反省』における西田の意志論とショーペンハウアーの意志論とを互いに対照させつつ考察したものとして、以下が示唆に富む。齋藤智志「意志の哲学」、『上智大学哲学論集』第二八号、一九九九年、三三―四四頁。なお、本章の問題意識に関する点で、西田がショーペンハウアーを念頭に置いて考察している箇所は『自覚に於ける直観と反省』には見あたらない。

（23）『働くものから見るものへ』において、西田はこの「場所」を、当初はプロティノスの「一者」との関連で探求している。こうした西田の思考は、本書次章で考察する、後期西田哲学の「絶対的一者」の発想にも受け継がれている。中後期西田哲学の「場所」の思想の発展とプロティノスの「一者」の思考との関連について、筆者は以下の論考で跡づけたことがあるので参照されたい。板橋勇仁、「形と形を超えるもの」、『新プラトン主義研究』第六号、二〇〇六年、三三―四五頁。

（24）筆者は、『働くものから見るものへ』における「無」の場所と、ショーペンハウアーの主著における「無」とを対照し、両者にニヒリズムをめぐる共通の思考が見出されることを論じたことがある。以下を参照されたい。Yūjin Itabashi, “Nichtigkeit” of Nihilism: Schopenhauer and Nishida, in: *Schopenhauer-Jahrbuch*, 93. Band, 2012, Verlag Königshausen & Neumann, S. 127–137.

（25）こうして、西田の言う「場所」とは、いっさいの有が有として成立する際にそこにおいてあるところである。西田自身は、この「場所」の着想をプラトンの『ティマイオス』から得たと述べている（NKZ: 4, 209）。

（26）「真の場所は単に変化の場所ではなくして生滅の場所である」（NKZ: 4, 219）と述べられるように、西田は、底無き働きの有する自由について、単なる連続的な変化・発展においてではなく、一々において自己を新たに創造していくことにおいて実現する「自由」であるとみなす。またこの「自由」は、単なる理論的な認識におけるそれにとどまらず、現実の世界における行為の実践的なありようを成すものである。これについては、次章で考察したい。

(27) 別の箇所で、西田は、直観とは、全体（一般）が個（特殊）を一方的に包摂するのでもなく、また個が全体を一方的に包摂するのでもなく、両方向の統一であると述べる（NKZ: 4, 258）。

(28) 西田はこうした自覚を後に「語るものなくして語ること」とも述べる。こうした「語ること」において、直観についての哲学的思惟も成立することになるが、哲学的思惟の成立構造と普遍妥当性については、板橋勇仁、前掲『西田哲学の論理と方法』第四章以降で考察した。

(29) ショーペンハウアーは、すでに何度も触れたように、底無き意志の自由が、あたかも「突如として外から飛来したもののように訪れる」「恩寵の働き」によって実現するとも述べているが、ここには、意志の活動性が、自らによって導出も創造もできない超越的な静性と一つのことを成すという思想を展開する可能性を観取しうる。ただし彼はこれ以上の立ち入った考察は展開していない。

(30) 後期西田哲学では、「直観」と「意志」とを一つの事態として理解し、さらにその上で「意志」の側面を強調するような記述も見られる（NKZ: 11, 438 など）。事実、『自覚に於ける直観と反省』の「改版の序」において、この著作の「絶対意志の立場」が、後期西田哲学の「絶対矛盾的自己同一」の立場と通ずるところがあることを西田自身が示唆している。ただし、上田閑照は、中期以降の西田哲学において「直観」はあくまでも「意志」とは区別されるべきであると論じる（「上田閑照氏の思想」、『東西宗教研究』第四号、二〇〇四年、八九―九八頁参照）。問題は、意志の底に開ける直観＝見ることを含めて、もう一度その全体を（底無き）意志と呼ぶことが妥当かどうかという点にあると言える。

第六章

(1) 西田幾多郎の著作の引用・参照に際しては、前章と同様に、『西田幾多郎全集』、岩波書店、一九六五―六六年

（第二刷）を底本とし、略号 NKZ と巻数および頁数を付記する。

（2）田邊元「西田先生の教を仰ぐ」、『田邊元全集』第四巻、筑摩書房、一九六三年、三二八頁。なお、中期から後期にかけての西田哲学の生成およびそれと田邊元からの批判との関係については、中期については、板橋勇仁、前掲『西田哲学の論理と方法』において、後期については、西田哲学の論理性・学問性をめぐって、同、『歴史的現実と西田哲学』、法政大学出版局、二〇〇八年、において詳しく論じたので、参照願いたい。

（3）ここでは「自己存在の理由」とあるが、これは自己の存在理由として何等かの根拠を想定するという意味ではなく、以下でも考察するように、存在理由となる何らかの根拠／基底が無いことを条件にして自己が存在することを意味している。

（4）「生滅の場所」の思想に焦点を当てて、西田哲学をその初期から後期まで考察したものとして、以下の論考に示唆を受けた。丹木博一「自己の生滅の場所への問い」、G・ペルトナー・渋谷治美編著『ニヒリズムとの対話』、晃洋書房、二〇〇五年、一四七―一七八頁。

（5）後期西田哲学では「現実の世界」についてたとえば以下のように言われる。「現実の世界とは如何なるものであるか。現実の世界とは単に我々に対して立つのみならず、我々が之に於て生れ之に於て働き之に於て死にゆく世界でなければならない」（NKZ: 7, 217）。上田閑照は、西田哲学が「場所」を具体的世界として論じるようになると、「創造的世界ということが強調され、またその反面で「不安動揺」の世界、歴史的世界の悲劇性ということが言われる」ようになると指摘している（上田閑照「「場所」再論」、『上田閑照集』第三巻、岩波書店、二〇〇三年、一三二頁）。

（6）「絶対（的）無」（ないし「真の無」）については、本書前章第六節・第七節での議論を参照されたい。なおこの引用中にも見られるように、西田はしばしば「絶対」という語を用いるが、それは、文字通り〈対を絶している〉ということを意味している。「絶対の否定」とは、肯定－否定という二元的対立地平を否定するような否定を意味し、「絶対の他」とは、自－他という二元的対立地平とは他なる仕方で成立する他を意味する。これらは、後述するように、自己根拠的な自己同一（に基づく対立地平）を否定する仕方で、したがって、いかなる根拠／基底をも否定する仕方で成立する自己同一のありように関わるものである。

（7）後期西田哲学における「絶対弁証法」の立場およびそこからの転回については、板橋勇仁、前掲『歴史的現実と西田哲学』、および同「日本の哲学から見たライプニッツ」、酒井潔・佐々木能章・長綱啓典編著『ライプニッツ読本』、法政大学出版局、二〇一二年、三三五―三四七頁を参照されたい。

（8）このことは、西田によれば、我々の行為が「身体的」であることを意味するものである。というのも、『哲学論文集　第二』における西田の思索を援用すれば、そもそも「身体」とは「働くものたると共に見るもの」（NKZ: 8, 403）だからである。藤田正勝は、西田のこうした身体論を、行為を「制作」として主題化する西田の思考と結びつけて考察し、そのことでマルクスとは異なる西田独自の「実践」概念を看取している。以下を参照。藤田正勝『西田幾多郎の思索世界』、岩波書店、二〇一一年、第七章。

（9）杉本耕一は、「我々が行為によつて物を見るという方向へ、何処まで行つても神に撞着するのではない」（NKZ: 7, 427）、「我々は此世界の外から抽象的に神の声を聞くのでなく、作られたものより作るものへといふ行為的直観の底からでなければならない」（NKZ: 9, 142）などの西田の記述を参照しながら、行為的直観の底に行為的直観を越えるという逆説の構造をつかむことが、「歴史的世界」に根ざした宗教の可能性を考える鍵となるとしている。杉本耕一『西田哲学と歴史的世界』、京都大学学術出版会、二〇一三年、一七二―一七七頁。

（10）美濃部仁は、西田が述べるのは、「自己の自覚」は「世界の自覚」として成立するということであり、このことは自己が自己否定において自己を知ることであるとしたうえで、「この自己の自己矛盾的なあり方を、我々の自己に即して、いわば実存的に叙述しようとすると、どうしても宗教の言葉が必要となる」と述べている。以下を参照。美濃部仁「自己と世界」、長谷正當・細谷昌志編著『宗教の根源性と現代』第二巻、晃洋書房、二〇〇一年、一二九―一三〇頁。

（11）なお西田は「逆対応」について、「我々の自己は何処までも唯一的個的に、意志的自己として、逆対応的に、外に何処までも我々の自己を越えて我々の自己に対する絶対者に対すると共に、内にも亦逆対応的に、何処までも我々の自己を越えて我々の自己に対する絶対者に対するのである」（NKZ: 11, 434-435）とし、前者の方向において、我々の自己は「絶対命令に接する」のであり、後者の方向において、「絶対者は何処までも我々の自己を包む」「無限の慈悲」であるとしている（同）。また白井雅人は、神と人間の「逆対応」という思想は、赦す神と裁く神とを一つの事態として提示するものであると論じている（白井雅人「赦す神と裁く神」、『国際哲学研究』第四号、東洋大学国際哲学研究センター、二〇一五年、一一一―一一二頁）。

第七章

（1）ショーペンハウアーと彼が影響を受けたこれ以外の哲学思想との関係については、以下に詳しい。Yasuo Kamata, *Der junge Schopenhauer*, a.a.O. なおショーペンハウアーが影響を受けた哲学思想全般についての案内として以下がある。Daniel Schubbe und Matthias Koßler（Hrsg.）, *Schopenhauer-Handbuch*, Verlag J. B. Metzler, 2014, S. 187-257.

（2）ショーペンハウアーが参照したシェリングの思想としては、このほかに自然哲学があると思われるが、それについては以下を参照。Yasuo Kamata, *Der junge Schopenhauer*, a.a.O., および、松山壽一「自然今昔または意志としての自然」、『ショーペンハウアー研究』第一八号、二〇一三年、五―三三頁。

（3）以下の考察に示唆を受けた。高橋陽一郎「ショーペンハウアーにおける無根拠としての意志の自存性」、『ショーペンハウアー研究』第一九号、二〇一四年、八二―八三頁。

（4）F. W. J. Schelling, *Philosophische Schriften*, Band 1, Philipp Krüll, 1809, S. 167.

（5）菅原潤『シェリング哲学の逆説』、北樹出版、二〇〇一年、三六頁。なお菅原は同箇所で、シェリングのこの立場は、客体（非我）から出発する独断論を斥けて、主体から出発する批判主義の立場を正当化するものであると指摘している。

（6）Yasuo Kamata, Der Einfluss von G. E. Schulze und Schelling auf Schopenhauers Theorie der Willensverneinung, in: *Die Ethik Arthur Schopenhauers im Ausgang vom Deutschen Idealismus*, a.a.O., S. 210.

（7）ショーペンハウアーが所蔵したF. W. J. Schelling, *Philosophische Schriften*, a.a.O., S. 165-167 を参照。

（8）　Yasuo Kamata, a.a.O. ただし鎌田は同箇所で、ショーペンハウアーがシェリングの「知的直観」の思想に対して微妙に距離を取っていることも指摘している。

（9）　ショーペンハウアーが所蔵したF. W. J. Schelling, *Philosophische Schriften*, a.a.O., S. 497を参照。

（10）　高橋陽一郎、前掲「ショーペンハウアーにおける無根拠としての意志の自存性」、八三―九二頁。

（11）　シェリングの著作については、原則として*Schellings Werke*, herausgegeben von Manfred Schröter, C. H. Beck'sche Verlagsbuchhandlung, 1962-1971を底本とし、引用・参照の際には、オリジナル版の巻数と頁数とを順に付記する。IX巻一五頁なら、（IX: 15）と表記する。なおショーペンハウアーが所蔵したシェリングの著作本を直接に参照する場合はその限りではない。またシェリング『人間的自由の本質』ならびに『エアランゲン講義』の訳出については、以下の文献の解釈と訳文とを参照させていただいた。渡邊二郎「シェリングのエルランゲン講義」、『放送大学研究年報』第十号、一九九二年、五一―七七頁。菅原潤、前掲『シェリング哲学の逆説』。松山壽一、前掲『知と無知』。岡村康夫「シェリングにおける哲学と宗教について」、東洋大学国際哲学研究センター編『国際哲学研究』別冊五「哲学と宗教――シェリング*Weltalter*を基盤として」、二〇一四年、八〇―九二頁。

（12）　Arthur Schopenhauer, *Ueber die vierfache Wurzel des Satzes vom zureichenden Grunde*, in: Arthur Schopenhauer, *Sämtliche Werke*, Band 1, a.a.O., S. 117.

（13）　有田潤・塩屋竹男訳『意志と表象としての世界　続編』（白水社版『ショーペンハウアー全集』第七巻、一九七四年、二三六頁）では、このInnewerdenを「自覚」と訳すと共に、他にVernunftvernehmungの語を「覚知」と訳している。この際、前者はショーペンハウアーが神秘主義の用いる語として想定しているものであり、その限りにおいてそれ自体が批判されているわけではない。対して後者は、哲学者が不当に使用する概念として想定されているものであり、批判的に言及されているものである（WII, 702）。本書では、Innewerdenをその語の含意を顧慮して「自覚／覚知」と訳しているので、有田・塩屋訳の「覚知（Vernunftvernehmung）」とは違う語を指していることを留意されたい。

（14）　この「内在的」の範囲については、以下の註（16）も参照されたい。

(15) Matthias Koßler, "Nichts" zwischen Mystik und Philosophie bei Schopenhauer, in: *Böhme-Studien 2*, herausgegeben im Auftrag des Internationalen Jacob-Böhme-Instituts und der Schopenhauer-Gesellschaft e.V. von Günther Bonheim und Thomas Regehly, Weißensee Verlag, 2008, S. 75 を参照。

(16) 本書第一章第三節にて論じたように、ショーペンハウアーによれば、根拠律に従う表象としての世界についての認識は、根拠律の妥当しない（ないしは根拠として措定されていない）意志についての認識（正確に言えば、表象と意志の一体性・二重性の認識）と共に成立している。したがって後者もまた前者に「内在的」に成立している認識であり、哲学における「否定的」な認識に含まれる。

(17) ショーペンハウアー所蔵の F. W. J. Schelling, *Philosophische Schriften*, Band 1, a.a.O., S. 419 を参照。

(18) 同前参照。

(19) 同前、S. 499 などを参照。

(20) このことについて高橋陽一郎氏からご教示いただいた。記して御礼申し上げる。

(21) Lore Hühn, Der Wille, der Nichts will, in: *Die Ethik Arthur Schopenhauers im Ausgang vom Deutschen Idealismus*, a.a.O., S. 153.

(22) 『エアランゲン講義』における「永遠なる自由」と『人間的自由の本質』における「Ungrund（無底）」「Indifferenz（無差別／無関心）」との関係や、両書ならびに『世界歴年（Die Weltalter, 1811-1815）』の三書の意志論とポテンツ論の関係については、松山壽一、前掲『知と無知』第二章、同、前掲「自然今昔または意志としての自然」、五―三三頁、および、菅原潤、前掲『シェリング哲学の逆説』第三章、同「これまでの Ungrund 概念の研究状況からみた Ekstase への道」、『ショーペンハウアー研究』第一九号、二〇一四年、六〇―八〇頁、を参照されたい。筆者自身によるこれらの関係の詳細な検討については今後の課題としたい。

(23) こうした知（覚知）は、活動と一つであるような知すなわち「智慧（Weisheit）」である。以下のように言われる。「智慧は活動知であり、行為と生の中での知であり、同時に実践的である」（IX: 223）。

(24) F. W. J. Schelling, *Initia philosophiae universae. Erlanger Vorlesung WS 1820/21*, herausgegeben und kommentiert

von Horst Fuhrmans, H. Bouvier u. Co. Verlag, 1969, S. 40.

（25）田口茂は、『エアランゲン講義』における「Ekstase」の思想について、田邊元の哲学と比較対照させながら、実体化を徹底して斥ける試みとして評価している。田口茂「悪の媒介性と直観の方法的機能」、『シェリング年報』第二一号、二〇一三年、一五―二四頁。

（26）こうした志向の所以の解明は他日を期したい。なお『エアランゲン講義』における「意志」の位置づけについては、それを『人間的自由の本質』と関連づけて考察した、菅原潤、前掲『シェリング哲学の逆説』第三章、および松山壽一、前掲『知と無知』第二章、を参照されたい。

（27）ただし、本章では両者の共通点に焦点を当てたが、両者の間に微妙な相違を見出すことも可能であろう。その考察については他日を期したい。

第八章

（1）ベーメのテクストの引用・参照に際しては、以下を底本とする。Jacob Böhme, *Sämtliche Schriften*. Faksimile-Neudruck der Ausgabe von 1730 in elf Bänden, neu herausgegeben von Will-Erich Peuckert, FR. Frommanns Verlag, 1955–61. 著作名を指示する以下の略号と頁数とを付記し、たとえば（GW, 15）のように引用・参照箇所を示す。

6T: *Sex puncta theosophica, oder Von sechs Theosophischen Puncten*, 1620.

6M: *Sex puncta mystica, oder Kurtze Erklärung Sechs Mystischer Puncte*, 1620.

MP: *Mysterium pansophicum, oder Gründlicher Bericht von dem Irdischen und Himmlischen Mysterio*, 1620.

SR: *De signatura rerum, oder Von der Geburt und Bezeichnung aller Wesen*, 1622.

GW: *De electione gratiae, oder Von der Gnaden = Wahl*, 1623.

WC: *Christosophia, oder Der Weg zu Christo*, 1624, 1730.

TS: *Epistolae theosophicae, oder Theosophische Send-Briefe*, 1618–1624.

なお以上のテクストの訳出にあたっては、以下の翻訳を適宜参照させていただいた。『無底と根底』（四日谷敬子

訳）哲学書房、一九九一年。『ベーメ小論集』（薗田坦・松山康國・岡村康夫訳）創文社、一九九四年。

（2）Matthias Koßler, “Nichts” zwischen Mystik und Philosophie bei Schopenhauer, a.a.O., S. 72-76.

（3）ショーペンハウアーは、『ヤコブ・ベーメ全集（Jacob Böhme, Sämtliche Schriften, 1730）』、『キリストへの道（Der Weg zu Christo, 1674）』、『神智学書簡集（Theosophische Send-Schreiben, 1658）』を所蔵していたことがわかっている（HNV, 17-18）。また彼の遺稿断片や著作において、『大いなる神秘（Mysterium magnum, 1623）』、『万物のしるし（De signatura rerum, 1622）』、『神智学書簡集』について言及がある。ショーペンハウアーの所蔵本については、フランクフルト・ゲーテ大学で管理されているが、ベーメの著作についてはすべて散逸してしまっており、書き込みの状況などを調査することはできない。

（4）ベーメの思想への賛辞はたとえばHNII, 226などにも見られる。

（5）一八一四年に記された断片では、ベーメの自然把握の方法と内容とについての批判的な言辞が見られる（HNI, 160）。

（6）そもそも前章で論じたように、ショーペンハウアーは、主著刊行以降、シェリングに対して「知的直観」ないし「無底／底無し（Ungrund）」を現象の根底（Grund）として措定しているとの批判を向けるに至った。また、これに先立ち、主著完成以前に書かれたシェリングの『人間的自由の本質』についての研究ノートには、『人間的自由の本質』の内容は、ほとんどベーメの『大いなる神秘』の焼き直しに過ぎないといった記述がある（HNII, 314）。だとすれば、主著刊行以降のショーペンハウアーは、シェリングとベーメとには基本的に同趣旨の批判を向けることになろう。

（7）Andrew Weeks, Schopenhauer und Böhme, in: *Schopenhauer-Jahrbuch*, 73. Band, 1992, Verlag Königshausen & Neumann, S. 15.

（8）Matthias Koßler, “Nichts” zwischen Mystik und Philosophie bei Schopenhauer, a.a.O., S. 76.

（9）ベーメがなぜ神の根源的活動を意志として提起したのかについて、先行研究ではたとえば以下のように述べられる。A・ウィークスは、神の活動は、それがミクロコスモスとしての人間的霊魂において現在し、働き、認識されるるものであるがゆえに、意志とされるとする。以下を参照。Andrew Weeks, Böhme, Paracelsus und die Quellen der Metaphysik des Willens, in: *Böhme-Studien 2*, a.a.O., S. 26. G・ボンハイムは、教父からエックハルトにまで見られる思想的伝統である、人間の自由意志への問いにベーメが向き合ったことが背景にあるとする。以下を参照。Günther Bonheim, „Denn das ist aller Verdammten Qual: Daß sie wollen." Böhmes Willensphilosophie in der Tradition der Bibelauslegung, in: *Böhme-Studien 2*, a.a.O., S. 47. 岡部雄三は、意志の神秘思想を説くベーメは、それ以前のキリスト教神秘思想が、被造性を離脱した創造以前の純粋で静的な存在に絶対的価値を置いたのに比して、画期的であるとする。そしてその画期性は、意志による創造の内実を無、永遠の自然、天使、人間、森羅万象にわたって論じたことや、天地創造の行為を意志の自由を基軸として思索したこと、身体性に注目したこと、創造の本質を非対象的な誕生の運動に見たことなどにあるとしている。したがって岡部はこうした点にベーメが「意志」を提起した理由を見ている（岡部雄三『ヤコブ・ベーメと神智学の展開』、岩波書店、二〇一〇年、五七—五九頁参照）。なお本書の立場は、以上に加えて、神の根源的活動は、自らに理拠／理性を持つような自己原因的な活動とは異なり、〈根拠無くして〉見ることが働くことであるという仕方で成り立つゆえに、意志と呼ばれていると考える。これはショーペンハウアーにおける、底無き活動としての「意志」という思想の先駆であると思われる。

(10) 西谷啓治は以下のように述べている。「欲動から意志が出てくるかの如く説明され、ベーメ自身も欲動を原因と呼んでいるにも拘わらず、欲動のみが先づあつて次に意志がそれから顕れるといふ如き時間的前後は、如何なる意味に於ても斥けられねばならない。両者は共に同一の永遠なる一者——それは時に広義に意志と呼ばれ神と呼ばれる——の二つの契機であり、この全体のうちで互ひに他を基礎付けるものと考へねばならない」（西谷啓治「神秘思想史」、『西谷啓治著作集』第三巻、創文社、一九八六年、一三〇頁）。

(11) ベーメは、こうした欲動をまた「自然（Natur）」と呼んでいる（MP, 98）。こうした神の「自然」についても、神の「唯一なる意志」に先在したり外的に与えられる力として理解されるべきではなく、神における力動的な契機として捉えられるべきであろう。なおK・レーゼは、ベーメにおいては、神の自己産出の過程が霊的であると同時に自然的であるとした上で、「神の自然」を広義の「肉体性（Leiblichkeit）」と捉える。それに加えてレーゼは、べーメにおいて神は、自然性を欠いて肉体から自由な霊などではないとして、むしろ神において霊と自然とは表裏一体であり、それは人間における魂と肉体が表裏一体の如くであるとする。以下を参照。Kurt Leese, *Von Jacob Böhme zu Schelling*, Kurt Stenger, 1927, S. 18.

（12）以上の（1）（2）（3）の契機について、J・シュリッツは、「底無し」「根源的根底（Urgrund）」「神の自然（Gottnatur）」の三つの契機にしたがって分類し位置づけている。とくに以下に見られる表を参照。John Schulitz, *Jakob Böhme und die Kabbalah*, Peter Lang, 1993, S. 51.

（13）この箇所では続いてベーメは「ここで無底は自らを持って根底となる」（GW. 6）と述べる。本書の以下の解釈に従えば、いわば活動の〈底の無さ〉が、〈活動の〉底の無さであること、無底（＝底無し）とはそもそもそれ自身がただちに〈無底としての底（無底の底）〉であることが主張されていると解釈することも可能であろう。

（14）ベーメにおいて自己性（Selbheit）という語は、神のひとり子の「心」を指すこともあれば、後述するように、我性すなわち閉鎖的で自己根拠的な自己同一性と同一視されることもあるので注意を要する。

（15）西谷啓治、前掲『神秘思想史』、一四一頁。またベーメの「想像力」を主題的に考察したものとして、以下を参照。岡村康夫「存在の秘儀」、『山口大学哲学研究』第七号、一九九八年、四一―六〇頁。

（16）よく知られるように、創造の産出過程をベーメは七つの性質の運動から述べる。ベーメのこの議論の詳細は、岡部雄三、前掲書、六二―六九頁、岡村康夫『無底と戯れ』、昭和堂、二〇一二年、一五―二一頁を参照。

（17）岡村康夫、同前、四一頁の記述に示唆を受けた。なお神の創造については、神が自らの栄光のために創造を産出していくことに転回点や段階を認めるかどうか（神自身においてこうした産出にいかなる必然性が存しているのか）、あるいは神の天地創造に目的論的性質を認めるかどうかについて、様々な解釈の可能性がありうる。

（18）鎌田康男「構想力としての世界」、『理想』第六八七号、二〇一一年、二一―二二頁を参照。

（19）主著第四巻における「共苦（Mitleid）」論に類似した議論を見出すこともできようが、しかし第五章註（4）でも触れたように、「共苦」は、ショーペンハウアーにおいては、あくまでも意志の否定に向かう途上にあるものと位置づけられており（WI, 442-443）、〈底無き意志の自由〉それ自身の次元を指すものとは言えない。

(20) この形象は、形象化する活動の仕方・型としての形象である。いかなる形象も、形象のみが客体的に見られているのではなく、それを見、形成する作用すなわち想像／構想活動の働き方における型・形象の知が写し込まれている仕方で見られている。想像／構想の活動は、形成される形象とそれを形成する作用の働き方＝形象・型との、その両者の知ないし直観とを二つながら有しており、むしろ両者を一つの直観において形象化していると言いうる。

結

(1) ただし、西田は、この〈底無き自由〉について「意志」の自由ではなく「直観」における自由としている。また、シェリングは〈底無き自由〉が意志の自由であることを強調してはいない。そのことをふまえたうえで、本書は、西田とシェリングが各々の仕方で提示する〈底無き自由〉についても、本文で述べているような意味での〈底無き意志の自由〉として位置づけうるとの立場を採る。この点については、第五章第七節および第七章第三節を参照。

(2) この際、ショーペンハウアーは、我々の自己の生と現実の世界のいっさいの「虚無性（Nichtigkeit＝空しさ／儚さ）を明らかにすることで、世界と「生への意志」との「根拠の無さ（Grundlosigkeit）」を提起している。したがって、ショーペンハウアーの議論は、第二章第三節と第四節とで示したように、ニヒリズムの貫徹とその超越という意義を有している。

(3) このありようについて、西田は、自己の努力が自己のものではなく、自ら然らしめるものがあると述べていた〈本書第六章第六節を参照〉。ここでは、「生への意志」の自己根拠的な努力と、意志の否定による〈底無き意志の自由〉における努力との相違を理解することが要点となる。

あとがき

ショーペンハウアーにとって、根拠を求める意志（生への意志）の否定は、底無き意志のあるがままの自由を実現するものである。本書はこの思想を中心軸にして、〈底無き意志の自由〉の思想の系譜を浮き彫りにし、その意義と射程とを追究してみたものである。

我々は、生きることが容易でないと感じる時、しばしば自分が生きることの目的や理由を探し求める。他者を前にして自分と相手が共有できる目的や理念を求める。こうしたことは、理由や目的といった拠り所ないし根拠を基準にして、自分や他者が生きることの価値や意義を測ることである。しかし、自分の人生がいかなる根拠にも適合し難いことに思い惑う時、あるいは自分と他者には共有できる根拠がないことに困惑する時、根拠を求めることから離れ、生きることを根拠の側からでなく生きること自身の側から見つめることも必要であろう。そうだとすれば、本書のような試みも意味を持つと考える。

本書の草稿については、長年の畏友である高橋陽一郎氏が、その全体を通読してくださった。そして、内容を細かく検討しながら長時間二人で議論する会を何度も設けてくださった。本書が完成したのは、全くもって高橋氏の助言と励ましによる。心より深く感謝申し上げたい。

本書の第一部の内容は、足かけ十年以上にわたって発表してきた諸論考を基にしつつ、新たに構想して書いたものである。その内容は、主として日本ショーペンハウアー協会の会員諸氏との日頃の議論から成ったものである。協会会員諸氏、とりわけ会長の高辻知義氏をはじめ、鎌田康男氏、齋藤智志氏、伊藤貴雄氏と高橋氏とに厚く御礼申し上げたい。

第二部の内容は、日本ショーペンハウアー協会、日本ヘーゲル学会、新プラトン主義協会などでの学会大会や、諸々の雑誌・単行書においてすでに発表してきた内容を基にしつつも、底無き意志の系譜という観点に立って新たに執筆したものである。すでに発表してきた考察内容に様々な検討を加えるにあたり、第三章、第五章、第六章については、主として学会で得たご教示に基づいたが、その他の章については、その分野の研究においてすばらしい成果をあげられている尊敬する以下の諸氏に個人的にご教示をお願いした。すなわち、第四章の中のニーチェに関する考察については、竹内綱史氏、村井則夫氏（村井氏からは本書の構想に関わる点にもご教示をいただいた）、第七章の中のシェリングに関する考察については、松山壽一氏、菅原潤氏、第八章の中のベーメに関する考察については、岡村康夫氏にご教示をお願いした。この方々のお力と直接の励ましが、第二部の完成を導いている。厚く御礼申し上げたい。

こうした経緯から明らかなことであるが、本書は私の力で出来上がったのではなく、諸氏のお力添えが結集したことによって成ったものと思う。ただし、ご指摘いただいたものがうまく反映できず、ご教示にそぐわない内容になっているところも（多く）見られるであろう。本書の内容については、私がすべての責任を負うことは言うまでもない。

本書の刊行は、拙著『西田哲学の論理と方法』『歴史的現実と西田哲学』および共編著の『ショーペンハウアー読本』と同様に、法政大学出版局に引き受けていただくことができた。編集代表の郷間雅俊氏には、かねてより一緒に単行書刊行の仕事をさせていただきたいと念じてきた。この度、担当をお引き受けいただき、念願をかなえることができた。ここに心よりの感謝を申し上げたい。郷間氏と直接お会いしながらの作業を通して、このたびも、本を作ることの楽しさと厳しさとをかみしめながら刊行できることは本当に幸いである。

大学ないし学界を取り巻く環境の変化は、研究者が思索に向き合うことを困難なものにしつつある。そのようななか、筆者に対して日頃より温かい理解と励ましを向けてくださる、立正大学文学部哲学科の素晴らしい七人の同僚に心より感謝を申し上げたい。また、厳しくも楽しい討議の場に引き戻してくれる西田哲学研究会（立正大学で開催）のメンバー、ヘーゲルをめぐる共同研究にお誘いくださった神山伸弘氏（共同研究自体は二〇一二年にひとまず終了）、科学思想史研究にお誘いくださった金森修氏に心から感謝を申し上げたい。

本書は、ここに述べた方々のみならず、折々の機会に話を聞いて下さり質問し議論して下さった、そして励ましてくださった、すべての方々の支えによっている。お一人おひとりに深い感謝の気持ちをお伝えしたい。

本書の刊行はまた次の課題に向かうその始まりでもある。第八章第五節において最も大きな課題について示したが、ある意味では各章の考察の終わりがまた新たな課題への取り組みの始まりである。読者の皆様からのご意見とご教示を頂戴し、いっそうの課題を自覚した上で、さらに思索の道に臨んでいきたい。

上田閑照先生、門脇佳吉先生、田中裕先生、湯浅正彦氏、美濃部仁氏、田口茂氏には、長きにわたって公私において受けたご恩に対して、心から感謝を申し上げる。このことを胸に刻み、さらなる精進を期したい。

二〇一六年一月十五日

世田谷にて

板橋　勇仁

や　行

れ　行

わ　行

た 行

な 行

は 行

ま 行

さ 行

事項索引

は 行

ハイデガー　Martin Heidegger　37
ヒューン　Lore Hühn　163, 232
フィヒテ　Johann Gottlieb Fichte　113, 225
藤田正勝　229
プラトン　Platon　17, 167, 213, 226,
アッシジの聖フランチェスコ　San Francesco d'Assisi　30, 40, 66, 90, 217
プロティノス　Plotinus　226
ヘーゲル　G. W. F. Hegel　3, 45–64, 218, 219, 220
ベーメ　Jacob Böhme　4, 111, 155–56, 174, 175–205, 207, 210, 214, 233, 234, 235, 236
本郷朝香　222
ボンハイム　Günther Bonheim　235

ま 行

松山壽一　225, 230, 231, 232, 233
マルクス　Karl Marx　229
美濃部仁　229
村井則夫　68, 79, 221, 222

や 行

山下太郎　218
山本幾生　37, 218

ら 行

ラスク　Emil Lask　226
リッケルト　Heinrich Rickert　226
レーゼ　Kurt Leese　235–36

わ 行

渡邊二郎　231

人名索引

◉著 者

板橋勇仁（いたばし・ゆうじん）

1971年生まれ。立正大学文学部（哲学科）教授。博士（哲学）。専門は近代ドイツ哲学，近現代日本思想。著書に『西田哲学の論理と方法——徹底的批評主義とは何か』『歴史的現実と西田哲学——絶対的論理主義とは何か』（共に法政大学出版局），共編著に『ショーペンハウアー読本』（法政大学出版局），『知の軌跡』（北樹出版），『存在の意味への探求』（秋山書店），『哲学はじめの一歩』（春風社）など。

底無き意志の系譜
ショーペンハウアーと意志の否定の思想

2016年2月29日　初版第1刷発行

著　者　板橋勇仁

発行所　一般財団法人 法政大学出版局
〒102-0071 東京都千代田区富士見 2-17-1
電話 03 (5214) 5540　振替 00160-6-95814
組版：HUP　印刷：平文社　製本：積信堂

ISBN978-4-588-15075-3